Genealogias de mi

Volumen 3

Felicia "Eslivia" García Menéndez

Disclaimer

Although I have tried my best to be accurate in this book, there are most likely some mistakes due to human error or to information that was listed or provided to me that was incorrect. Genealogy is only as accurate as the information that you gather is .I assume no responsibility or liability of any kind for any loss ,damages or disruption caused by errors or omissions .I assume no responsibility for any possible consequences that may arise from such errors or omissions no matter the reason or cause of such errors or omissions. I encourage you to do your own research and I welcome any corrections or requests and new information which you may wish to provide me.
Any ideas or advice shared by the author in this book is strictly for the purpose of providing insight into the authors own views .These ideas ,views and advice are in no way meant to be taken , followed or used by the reader in any way. The author assumes no liability or responsibility of any kind for such use and its consequences.

Descargo de responsabilidad

Aunque he hecho todo lo posible para evitar errores en este libro, es muy probable que hayan algunos debido a errores humanos o a la información que se enumeró o me proporcionaron que era incorrecta. La genealogía es solo tan precisa como la información que se recopila lo sea. No asumo ninguna responsabilidad u obligación de ningún tipo por cualquier pérdida, daño o interrupción causada por errores u omisiones. No asumo ninguna responsabilidad por las posibles consecuencias que puedan derivarse de dichos errores o omisiones sin importar la razón o causa de tales errores u omisiones. Le animo a que haga su propia investigación y agradezco cualquier corrección o solicitud y nueva información que desee proporcionarme.

Cualquier idea o consejo compartido por el autor en este libro es estrictamente con el propósito de proporcionar una idea de los puntos de vista del autor. Estas ideas, puntos de vista y consejos no deben ser tomados, seguidos o utilizados por el lector de ninguna forma o manera. El autor no asume ninguna responsabilidad u obligación de ningún tipo por dicho uso y sus consecuencias.

Contenido –Table of Contents

Dedicación

Me gustaría dedicar este libro a mi padres, sin su amor y sacrificio no estaría aquí hoy. También una dedicación a mi esposa que me apoyó en este proyecto. Un agradecimiento especial a mi hija Dayami y a mi hijo Damian que me inspiraron para emprender este esfuerzo. Como Cristiano, quisiera expresar lo agradecido que estoy a mi señor que lo hace todo posible en mi vida. Finalmente una dedicación y gracias a toda mi familia y amigos que me ayudaron tremendamente en la recopilación de la información y las historias que se presentan en este libro. Dios los bendiga a todos, Delfin.

Dedication

I would like to dedicate this book to my dad and mom, without their love and sacrifice I would not be here today. A dedication also goes out to my wife who helped me write this book and supported me in this journey. A special thanks to my daughter Dayami and son Damian who provided the inspiration for me to undertake this endeavor. As a Christian I would like to express how grateful I am to my lord who makes everything possible in my life. Finally a dedication and thanks to all my family and friends who helped me tremendously in gathering the information and the stories which are presented in this book. God bless you all, Delfin.

Agradecimiento

Me gustaría expresar mi gratitud a todos los que me han ayudado en este proyecto. Me gustaría comenzar agradeciendo a todos mis primos de ADN y amigos de los grupos de genealogía. He tenido conversaciones con muchos de ustedes e incluso he tenido el placer de conocer algunos en persona. Estoy agradecido por la maravillosa ayuda que me han brindado. También me gustaría agradecer a mi familia por todas sus historias, fotos e incluso sus muestras de ADN que han sido de gran ayuda. Muchas gracias a todos los autores de los libros y artículos sobresalientes que me han ayudado a recopilar la información para este libro. No puedo seguir sin agradecer a los genealogistas que han hecho un trabajo tan maravilloso. Estaré por siempre agradecido con todos los que me han ayudado en esta trayectoria. Gracias!!!

I would like to express my gratitude to all those that have helped me in this journey. I would like to start by thanking all my DNA cousins and genealogy group friends. I have had various conversations with many of you and I have even had the pleasure of meeting some of you. I am grateful for the wonderful help and insight you have provided me. I would also like to thank my family for all their stories, pictures, and even their DNA samples which have been an invaluable help. A big thanks to all the authors of the outstanding books and articles that have helped me gather the information for this book. I can not go on without thanking the Genealogists who have done such a wonderful work. I will be forever grateful to all who have helped me in this journey. Thank you and God Bless.

Foreword

This work is more than just a book on genealogy. It is a book about history and the values which have been passed down from one generation to the next. It is a book about the human spirit and the constant struggle to survive .The joy and the suffering .The love which wills us to fight on .It is a book about life.

Delfin Fernandez

Esta obra no es solo un libro de genealogia. Es un libro de la historia y los valores que hicieron nuestra familia. La pelea por sobrevivir y dejar un mejor futuro para nuestros hijos .El gozo, las penas y el amor que nos motiva a luchar .La fe que nos da la fuerza para seguir siempre adelante. Deseo que les guste este libro ya que a sido hecho con mucho amor.
Delfin F.

CONTACTO ---

librosdedelfinfernandez@gmail.com
En Facebook
Fb.me/librosdedelfinfernandez
m.me/librosdedelfinfernandez
https://www.facebook.com/librosdedelfinfernandez/?modal=admin_todo_tour

La familia—Pintado por mi hija
The family—painted by my daughter

Lugares de Interes—Places Of Interest

Algunos de los lugares de interes en este libro---

Pinar del Rio ,Cuba
San Juan y Martinez ,Pinar del Rio ,Cuba
San Luis ,Pinar del Rio ,Cuba
Habana ,Cuba
Espana -Spain
Estados Unidos-United States
Las Islas Canarias,Espana-Canary Islands
La Gomera,Tenerife, Islands in the Canary Islands
Oviedo ,Asturias ,Espana (Spain)
Barcelona
Malaga
Francia

Decima a Pinar del Rio

Delfin Fernandez

PINAR DEL RIO

Mi bello Pinar del Rio
No sabes cuanto te extraño,
Parece que cada año
se aleja mas mi bohio.
Recuerdo tu veguerio
Tus lindas palmas reales
A tu Valle de Viñales
Y al rio Cuyaguateje ,
Hilo azul que borda y teje
Tus tierras occidentales.

Quiero recorrer tus calles
Tus parques,tus avenidas
Y hacer diversas salidas
A tus campos y tus valles.
Quiero que en mi siempre halles
A un hijo de tus entrañas
Y cerca de tus montañas
Recordare con cariño
Como cuando siendo un niño
Me embriagaba con tus cañas.

Volver a tus lomerios
Y cabalgar tus pinares
Para escuchar los cantares
De la brisa en sus plantios.
Luego recorrer tus rios
Y extasiarme en sus riberas
Contemplando las praderas
De vegetacion cubiertas
Con floraciones abiertas
Como eternas primaveras.

Volver a usar el sombrero
De Yarey como cubano
Y alla en mi choza de guano
Reposar bajo su alero.
Quiero Pinar solo quiero
Que dios me permita un dia
Cantar esta poesia
Sobre tu empinada sierra
Y poder besar tu tierra
Que he añorado cada dia.

El Hombre que permanece
Siempre a sus principios fiel
Es como el que siembra en el
Jardin que nunca fenece.

Parte ,de su patria querida
Sangrando por la herida
De la separacion,
Sabiendo, que aquella despedida
Le destroza la vida
El alma y Corazon.

Lleva,en la triste mirada
La pena reflejada
En el amanecer,
Sintiendo,que ha dejado a su amada
A su patria adorada
Para jamas volver.

Esto lo escribio mi padre al irse de Cuba.

Mi Historia

Nací en un paraíso. Desde el primer momento en que abrí los ojos, pude ver la belleza de este lugar conocido como Monterrey. Dios me había permitido nacer en un lugar maravilloso. Un lugar lleno de exuberante vegetación que se extendia a través de tierras rojas fértiles que desaparecian en el horizonte. Un mar de colinas inclinadas, valles y arroyos que se abrian paso hacia las montañas lejanas. Todavía puedo cerrar los ojos y ver todo como si todavía estuviera allí, muchos años después, porque siempre anhelaré estar de nuevo ahi en ese hermoso lugar. Recuerdo las palmas reales, el sonido de los pájaros, el canto del gallo, los tractores arando los campos en preparación para plantar los cultivos. El olor fresco de la tierra perduraría en mi olfato durante horas después. Todavía puedo escuchar el ruido de la olla de presión mientras mi mamá cocinaba la cena y me quedaba dormido en la tarde. Pero, sobre todo, recuerdo el amor de mis padres y mi familia que realmente hicieron de este lugar mi cielo en la tierra.

Como el destino lo tendría, solo viviría allí durante cinco años y luego mis padres se mudarían a la cercana ciudad de San Juan y Martínez.

Viviría en esta ciudad de Pinar del Río hasta que tuviera casi diez años y luego me iría una vez más, pero esta vez a una tierra extranjera, llena de esperanza y la promesa de un nuevo comienzo. Este nuevo lugar conocido como la tierra de la libertad era los Estados Unidos de América. Mis primeros años en Cuba estuvieron llenos de mucha felicidad. Recuerdo muchos momentos tranquilos y largas caminatas relajantes por muchos caminos de tierra, donde pude ver de primera mano la belleza de mi tierra natal. Parece que Dios mismo tomó un pincel y usó Monterrey como su lienzo. En uno de nuestros paseos diarios, recuerdo lirios morados que florecian en su esplendor violeta en el lago cristalino . Los árboles de bambú proporcionaban sombra mientras yo disfrutaba al borde del agua. Las palmeras salpicaban el paisaje por todas partes, hasta las cimas de las montañas y el fondo de los valles y a lo largo de los ríos y arroyos. Nunca olvidaré la primera vez que subí las montañas. Estaban llenas de pinos y se podía ver el mundo entero desde allí arriba o asi me parecia a mi. También habían muchas cosas hermosas hechas por el hombre, aunque nunca podrían estar a la altura de la belleza natural de mi hogar. Los viejos edificios de la ciudad poseían su propio encanto porque tenían carácter e historia. Visité muchos de estos para ver a nuestra familia. Mis primeros recuerdos no estarían completos sin mencionar lo importante que fueron mis familiares y amigos en mis primeros años. Siempre parecíamos estar visitando a un tío, primo o vecino. Ibamos a Pinar del Río o a San Luis para ver a la familia de mi papá los fines de semana. Me encantaba sentarme en silencio y escuchar todas sus historias. No tenía demasiados amigos para jugar
en el campo pero en el pueblo habían muchos niños con quienes jugar. Jugabamos al escondido,chinatas, stick ball y varios otros juegos que inventamos. Uno de mis juguetes favoritos era un "Carro de Latas" hecho de latas y alambres viejos que mi papá me hizo. No poseíamos muchas cosas materiales, pero aún así nos divertíamos mucho. Jugabamos hasta altas horas de la noche y nos íbamos a dormir tarde en el verano porque hacía calor y no se refrescaba hasta la medianoche. Cuando comencé la escuela, me resultó fácil, pero como cualquier otro niño, solo quería ir a casa y jugar. Recuerdo que veia dibujos animados y programas rusos, así como muchos programas estadounidenses de la primera parte del siglo XX, como la comedia muda de Charlie Chaplin y los dibujos animados de Walt Disney. Una de mis cosas favoritas para ver en nuestra televisión en blanco y negro era el béisbol. Mis padres compraron uno cuando aún vivíamos en Monterrey, el primer televisor en esa área. Todos los vecinos venían a mirarlo mientras yo paseaba por la casa en mi triciclo rojo y arrojaba aviones de papel al techo de paja. Recuerdo muy bien al equipo de

béisbol de Pinar del Río e incluso los vi jugar en el estadio de la ciudad de Pinar del Río. Tenía unos siete años y mis padres me llevaron a un juego. Luego, fuimos a El Copelia a comer helado de caramelo, mi favorito. Fue un día maravilloso.

En 1978 mi abuela nos visitó desde los Estados Unidos. Fue muy emocionante verla y pude probar chicles por primera vez y lo disfruté mucho. Ella nos trajo muchas cosas hermosas y pasó un mes con nosotros. Estaba triste de verla irse. No todo fue bueno en mi juventud, aunque me gusta recordarlo de esa manera. Recuerdo que uno de los primeros malos recuerdos en mi vida joven fue cuando murió mi hermana Marisel. Ella era del primer matrimonio de mi padre y tenía solo 17 años cuando murió. Yo también casi había muerto a los 2 años de una vaca que comió una bolsa de veneno de paratión y bebí la leche. Sobreviví pero mi hermana no fue tan afortunada y fue muy difícil para mi padre, pero dejó a una hermosa niña llamada Mirena.

Tenía casi 10 años en 1980 y pasaría algo que cambiaría mi vida para siempre. El éxodo del Mariel estaba a punto de tomar lugar. Todavía puedo recordar vívidamente los tambores y las turbas de personas cantando en frente de nuestra casa y arrojándole huevos. Recuerdo que uno de los cantos que decía "Guzanos, lechusas se cambian por pitusas" . Nos sentiamos como si fuéramos nosotros contra todo el pueblo, todo el país. Eloisa fue mi primera maestra y mi maestra en ese momento y ella me mantuvo con ella en clase mientras los otros niños iban a marchar a las calles y participar en las manifestaciones del gobierno. Siempre le agradeceré por eso. Nos mantuvimos en contacto hasta su muerte. Que Dios la bendiga. Las turbas marchaban a nuestra casa y siempre se escuchaba el siniestro golpeteo de los tambores a medida que se acercaban más y más. Eran un grupo grande de manifestantes, intimidándonos y tratando de entrar a nuestra casa.Nos decian muchas ofensas.En una ocasion mi padre trató de mantener la ventana cerrada con las manos mientras mi madre ayudaba. Solo Dios sabe lo que sucedería si entraran. Un día tuve una fiebre muy alta por faringitis estreptocócica cuando llegaron. Mi papá me dijo que le trajera un cuchillo de la cocina, estaba decidido a no dejar que nadie nos hiciera daño. Estaba muy débil y asustado, pero ore para que Dios nos ayudara. Estaban pateando la puerta principal y el fondo se estaba soltando. Horrorizado, corrí y me senté detrás de ella para mantenerla cerrada. Seguían pateando pero yo me quedé allí y no pudieron entrar. Nuestro vecino de al lado no dejaba de decirles que estaba enfermo y les rogó que nos dejaran en paz. Después de lo que pareció un largo tiempo, finalmente lo hicieron. Unos días después, nos fuimos a la casa de nuestra familia en San Luis. De alguna manera, nos encontraron de nuevo. Mi tío y mi tía le dijeron al grupo de manifestantes que nos habíamos ido. Alguien les habia dicho a un funcionario del gobierno que estábamos allí. Nos escondimos en el dormitorio hasta que se fueron más tarde. Sabes en quién puedes confiar cuando las cosas se ponen difíciles. Circunstancias como estas te permiten ver los verdaderos sentimientos de las personas. Salimos nuevamente en medio de la noche caminando por los caminos de tierra con la luz de la luna para guiarnos a casa. Mi padre con la ayuda de un vecino fortaleció las puertas y ventanas lo mejor que pudo y nos quedamos allí hasta que llegó la hora de irnos. El presidente Jimmy Carter había dicho que los cubanos que buscaban la libertad eran bienvenidos en Estados Unidos. Mi tía Noelia fue en un bote al puerto del Mariel para buscarnos, pero tuvo problemas con el bote y no pudo completar el viaje. Nuestra familia en los Estados Unidos logró enviar otro bote con un capitán llamado Paco para que nos recogiera.La penumbra de la tarde acababa de comenzar.Yo estaba jugando chinatas cuando pude ver la forma frenética de mi amigo corriendo por el camino de tierra. Estuvo sobre mí en un instante. "Apurate Delfin, te esperan!" "Date prisa, te están esperando". Estas palabras quedarían grabadas en mi alma para siempre. Fue el final de mi viaje cubano. Llegando a mi casa vi dos hombres del gobierno que nos esperaban para llevarnos.Mis padres buscaban frenéticamente toda su documentación. "¡Diez minutos!", nos dijo uno de los hombres. Las palabras hicieron eco en mi mente. Diez minutos. Esto fue todo el tiempo que quedaba antes de que mi vida cambiara para siempre. No nos permitieron tomar nada. Ni fotos, ni recuerdos , solo la ropa que llevabamos puesta nos acompañaría. Un grupo de vecinos y espectadores se reunieron rápidamente afuera de la casa y mis padres, sabiendo que algunos de estos grupos habían atacado a otros que estaban saliendo del país, les dijeron a los funcionarios del gobierno que se negarian a irse a menos que garantizaran mi seguridad. Lo hicieron y nos fuimos rápidamente. En un momento, nos apresuramos en un automóvil del gobierno, y nos fuimos. Mi tío José Luis se apresuró a vernos en la estación de policía y se despidió. Dije adiós a una chica que conocía de la escuela cuando el auto se alejó de la estación de policía. Recuerdo haberme preguntado si alguna vez volvería a verla. En el camino a Pinar, recogimos a otro caballero mayor que resultó ser el abuelo de un futuro representante de Florida. (Rene Garcia)

Nos dirigimos a La Habana . Estuvimos retenidos allí durante dos o tres días antes de que nos llevaran a El Mosquito, la versión cubana de un campo de detención. Había poco para comer y dormimos en el suelo debajo de un árbol. No teníamos otra ropa, pero gracias a Dios era verano, así que no hacía demasiado frío por la noche. Cuando llegamos a El Mosquito, recuerdo que mis padres fueron revisados y luego llevados a un campamento de tiendas militares y barracones. Estuvimos allí por otros dos o tres días. Recuerdo haber pasado hambre, pero gracias a Dios mis padres encontraron dos compotas que alguien había dejado atrás y pude comer eso. Mis padres comieron muy poco ya que nos sirvieron arroz y huevos con las cáscaras aún mezcladas. La comida era apenas comestible y mis padres me daban lo major a mi. Podía escuchar a los pastores alemanes ladrando ruidosamente cerca y a los guardias militares siempre cerca. Había tiendas que albergaban a los prisioneros de las cárceles cubanas. Fidel había dispuesto vaciar sus cárceles colocando criminales de las carceles en los botes con los civiles. Este fue el acuerdo para permitirnos ir. Era el 27 de junio a eso de las 2:00 am cuando vinieron por nosotros. Nos subieron a un autobús y nos dirigimos al muelle del puerto. Un bote de 26 pies nos esperaba en las olas agitadas. Estaba sobrecargado con más de 50 personas. Cuando salimos del puerto, pude ver enormes barcos con la guadaña y el martillo ruso pintados a un lado. La oscuridad se tragó la costa mientras nos dirigíamos. El capitán nos dijo que equilibremos la carga, tuve que entrar a la cabina con mi madre. Mi papá se quedó afuera. El capitán tuvo que viajar zigzagueando entre las olas. El mar estaba agitado y el bote estaba sobrecargado. Hacía buen tiempo hasta esa noche que nos dijeron que nos fuéramos. Recuerdo que había demasiado monóxido de carbono dentro de la cabina, por lo que el capitán apagó uno de los motores. Había un par de bolsas negras de basura, ya que casi todos vomitaban. Me sentí horrible pero nunca vomite. A eso de las 3 de la tarde y cerca de los Cayos recuerdo haber visto un helicóptero de la Guardia Costera de los Estados Unidos. En la radio escuché a mi tía preguntarle al Capitán Paco si los tres estábamos a bordo y él dijo que sí. Habían pasado quince horas cuando llegamos a Key West y un soldado estadounidense nos ayudó a subir . Recuerdo que nos dieron un refresco y nos dijeron que bebiéramos lentamente porque estábamos deshidratados. Luego entramos al edificio para ser procesados y aproximadamente una hora después, nos reunimos con mi tía y su esposo Juan. Nos acostamos detrás de una iglesia y nos quedamos allí durante aproximadamente media hora exhaustos. Fue una experiencia terrible, pero finalmente estábamos en América. Mi tía nos llevó a comer a un restaurante llamado El Cacique, pero no pudimos comer mucho, nuestros estómagos se habían encogido. Irónicamente, ahora teníamos toda esta comida maravillosa frente a nosotros, pero apenas podíamos comerla. Luego nos dirigimos en un VW verde a través de los Cayos y la antigua carretera de ultramar durante tres horas y media hasta que llegamos a Hialeah y nos detuvimos en el apartamento de mis abuelos. Estaba lleno de familiares y amigos cuando nos recibieron alegremente a nuestra llegada. Le pedí a mi abuelo que me diera una lata de jugo de pera, que todavía recuerdo, y por primera vez en mi vida me di una ducha con agua caliente. En lugar de la pequeña lata y el cubo al que estaba acostumbrado durante casi 10 años. Dormí con aire acondicionado esa noche, por primera vez. Recuerdo que la electricidad nunca se fue como era de costumbre en Cuba. Al día siguiente fui a una pequeña tienda de comestibles "El Valencia" y no podía creer toda la comida que tenían. Era una pequeña tienda de comestibles en la esquina, pero nunca había visto algo así. Tantas frutas, carnes y mis favoritos(helados, queso de crema y chocolate). Solo había tenido esos alimentos unas pocas veces antes en mi vida. Al día siguiente, mi tío nos llevó a dos tiendas y mi tía nos llevó al centro comercial y no podía creer lo que veía. Estaba totalmente abrumado y conmocionado por lo bien que la gente vivía aquí, al menos desde un punto de vista materialista. Mis padres y yo guardabamos todas las latas usadas hasta que mi abuela le pregunto a mi madre por qué. En Cuba guardamos todo pero ella dijo que no había necesidad de hacer eso aquí. Aproximadamente una semana después de estar aquí, mi tía nos llevó a Miami Beach y nos divertimos mucho, pero al volver nos vimos atrapados en los disturbios de 1980. Era una situación muy peligrosa y estábamos justo en medio de ella. No tenía idea de lo que estaba sucediendo, pero podía ver todo el caos a nuestro alrededor. Se arrojaban piedras a los automóviles y les disparaban. Gracias a Dios pudimos salir magullados pero vivos. Entre lo que habia acabado de pasar en Cuba y ahora este incidente aquí en los Estados Unidos estaba traumatizado. En este momento no me sentía realmente seguro en ningún lado. Echaba de menos mi hogar, mis amigos, mi familia e incluso mis juguetes. Fue un mes muy difícil en mi vida, pero siendo joven lo superé y pronto comenzaría la escuela y tendría que aprender un nuevo idioma y hacer nuevos amigos. Recuerdo que el profesor me preguntó mi nombre y un compañero de estudios me tuvo que traducir. No sabía una palabra en Inglés, pero estudié y pronto me fue bien y aprendía nuevas palabras todos los días. Pudimos alquilar un apartamento en ese momento y me alegré de tener nuestro propio lugar nuevamente. En ese tiempo, la economía no le estaba yendo bien y tuvimos dificultades inicialmente. Los Marielitos como nos decian tenian muy mala fama y eso no ayudaba para poder conseguir empleo. Hasta algunos miembros de la familia nos decian cosas y eso nos hacia sentir mal.Tampoco ayudó que mis padres tuvieran problemas de salud. Mi padre siempre se las arregló para pagar todas sus facturas, aunque muchas veces teníamos muy poco para comer. Muchos días todo lo que tenía era agua y azúcar que mezclaba con trozos de melón. A veces aplastaba galletas de soda y las mezclaba con azúcar. Debo admitir que me gustaba mucho. Tenía que ir a la escuela con zapatos cosidos. Pero mirandolo bien, creo que fue bueno para mi personaje y me hizo quien soy hoy. Mi papá tuvo dos accidentes relacionados con el trabajo y no pudo trabajar por un tiempo, pero Dios siempre nos cuidó y la ayuda siempre llegaba cuando estábamos al final de nuestra cuerda. Podríamos haber estado bien si mi padre hubiera decidido presentar una demanda contra sus empleadores. Claramente habia sido su culpa que se lastimara y los abogados llamaban pero mi papá nunca lo hizo. Mi padre era un tipo de ante y estaba agradecido por la oportunidad de trabajar y no se sentía bien por demandar a nadie, y no lo hizo. El hospital fue negligente al haberlo enviado a su casa con dos piernas rotas y luego haber llamado frenéticamente para que regresara. Él tampoco tomó ninguna medida contra ellos, asi es mi papá. Mis padres siempre, a pesar de nuestra situación, encontraban la forma de conseguirme los juguetes que quería. Todavía mantengo la primera bicicleta que me dieron. Siempre estuve y estaré muy, muy agradecido con mis padres por todo lo que han hecho por mí. Este amor siempre ha sido mi fuerza y ellos son mis héroes. Nunca adoré a los atletas o actores, solo Dios y mis modelos a seguir siempre han sido mis padres. Como inmigrantes, tuvimos nuestra lucha como la mayoría cuando llegan, pero trabajamos duro e hicimos todo tipo de trabajos. Vendimos helados, churros, tiramos basura y vendimos electrodomésticos usados. Ayudé a mis padres lo más que pude. Recuerdo ir en el camión de helados para ayudar a mi padre, pero siempre me mareaba. Mis padres trabajaron muy duro y en 1986 mis padres compraron una casa. Todo se veía mejor y mi papá comenzó un pequeño negocio de servicio de electrodomésticos. Desafortunadamente, mi papá se enfermó repentinamente y todo cambió para peor. Tuvimos que cerrar nuestra pequeña tienda y mi madre y yo tuvimos que sacar todo de allí solos. A mi papá no le dieron buenas oportunidades de sobrevivir, pero gracias a Dios que lo hizo. Mi padre tenía una fuerte fe como Cristiano y se aferró a eso y sobrevivió. Mi mamá también tuvo un susto con su salud, pero afortunadamente Dios nuevamente le permitió sobrevivir y poco a poco, mejoraron las cosas. Hasta el día de hoy, mis padres todavía asisten la Iglesia y en esa misma iglesia me casaria yo.Durante ese tiempo, encontré mucha alegría en los deportes. Era una forma saludable de manejar el estrés con el que estaba lidiando en ese momento y me gustaba mucho. Practiqué todos los deportes pero me enamoré del baloncesto. Jugué mucho baloncesto y me daba mucha alegria . Todavía conduzco en mi carro por el parque en donde jugaba y recuerdo a todos los amigos con los que jugué. Casi puedo verme corriendo por la cancha como lo hacia en aquel tiempo. Mi corazón todavía se acelera y en mi mente estoy de nuevo en ese tiempo jugando mi juego preferido.

Ante todo le doy gracias a Dios que me a bendecido con muchas cosas lindas en mi vida. En Buenos y malos tiempos siempre a estado conmigo.Le agradezco por mis padres que siempre me han brindado su amor, orientación y apoyo. Les debo en gran parte quién soy . De hecho, fue a través de mi madre que conocí a mi esposa. Era la hija de una amiga de mi madre de la iglesia . Nos conocimos jóvenes y esperamos cuatro años para casarnos. Siempre estábamos hablando durante nuestro noviazgo y compartiendo nuestras ideas sobre lo que haríamos en el futuro. Esos fueron los mejores momentos. La vida tendría sus obstáculos , pero nuestro amor y fidelidad nunca fallaron y tenemos dos hermosos hijos.

Espero que en el futuro este libro de la historia de nuestra familia traiga alegría y conocimiento a las generaciones futuras. Esta es una obra de amor para todos los que están aquí ahora, han venido antes y vendrán después. Debido al trabajo, el carácter y el sacrificio de aquellos que vinieron antes, podemos estar aquí ahora disfrutando de nuestras vidas. Te lo agradezco. Tenemos que hacer lo mismo por los que vendrán después . Para todos ustedes, que vendrán después de mí, sepan que nunca los conoceré, pero los amo. Este libro es prueba de eso. Es ese amor de una generación a otra que es la fuerza de nuestra familia. He hecho todo lo posible para preservar nuestra historia y nuestras experiencias. Ha sido un trabajo duro pero que he disfrutado mucho. Muchas de estas historias y linajes se habrían perdido para siempre si no hubiera hecho este trabajo en este momento. Creo que este trabajo es realmente un tesoro para nuestra familia y deseo que sea apreciado por quienes lo leen. Mi espíritu siempre estará en Monterrey como el aullido del viento que me acunaba cuando era un niño pequeño. Que Dios siempre bendiga a nuestra familia y que siempre caminemos junto a el.

Delfin.

This is my story,or at least part of it.I hope you enjoy it !

MARIEL

MY JOURNEY

I was born in paradise. From the first moment I opened my eyes, I could see the beauty of this place known as Monterrey. A place filled with lush vegetation that spread across fertile red lands that disappeared into the horizon. It was a sea of hills, valleys and streams that made their way to the distant mountains. I can still close

my eyes and see everything as if I were still there, so many years later, for I will always yearn to be home. I remember the royal palms, the sound of the birds singing, the crowing of the roosters, the tractors plowing the fields in preparation for planting the crops and the fresh smell of the earth afterwards. I can still hear the rattling noise from the pressure cooker while my mom cooked dinner and I fell asleep in the afternoon. But, above all, I remember the love of my parents and my family who truly made this place my heaven on earth. As fate would have it, I would only live there for five years and then my parents would move to the nearby town of San Juan y Martínez. I would live in this town of the province of Pinar del Río until I was almost ten years old and then I would leave once more, but this time to a foreign land, full of hope and the promise of a new beginning. This place known as the land of freedom was the United States of America.

My early life in Cuba was filled with a great deal of happiness. I remember many quiet moments and long relaxing walks along many dirt roads, where I could see firsthand the beauty of my homeland. It seemed as though God Himself had taken a brush and used Monterrey as his canvas. I would walk to the nearby lake in the summer so I could see the purple lilies blooming in their violet splendor in the crystalline waters. Bamboo trees provided shade while I sat near the water's edge. Palm trees dotted the landscape everywhere, to the tops of the mountains and the bottom of the valleys and along the rivers and streams. I will never forget the first time I traveled up the mountains. They were full of pine trees and you could see the whole world from up there or so it seemed to me. There were also many beautiful man-made things, although they could never compare to the natural beauty of my home. The old buildings in the town possessed their own charm because they had character and history. I visited many of these as a child. I remember how important family and friends were in my early years. We always seemed to be visiting an uncle, cousin or neighbor. We always went to the city of Pinar del Río or the town of San Luis to see my dad's family on the weekends. I loved sitting quietly and listening to all their stories. I didn't have too many friends to play with in the countryside but in the town there were many children to play with. We played hide and seek, marbles, stick ball and several other games we invented. One of my favorite toys was a "carro de latas" or can car made of old cans and wires that my dad made for me. We didn't have many material things, but we still had a lot of fun. We played late into the night and went to sleep at midnight in the summer because it was hot and it didn’t get cooler until midnight. When I started school, it was easy for me, but like any other kid, I just wanted to go home and play. I remember watching Russian cartoons and shows, as well as many American shows from the early part of the 20th century, such as Charlie Chaplin's silent comedy and Walt Disney cartoons. One of my favorite things to watch on our black and white television was baseball. My parents bought one while we were still living in Monterrey, the first television in that area. All the neighbors would come to watch the shows and baseball games while I rode around the house on my red tricycle and threw paper planes at the thatched roof. I remember the Pinar del Río baseball team very well and I even saw them play at the stadium in the city of Pinar del Río. I was about seven years old and my parents took me to see a double header. Then, we went to El Copelia to eat caramel ice cream, my favorite. It was a wonderful day.

In 1978 my grandmother visited us from the United States. It was very exciting to see her. She gave me gum to try for the first time and I really enjoyed it. She brought us many beautiful things and spent a month with us. I was sad to see her leave. Not everything was good in my youth, although I like to remember it that way. I remember that one of the first bad memories in my young life was when my sister Marisel died. She was from my father's first marriage and was only 17 when she passed away. I also had nearly died when I was two years old from drinking poisoned milk from a cow that had ingested parathion, a powerful pesticide. It was a very difficult time for my father, when my sister passed away, but she left him behind a beautiful granddaughter named Mirena. I was almost 10 years old in 1980 and something would happen that would change my life forever. The Mariel boatlift was about to take place. I can still vividly remember the throbbing sound of the drums and the mobs of people yelling in front of our house. They even threw eggs at it. I remember one of the chants that said "Guzanos, lechusas se cambian por pitusas". This roughly meant that we were like worms that would betray our country for a pair of American jeans. We were terrified and it felt like we were being persecuted by the whole town, the whole country. Many of our neighbors and even some family and friends would come to demonstrate in front of our house. I would like to believe that some felt pressured to do this but I know that some were not. Eloisa was my first teacher and my teacher at that time and she kept me with her in class while the other children went to the streets and participated in the government demonstrations. I will always thank her for that. We kept in touch until her death. God bless her! The mobs would march to our house daily and the sinister pounding of the drums could always be heard as they got closer and closer. A large intimidating group of protesters tried to break into our house. They yelled many offenses at us. On one occasion my father tried to keep the window closed with his hands while my mother helped. Only God knows what would happen if they entered. One day I had a very high fever from strep throat when they arrived. My dad told me to bring him a kitchen knife, he was determined not to let anyone hurt us. I was very weak and scared, but I remember praying for God to help us. They were kicking the front door and the bottom was coming loose. Horrified, I ran and sat behind it to keep it closed. They kept kicking but I stayed there and they didn't get in. Our next-door neighbor kept telling them that I was sick and begged them to leave us alone. After what seemed like a long time, they finally did. A few days later, we went to our family's house in the town of San Luis. Somehow, they found us there as well. My uncle and aunt lied and told the protesters that we had already left. Someone had told a government

official that we were there. We hid in the bedroom until they left. You know who you can trust when things get tough. We left soon after in the middle of the night walking along the dirt roads with the moonlight to guide us home. My father, with the help of a neighbor, strengthened the doors and windows as best he could and we stayed there until it was time to leave. President Jimmy Carter had said that Cubans seeking freedom were welcome to come to the United States. My aunt Noelia went on a boat to the port of Mariel to pick us up, but she had mechanical problems with the boat and could not complete the trip. Our family in the United States managed to send another boat with a captain named Paco to pick us up.

I was playing chinatas(marbles) when I saw my friend running down the dirt road. He was upon me in an

instant. "Hurry Delfin, they wait for you!" "Hurry up, they are waiting for you." These words would be etched in my mind forever. It was the end of my Cuban journey. Arriving at my house I saw two men from the government waiting to take us. My parents were frantically searching for all their documents. "Ten minutes!" One of the men told us. The words echoed in my mind. Ten minutes. This was all the time left before my life would change forever. They did not allow us to take anything. No wedding rings, no photographs, no memories of any kind, we were only allowed to take the clothes we were wearing. A group of neighbors and spectators quickly gathered outside the house and my parents, knowing that some of these groups had attacked others who were leaving the country, told the government officials that they refused to leave unless they guaranteed my security. They did and we left quickly. We were rushed into a government car, and left to the nearby police station. My uncle José Luis hurried to see us at the police station and said goodbye. I remember waving goodbye to a girl I knew from school as the car drove away from the police station. I remember wondering if I would ever see her again. On the way to Pinar, we picked up another older gentleman who turned out to be the grandfather of a future Florida State Representative (Rene Garcia). We headed off to Habana. Upon arriving in Habana we were held at a big building that was being used for processing all the people leaving the country. We stayed there for two or three days before they took us to El Mosquito, the Cuban version of a detention camp. At the first building, there was little to eat and we slept on the ground under a tree. We didn't have any other clothes, but thankfully it was summer, so it wasn't cold at night. When we arrived at El Mosquito, I remember that my parents were strip searched and then taken to a camp of military tents and barracks. We were there for another two or three days. I remember being hungry, but thank God my parents found two baby bottles someone had left behind and I ate that. My parents ate very little since they served us rice and eggs with the shells still mixed in. The food was barely edible and my parents saved anything worth eating for me. I could hear the German shepherds barking loudly nearby. The military guards were always vigilant. There were nearby military tents that housed prisoners from the Cuban jails and so called undesirables. Fidel had arranged to empty his jails by placing these criminals in the boats with the civilians. This was the agreement to allow us to go .You had to take the prisoners from the jails or you could not take the family members with you. It was June 27 at about 2:00 am when they came for us. We got on a bus and headed to the harbor dock. A 26-foot boat was waiting for us in the rough waves. The government officials overloaded the boat with more than 50 people. When we left the port, I could see huge ships with the scythe and the Russian hammer painted on the side. Darkness swallowed the coast as we left. The captain told us we had to balance the load, I had to enter the cabin with my mother. My dad stayed outside. The captain had to travel zigzagging among the waves. The sea was rough and the boat was overloaded. There was good weather until that night when they told us to leave. I remember that there was too much smoke coming inside the cabin, so the captain turned off one of the engines. There were a couple of black trash bags being passed around, everyone was vomiting. I felt horrible but never vomited. At about 3 in the afternoon and near the Keys, I remember seeing a US Coast Guard helicopter. On the radio I heard my aunt ask Captain Paco if all three of us were on board and he said yes. It had been fifteen hours when we arrived in Key West and an American soldier helped us up. I remember they gave us a Coke and told us to drink slowly because we were dehydrated. Then we entered the building to be processed and about an hour later, we met with my aunt and her husband Juan. We laid behind a church and stayed there for approximately half an hour, exhausted. It was a very difficult journey, but we were finally in America. My aunt took us to eat at a restaurant called El Cacique, but we couldn't eat much, our stomachs had shrunk. Ironically, we now had all this wonderful food in front of us, but we could barely eat it. Then we headed off in a green VW through the Keys and the old overseas highway for three and a half hours until we reached Hialeah and stopped at my grandparents' apartment. It was full of family and friends and they welcomed us happily upon our

arrival. My grandfather gave me a can of pear juice and it was delicious. For the first time in my life I took a shower with hot water, instead of the small can and bucket I was used to for almost 10 years. I slept with air conditioning that night for the first time as well. I remember that the electricity never went off unlike back home. The next day I went to a small grocery store "El Valencia" and I could not believe all the food they had. It was a small corner grocery store, but I had never seen anything like it. So many fruits, meats and my favorites (ice cream, cream cheese and chocolate). I had only eaten those foods a few times before in my life. The next day, my uncle took us to Jefferson and Zayres and my aunt took us to the mall and I couldn't believe my eyes. I was totally overwhelmed and shocked at how well people lived here, at least from a materialistic point of view. My parents and I kept all the used cans until my grandmother asked my mother why. In Cuba we kept everything but she said that there was no need to do that here. About a week after being here, my aunt took us to Miami Beach and we had a lot of fun, but when we got back we were caught up right in the middle of the

Miami riots of 1980. It was a very dangerous situation. I had no idea what was happening, but I could see all the chaos around us. Stones were being thrown at the cars and shots were also fired. Thank God we made it out, bruised but alive. Between what had just happened in Cuba and now this incident here in the United States I was traumatized. At this point I didn't feel really safe anywhere. I missed my home, my friends, my family and even my toys. It was a very difficult month in my life, but being young I overcame it and soon I would start school and I would have to learn a new language and make new friends. I remember that the teacher asked me my name and a classmate had to translate for me. I didn't know a word in English, but I studied and I started to learn new words every day. We were able to rent an apartment at that point and I was glad to have our own place again. At that time, the economy was not doing well and we had difficulties initially. "Marielitos" as we were called had a very bad reputation and it was hard finding a job. Even our own family would make comments and jokes that were hurtful. Only time would serve to prove them wrong. It also didn't help that my parents were having health problems. My father always managed to pay all his bills, although many times we had very little to eat. There were many days when all I had to eat was water and sugar that my mom mixed with melon pieces. Sometimes I crushed soda crackers and mixed them with sugar. I must admit that I liked them very much. I had to go to school with sewn up shoes and second hand clothes. But looking back, I think it was good for my character and it helped to make me who I am today. My dad had two work-related accidents and couldn't work for a while, but God always took care of us and help always came when we were at the end of our rope. My parents always, despite our situation, found a way to get me the toys I wanted. I still keep the first bike they gave me. I was always and will always be very grateful to my parents for everything they have done for me. This love has always been my strength and they are my heroes. As new immigrants, we had our struggles like most, but we worked hard and did all kinds of jobs. We sold ice cream, churros, threw out trash and sold used appliances. I helped my parents as much as I could. I remember going around in the ice cream truck to help my father, but I always got carsick. My parents worked very hard and in 1986 they bought a house. It was their dream to own their

own house .Everything was looking better and my dad started a small appliance service business. Unfortunately, my dad suddenly got sick and everything changed for the worse. We had to close our little shop. My dad was not given a very good chance to survive, but thank God he did. My father had a strong faith as a Christian and he held on to that. My mother also had a scare with her health, but she made it as well. Little by little, things improved. To this day, my parents still attend the same church. I am eternally grateful for the opportunity that this great country has given me and my family. Thank you!!

So many years later I still feel as though I'm going to open my eyes and this would have all been but a dream. My spirit will always be in Monterrey like the soothing wind that cradled me to sleep as a small child.

Delfin.F.

ENDNOTE

Heaven was a basketball court!

In my youth I found a lot of joy in sports. It was a healthy way to handle the stress I was dealing with at the time. I practiced many sports but fell in love with basketball. I played lots of it and it brought me so much joy. I still drive by the park in my car and I remember all the friends I played with. I can almost see myself running across the court as I used to back then. My heart still speeds up and in my mind I am back in that time playing my favorite game.

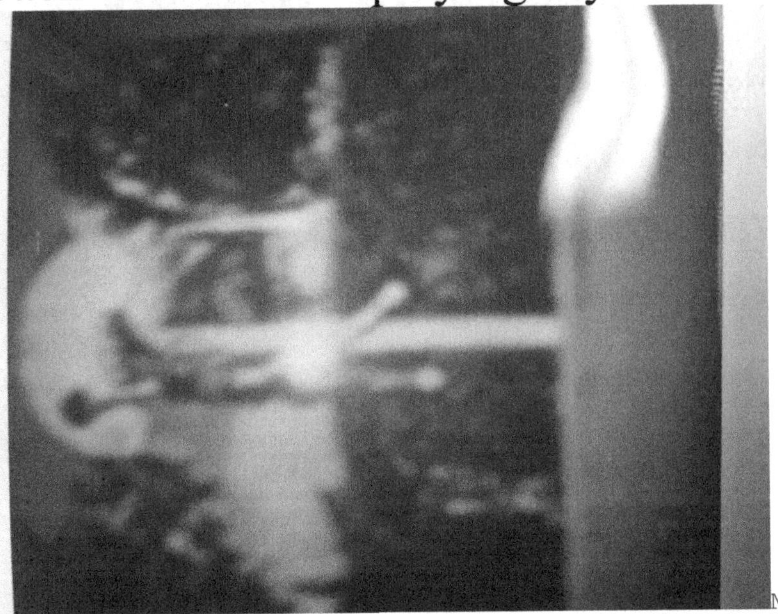

Me .

My dad had as I mentioned two work related accidents .The lawyers would call because it was the employers fault that he got hurt and they wanted my dad to file a lawsuit against them. The hospital also sent my dad home with broken legs and called frantically the next day for him to return .My dad never filed a lawsuit against any of them. He was grateful for being hired and didn't feel right about doing that. We struggled but I always respected my dad for doing that.

I would like to thank God for he has blessed me with many beautiful things. In good and bad times he has always been with me. I thank god for my parents who have always given me their love, guidance and support. I owe to them in large part who I became. In fact, it was through my mother that I met my wife. She was the daughter of a friend of my mother from her church. We met young and we waited four years to get married. We were always talking and sharing our ideas about what we would do in the future. Those were the best moments. Life would have its obstacles, but our love and fidelity never failed and we have two beautiful children.

I hope that in the future this book of the history of our family will bring joy and knowledge to future generations. This is a work of love for all who are here now, have come before and will come later. Due to the work ethic, character and sacrifice of those who came before, we can be here now enjoying our lives. Thank you! We should do the same for those who will come after. For all of you, who will come after me,

know that I will never know you, but I love you. This book is proof of that. It is that love from one generation to another that is the strength of our family. I have done my best to preserve our history and our experiences. It has been a hard job but I have enjoyed it a lot. Many of these stories and genealogies would have been lost forever if I had not done this work at this time. I think this work is a bit of a treasure for our family and I hope that those that read it will appreciate it .Hope you like it! May God always bless our family and may we always walk with him.
Delfin

Diane (my wife)

I can never thank god enough for the wonderful and beautiful wife he gave me. I knew I would marry her from the very first time I saw her. We fell in love and eventually got married .We have a beautiful daughter named Dayami and a precious son named Damian. Dayami was a name given to me by my parents. It is the name of an Indian Cuban princess who protects nature. My sons name was the name my dad could have been given but his parents decided on Delfin. There have been many trials and tribulations but it has only served to make our love stronger and our friendship more profound. Diane has a beautiful voice and she also plays the piano. She played for our church and that is sort of how we met. She is also a talented writer, unlike myself . Diane has been a wonderful wife and mother and I still see her as beautiful today as when I first met her. We have a lot of things in common .We enjoy quiet times together and long walks at the park observing nature and all of gods creation .We also enjoy going to church and reading the bible with our children. Going to the beach is another of our favorite activities. We don't like getting out too much and we love just watching an old movie after dinner. Casablanca, It's a Wonderful Life and sci-fi movies are some of our favorites. We enjoy a simple life and we are happy just being together sharing a peaceful moment. Thank you Diane for being my soulmate.

Diane (mi esposa)

Nunca puedo agradecerle lo suficiente a Dios por la maravillosa y hermosa esposa que me dio. Sabía que me casaría con ella desde la primera vez que la vi. Nos enamoramos y finalmente nos casamos. Tenemos una hermosa hija llamada Dayami y un hijo precioso llamado Damian. Dayami fue un nombre que me dieron mis padres. Es el nombre de una princesa india cubana que protege la naturaleza. El nombre de mi hijo era el nombre que mi padre podría haber recibido, pero sus padres se decidieron por Delfin. Han habido muchas pruebas y tribulaciones, pero solo ha servido para fortalecer nuestro amor y profundizar nuestra amistad. Diane tiene una voz hermosa y también toca el piano. Ella tocaba para nuestra iglesia y así es como nos conocimos. Ella también es una escritora talentosa, lo cual yo no soy. Diane ha sido una esposa y madre maravillosas y todavía la veo tan hermosa hoy como cuando la conocí. Tenemos muchas cosas en común. Disfrutamos de momentos tranquilos juntos y largas caminatas en el parque observando la naturaleza y la creación de dios. También disfrutamos yendo a la iglesia y leyendo la Biblia con nuestros hijos. Ir a la playa es otra de nuestras actividades favoritas. No nos gusta salir demasiado y nos encanta ver una película vieja después de la cena. Casablanca, Es una vida maravillosa y las películas de ciencia ficción son algunas de nuestras favoritas. Disfrutamos de una vida simple y estamos felices de estar juntos compartiendo un momento de paz. Gracias !!

Diane Hernandez
Hija de Rosmira Quinonez Y Rodolfo Hernandez Pino(de Barranquilla ,Colombia)1930s y 40s
Rosmira –hija de Luis Enrique Quinones y Esther Maria Jimenez (de Magangue)

Luis hijo de Domingp Quinones y Santiaga Silva
Ester Hija de Gilberto Jimenez(alcalde de Panseguita) y Matilde Gamarra
Gilberto hijo de Eustaquio Jimenez y Maria Palencia
Matilda hija de Jose de la paz Gamarra y Gregoria Turizo

Rodolfo hijo de Mariano Hernandez Gomez y Luisa Pino
Mariano hijo de Emiliano Hernandez y Olimpia Gomez Ujueta
Luisa hija de Juan Pino y Victorina Niebles

Dayami

The most beautiful gift God ever gave me and my wife are my son Damian and my daughter Dayami. My little princess was born weighing exactly 7 lbs and with the most beautiful red lips. I remember her laughing as a little baby and she still loves to laugh. She still likes to think that she is still a baby. She loves to draw, arts and crafts and play ing games. She also loves nature which is fitting since she was born on earth day May God Bless and protect her all the days of her life. Me and your mom and your grandparents will always Love you.

El regalo más hermoso que Dios me dio a mí y a mi esposa es mi hijo Damian y mi hija Dayami. Mi pequeña princesa nació con un peso exacto de 7 libras y con los labios rojos más hermosos. La recuerdo riéndose de pequeña y todavía le encanta reír. Todavía le gusta pensar que todavía es un bebé. Le encanta dibujar, hacer manualidades y jugar juegos. También ama la naturaleza, lo cual es apropiado desde que nació en el día de la tierra.

Que Dios la bendiga y la proteja todos los días de su vida. Yo, tu madre y tus abuelos siempre te amaremos.

A poem about Dayami by my father

Termina la primavera
Y una hermosa bendicion
Nos trae en una cancion
Una dicha placentera.

Y a la luz de un nuevo dia
Una ciguena del cielo
Viene cubriendo un anhelo
Con su manto de alegria.

Dayami se ha de llamar
Y su presencia sonada
Sera como una cascada
Al arullo del hogar.

Dayamis first poem at age 4

Old tires
Turn into pacifiers.

Damian

Our son Damian is a true gift from God.Our little miracle was not given any chance to live but our god had a different plan. Me and my wife are Christians and we believed God for a miracle and we got one on Christmas day. He was a 25 week baby weighing only 1 lb 12 oz . He survived despite no water in my wifes womb since week 15 . Our daughter always wanted a sibling and now she has Damian. He went through a lot but he still loves to laugh and jump just like his sister.We thank the lord everyday for our beautiful son.
My wife wrote a small book about her experience .You can read it in the link below.
Link-----------https://www.facebook.com/A-Real-Christmas-Story-Damians-story-646275332221553/

Damian
Nuestro hijo Damián es un verdadero regalo de Dios.A nuestro pequeño milagro no le dieron

ninguna oportunidad de vivir, pero nuestro dios tenía un plan diferente. Mi esposa y yo somos cristianos y le creímos a Dios por un milagro y recibimos uno el día de Navidad. Era un bebé de 25 semanas que pesaba solo 1 lb 12 oz. Sobrevivió a pesar de que no había agua en el útero de mi esposa desde la semana 15. Nuestra hija siempre quiso un hermano y ahora tiene a Damian. Pasó mucho pero todavía le encanta reír y saltar como su hermana. Agradecemos al señor todos los días por nuestro hermoso hijo. Mi esposa escribió un pequeño libro sobre su experiencia. Puede leerlo en el siguiente enlace. Enlace ---------- https: //www.facebook.com/A-Real-Christmas-Story-Damians-story-646275332221553/

Es día de Navidad
y las familias del mundo
cantan con amor profundo
himnos de felicidad

—o—

Pero ignorando el futuro
una madre en su tormento
espera el alumbramiento
de un niñito prematuro

—o—

Al fin Damián ha nacido
porque Dios en su bondad
colma de felicidad
a nuestro hogar bendecido

—o—

Delfin (La Chincha)

Mi padre nació en Sal Luis, Pinar del Río, Cuba. Abrió los ojos por primera vez en la casa de sus padres en la Finca "Baño y Josefa", una finca de tabaco al lado del pueblo de San Luis. Fue el penúltimo hijo del matrimonio entre Martín Fernández Saavedra y Juana Chávez Gómez. Era un niño muy inteligente y tenía un don muy singular. Fue bendecido con una memoria fotográfica. Hasta el día de hoy puede comenzar a recitar un libro de su juventud y seguir y seguir página tras página. Lo curioso es que olvida lo que fue a comprar a la tienda . Delfin también es músico (toca la guitarra), y es poeta y compositor. De joven también fue un excelente atleta. Siempre me contaba historias de lo rápido que era y cómo podía saltar sobre vallas altas sin siquiera tocarlas. Tuve familiares que me dijeron que esto era cierto y que él era increíble balanceándose de árbol en árbol y trepando cuerdas. Recuerdan cómo solía manejar bolsas pesadas de fertilizante con facilidad en la granja de su padre. En mis veintes practicaba muchos deportes e hice mucho

levantamiento de pesas. Pensé que podría dominar a mi padre porque tenía mas de 60 años. Me sorprendió mucho ver lo poderoso que aún era cuando lo invité a luchar. Rápidamente me derribó, todavía era muy explosivo, incluso a esa edad. Mi padre no era un tipo grande y nunca lo vi levantar una pesa en mi vida. Era tambien un experto tirador de cuchillos .Jugó béisbol en su adolescencia en Cuba y siempre me contaba sobre la rivalidad entre San Luis y San Juan y Martínez.
Más tarde, aprendió ajedrez Quería algo más desafiante que las damas en las que era excelente. En tres años ya estaba jugando en encuentros internacionales. De hecho, consiguió un empate contra (El Gran Maestro de Checoslovaquia)Vlastimil Hort. Conoció a otros grandes jugadores de ajedrez como el ex campeón mundial de Rusia Mikail Tal y Boris Spassky. Mi padre conoció a muchas personas interesantes en su vida. Conoció a Ernest Hemingway en la Bodeguita en La Habana. También conoció a Celia Cruz y El Benny. Papi asistió a muchos de los bailes locales y muchas de estas figuras icónicas se encontraban allí. El Benny siempre llegaba tarde, pero una vez que se presentaba era increíble como artista. En una reunión social en la que mi padre estaba Fulgencio Batista hizo acto de presencia. Mi papá me dice que comenzó a llover y alguien le llevó un paraguas a Fulgencio y recuerda que le dijo a esa persona que lo guardara. Dijo que si la gente se estaba mojando, él también lo haría. En otra ocasión, mi padre estaba haciendo trabajos de contabilidad en una granja local y Fidel Castro se apareció. Esto fue en los primeros días de la revolución. Recuerda que Fidel dijo que estaba allí para una cacería de Clodomiro Miranda. Miranda era un capitán del ejército rebelde. Mi papá conocía a Miranda desde sus días de trabajar en la fincas y dijo que era un buen hombre. Sin embargo, Fidel lo capturó y lo mataron. Mi padre tiene un millón de historias. Me encanta la historia que cuenta de cómo estuvo a punto de salirse de la carretera cuando un gran camión ruso con un misil gigante a bordo subió por la montaña en la que estaba conduciendo. Por supuesto, estos fueron los misiles que condujo a la crisis de los misiles cubanos. Papi ama las decimas y los puntos guajiros. Esto es un tipo de rimas poeticas de ida y vuelta en forma de controversia. Tenía un amigo(Paco) en una estación de radio en Pinar del Río, CMAB. Mi hermana, Marisel, cantaba allí cuando era niña. Aquí es también donde los poetas del país se podían escuchar en la radio y a veces también venían a cantar en persona. Conoció a muchos de ellos como El Cacique

Jaruqueno, El Indio Nabori, Adolfo Alfonso, Raúl Rondón, Chanito Sidron, Rigoberto Rizo, Angelito Valiente, Pablo León, Fortun del Sol (Colorin), Justo Vega y otros. Mi padre sorprendió a muchos de ellos recitándoles sus propios poemas con su memoria fotográfica. Los escuchaba una vez en la radio y se memorizaba sus decimas. En la década de los1970 s recuerdo haber ido con mi papá a San Juan y conocer a El Gilguero de Cienfuegos. Echo de menos ver Palmas y Cañas todos los domingos.
Mi papá amaba mucho a sus padres. Él ha compartido muchas historias conmigo sobre ellos. Su padre heredó una finca de tabaco de su padre y con los años compro varias otras fincas. Mi papá me dice que invertia todo su dinero comprando equipos para estas fincas y adquiriendo más tierras. Su sueño era dejar a todos sus hijos una finca. Sin embargo, Fidel llego al poder y le quitaron sus tierras. Después de trabajar tan duro, se quedo sin nada y no pudo dejarles nada a sus hijos. Cuando era niño, mi papá no tenía muchos bienes materiales. En aquellos días, tenías un juguete al año y un par de zapatos y una muda de ropa. Su padre puso todo el dinero que ganó en las fincas de tabaco, por lo que no quedaba mucho para nada más. Mi papá y sus hermanos hacian guantes de béisbol con camaras de gomas viejas y juguetes con lo que pudieran encontrar. Según mi padre, todavía se divertían mucho y él amaba mucho a sus padres. Él dice que nunca les pegaron ni les alzaron la voz durante todo el tiempo que estuvieron vivos. Recuerda una vez que se sentó al otro lado de una loma de tierra para fumar y su padre lo vio. Su padre le preguntó si había estado fumando y él dijo que no. Su padre continuó y le dijo que los cigarros emiten humo. Mi papá dice que supo de inmediato que su papá lo había visto y que se sintió horrible por mentirle. Nunca más le mintió. Recuerda a su madre caminando hasta la ciudad para traerle su comida favorita para su cumpleaños y lo feliz que lo hizo. Había mucho amor en ese hogar y se respetaban mutuamente. Algo que falta en nuestro mundo hoy. Algo por lo que se conoce a la familia de mi padre es que les encanta hablar y reír. Se quedaban despiertos hasta tarde solo hablando y riendo. A los 14 años, mi padre se mudó a Pinar del Río y trabajó en La Modernista, una farmacia, propiedad del Dr. Camacho. A los 20 años más o menos, se mudó a La Habana por un par de años, pero siempre regresaba a casa los fines de semana para pasarlo con su familia. Muchos años después, todavía encuentro a mi padre reviviendo estos días. Él pone

algunas viejas canciones de esa época y se pone a reviver aquellos días pasados pero que nunca olvidará. Como yo, siempre anhelará estar de nuevo en casa.

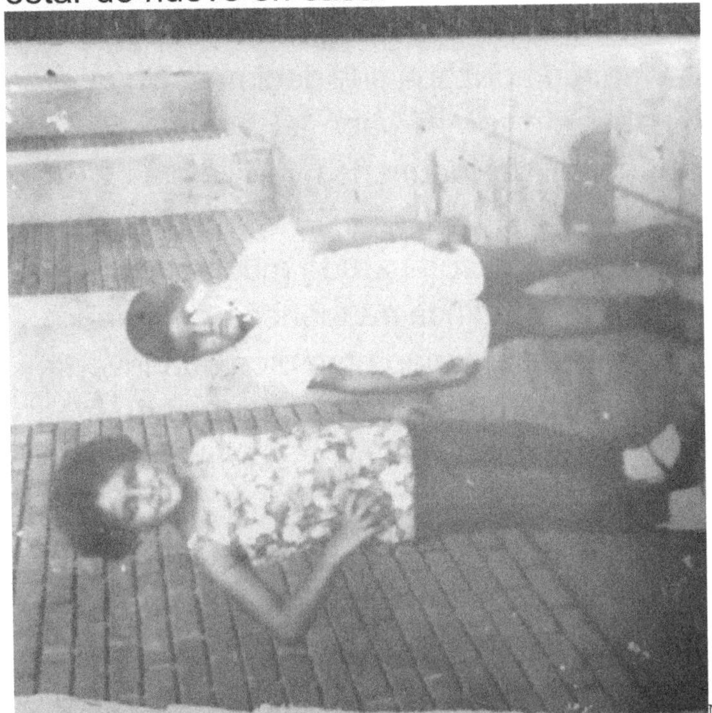

Mari y Ricardo.

Delfin (La Chincha)

My dad was born in Sal Luis , Pinar del Rio ,Cuba. He opened his eyes for the first time in his parents house in la Finca " Baño y Josefa ", a tobacco farm next to the town of San Luis. He was the next to last child of the marriage between Martin Fernandez Saavedra and Juana Chavez Gomez. He was a bright kid and he had a very unique gift. He was blessed with a photographic memory. To this day he can start reciting a book from his youth and go on and on page after page. Funny thing is that he'll forget what he went to the corner store to get.

Delfin is also a musician (he plays the guitar) a poet and a song writer. I've included some of his work in the book for your enjoyment. As a young man he was an excellent athlete as well. He would always tell me stories of how fast he was and how he could jump over high fences without even touching them. I did have family tell me that this was true and that he was amazing swinging from tree to tree and climbing up ropes. They remember how he used to handle 220 pound fertilizer bags with ease in his dads farm . I myself can attest to how powerful he was. In my twenties I practiced a lot of sports and did a lot of weight lifting . I was pretty athletic and I was lifting pretty heavy weights so I thought I could overpower my dad because he was in his 60s.I was pretty surprised to say the least at how powerful he still was when I invited him to wrestle. He quickly took me down, he was still very explosive, even at that age. My dad was not a big guy and I never saw him lift a weight in my lifetime but he would arm wrestle and beat guys twice his size. He played baseball as a teenager in Cuba and would always tell me about the rivalry between San Luis and San Juan y Martinez .Later he picked up chess .My dad was very smart yet simple in his ways. He wanted something more challenging than checkers which he was excellent at. In three years he was already playing at international meets .He actually got a tie against Vlastimil Hort. He met other great chess players like ex world champion from Russia Mikail Tal and Boris Spassky. My dad met a lot of interesting people in his lifetime.He met Ernest Hemingway at la Bodeguita in Habana. He also met Celia Cruz and El Benny. Dad attended a lot of the local dances and many of these iconic figures would be there. El Benny would always show up late but once he showed up he was amazing as a performer. At a social gathering that my dad was at Fulgencio Batista made an appearance. My dad tells me that it started to rain and someone took an umbrella over to Fulgencio and he remembers him telling that person to put it away. He said that if the people were getting wet then so would he. On another occasion my dad was doing accounting work at a local farm and Fidel Castro showed up. This was in the early days of the revolution. He remembers Fidel saying that he was there for a manhunt of Clodomiro Miranda. Miranda was a captain of the rebel army. My dad had known Miranda from his farming days and he said that he was a good man. Nevertheless, Fidel captured him and he was put to death. My dad has a million stories .I love the story he tells of how he nearly got driven off the road as a big Russian truck with a giant missile on board headed up a mountain he was driving down on.Of course these were the missiles which led to the Cuban missile crisis. Speaking of mountains ,my dad use to take a senor named Leovigildo to paint a mural of dinosaurs in Pinar del Rio. (mural de la Prehistorica) this became a major tourist attraction.Dad loves decimas and puntos guajiros. These are country poets and they rhyme back and forth poems in form of a controversy. He had a friend at a radio station in Pinar del Rio,CMAB.My sister ,Marisel ,would sing there as a child. This is also where the country poets could be heard on the radio and they would sometimes come to sing in person as well. He met many of them like el Casique Jaruqueno, El Indio Nabori, Adolfo Alfonso, Raul Rondon(el Baldo Camagueyano), Chanito Sidron, Rigoberto Rizo, Angelito Valiente, Pablo Leon ,Fortun del Sol (Colorin),Justo Vega and others . My dad amazed many of them by reciting their own poems back to them with his photographic memory. He would hear them once on the radio and he would recite them back. In the 1970s I remember going with my dad in San Juan and meeting El Gilguero de Cienfuegos. I miss watching Palmas y Canas every Sunday.

My dad loved his parents very much. He has shared many stories with me about them. His dad inherited a tobacco farm from his father and over the years he brought various other farms. My dad tells me that he would spend all of his money buying equipment for these farms and more land. His dream was to leave all his kids a farm. However, Fidel took over and they took his lands away. After working so hard, he had nothing to show for it or to leave his children.

As a young kid, my dad didn't have much. Back in those days, you got one toy a year if that and one pair of clothes and shoes. His dad put all the money he made off the tobacco farms back into the farm and so there was not much left for anything else. My dad and his siblings would make baseball gloves from old tires and toys from whatever they could find. According to my dad, they still had a lot of fun and he loved his parents very much. He says that they never hit or raised their voices at them during the whole time that they were alive. He remembers one time that he sat on the other side of a dirt mound to smoke and his dad saw him. His dad asked him if he had been smoking and he said no. His dad went on and told him that cigars give off smoke. My dad says that he knew right away that his dad had seen him and he felt horrible for lying to him. He never lied to him again. He remembers his mom walking all the way to town to get him his favorite food to make it for his birthday and how happy that made him. There was a lot of love in that home and they respected each other. Something that is lacking in our world today. Something my dad's family is known for is that they love to talk and laugh. They would stay up late just talking and laughing.

At 14 years old my dad moved to Pinar del Rio and worked at the Modernista , a pharmacy owned by Dr. Camacho. At age 20 or so, he moved to Havana for a couple of years but he would always head back home on the weekends to spend it with his family. Many years later, I still find my dad reliving these days. He puts on some old songs from that time and I know he is back, reliving those days long gone but which he'll never forget. Like me, he'll always yearn to be home.

My dad would always tell me this before I went to sleep.
Esto me lo decia mi padre antes de acostarme.

Que duermas bien
Que dios te acompane
Que suenes con los angelitos y
Que tengas salud.

This is sort of a blessing and prayer and it always made me happy as a child to have my dad tell me this. I went to sleep feeling safe and protected .

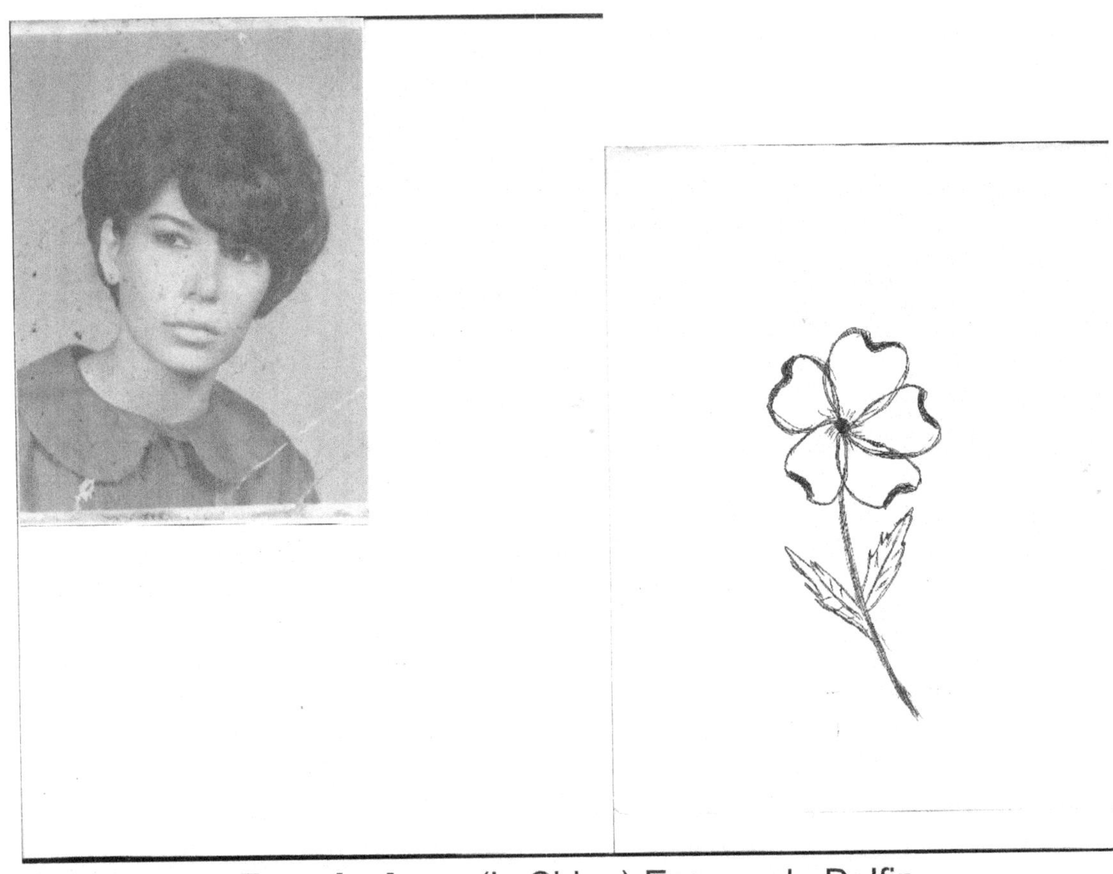

Esperanza Fernández (la China)-Esposa de Delfin

Mi madre nació en Vivero, un pequeño vecindario de San Juan y Martínez. Cuando tenía seis meses, sus padres se mudaron a Monterrey. Un hermoso lugar con espléndidas vistas y vientos acariciantes que te adormecían con su melodía. Mi madre creció en Monterrey junto con sus padres y tres hermanos. También tenía un medio hermano que también vivía con ellos. Su nombre era José Luis y su madre se lo había dado a Cheo cuando tenía alrededor de cinco años. Cheo era el padre de Esperanza y de José Luis. Mi abuelo materno también tenía una finca de tabaco "La Palma" y otra en Lasgunillas. "Cheo"no era rico pero tenía una casa en la playa y un coche.Mi mamá recuerda los maravillosos veranos que pasaban juntos en la casa de la playa. Mi abuelo contrató a una criada para ayudar con las tareas de la casa, pero mi madre todavía aprendió a cocinar, coser y hacer todas las tareas relacionadas con la casa desde una edad temprana. Mi madre siempre fue muy independiente. Cuando era joven, mi madre conoció a Fermina, una sobrina de mi padre, y se fue a trabajar a San Luis. Eventualmente conocería a mi padre y se enamoraría. Era el año 1969 y la familia de mi madre había decidido abandonar el país para irse a Estados Unidos. Se suponía que mi madre se iria con ellos pero conoció a mi padre y decidió quedarse con él. Su familia estaba muy decepcionada por esto, pero ella se quedó. Estuvo solo con mi padre durante tres meses y se casó. Cuando su familia se fue a los Estados Unidos, se quedó en la casa de la familia en Monterrey con mi padre. Yo creci allí y vivi en Monterrey hasta que tuve cinco años. Mi mamá era y es una gran madre. Ella me cuidaba cuando estaba enfermo y siempre se encargaba de que tuviera todo lo que necesitaba. Todavía puedo recordar como yo conducía mis carritos de juguete sobre su cuerpo mientras ella descansaba en la cama junto a mí. Mis padres me cantaban canciones infantiles que todavía puedo recordar en mi mente. Mi madre tenía una voz hermosa y no hay nada como estar en los brazos de tu madre y que ella te cante. Mi papá se disfrazaba y saltaba de una mesa para que yo puediera hacer Ahhhh y mami me daba de comer en ese momento. Ellos se sacrificaron mucho por mí y no tengo palabras para agradecerles .Los amo mucho !! Cuando llegamos a los Estados Unidos, mi madre trabajó muy duro en todo tipo de trabajos. Limpió casas y trabajó en una fábrica de limpieza de circuitos electrónicos. Ayudó a mi padre a vender helados y churros y también en el pequeno negocio de electrodomésticos que establecimos. Ella despues encontró un trabajo en las tiendas de segunda mano y a trabajado ahí desde entonces. Disfruta de su trabajo, pero más que eso, siempre quiere valerse por si misma y ayudar a su familia . Mi madre también está activa en su iglesia. Ella es una excelente cocinera. No mide nada,pero todo le queda muy rico.Mi mama tiene muchos talentos, pero en especial me encanta su voz. Tiene una voz hermosa, aunque nunca recibió entrenamiento formal. También es excelente en artes y manualidades. En Cuba, donde había muy poco, hacía flores espectaculares con papel y cortinas de bolsas de tela. Mi madre siempre ha tenido un espíritu empresarial y es muy elegante y bonita, incluso ahora a su edad. Mami es muy instintiva y percibe las cosas muy bien. Sabe lo que alguien quiere antes de hablar. Sus consejos siempre han sido muy valiosos para mí. Tanto ella como mi papá aman mucho a mis hijos y por eso estoy muy agradecido. Cuando están con ellos, no puedo evitar regresar a mi infancia y recordar ese tiempo del pasado que nunca olvidare.

Esperanza (la China)

My mother was born in Vivero , a little neighborhood belonging to San Juan y Martinez. When she was six months old her parents moved to Monterrey .A beautiful place with splendid views and caressing winds that would lull you to sleep with its melody. My mom would grow up in Monterrey along with her parents and three siblings. She also had a half brother that was living with them as well. His name was Jose Luis and his mom had given him to Cheo to raise when he was around five. Cheo was the nickname given to Esperanzas dad .Unlike my dads parents ,my moms parents did enjoy their lives a little more. My grandfather also had a tobacco farm “La Palma”and another one in Lasgunillas. But unlike my paternal grandfather ,“Cheo” had a beach house and a car.They weren’t rich but instead of investing everything back into the farm , he took some of that money to enjoy and make their life more comfortable. Looking back I wish my dads dad had done the same since in the end his sacrifices would be lost when Fidel came to power and his lands were taken away.He lost all he had and his children lost all of their inheritance.I admire what my grandfather tried to do for his kids even if in the end it didn’t work out how he hoped. Thank you grandpa! My mom remembers the wonderful summers they would spend at the beach house together. My grandfather hired a maid to help with the house duties but my mom still learned to cook and sew and do all the house related chores from an early age. My mom was always and still is very independent and always wanted to make her own way .As a young women my mom met Fermina , a niece of my dad, and she went to work in San Luis. She would eventually meet my dad and fall in love .The year was 1969 And my mom’s family had decided to leave the country for America. My mom was supposed to come but she had met my dad and she decided to stay with him. Her family was very disappointed over this but she did not change her mind and stayed. She was only with my father for three months and got married. When her family left for the States she stayed in the family house at Monterrey with my dad. I would grow up there and live in Monterrey until I was five years old. My mom was and is a great mother. She would take care of me when I was sick and always saw to it that I had everything I needed. I can still recall as I played with her and as I would drive my toy cars over her body as she laid in bed next to me. She like my dad would tell me stories so I could eat and fall asleep. They both would rock me in the rocking chair and sing lullabies which I can still remember in my mind. My mom had a beautiful voice and nothing like being in your moms arms and having her sing to you.When I didn’t want to eat my dad would dress up and jump from a table so I could go Ahhhh and mom would feed me at that point. Whatever it took they would do for me and words can’t say how much I thank and love them.

When we arrived in the United States my mom worked very hard in all sorts of jobs .She cleaned houses and worked in a factory cleaning electronic circuit boards. She helped my dad to sell Ice cream and churros and also in the small appliance repair business we set up. She eventually found a job at the thrift stores in Flamingo plaza in Hialeah and has worked there ever since. She enjoys her job,but more than that ,she always wants to make her own way and provide for herself and her family just like she did when young. My mom is also active in her church. Shes been at Emmanuel Baptist church for many years. She still takes care of her mother as best she can and still finds time to do chores just like she always has. Mom doesn’t cook as often as she used to but she still has that touch. She doesn’t measure anything ,its all by feel for her, but she’s an excellent cook. Nothing like moms home cooking. My dad though is catching up to her as he has also become a pretty good cook. He did have a great teacher. My mom has many talents but I especially love her voice. She has a beautiful voice ,although she never received any formal training. Shes also great at arts and crafts. In Cuba where there was very little she would make spectacular flowers out of paper and curtains out of cloth bags. My mom has always had an entrepreneurial spirit and she’s always been very elegant and beautiful ,even now that she is older. Mom is very instinctive and she perceives things very well. She knows what somebody wants before they speak. Her advice has always been very valuable to me. Both her and my dad love my kids and for this I am most thankful for.When they are with them I can't help but see myself in them and I'm back in their arms in a time and a place long ago but not forgotten.

Padres de Esperanza

Felicia Eslivia Garcia Menendez, born(nacio) 7 Mar 1919, San Luis,Pinar del Rio,Cuba–Murio en el 2018.Hialeah,Fl.

Jose Pantaleon "Cheo" Medina de Armas,(nacio) born 27 Jul 1909, San Juan y Martinez,Pinar del Rio ,Cuba; murio el 10 de Marzo de 1985, Hialeah,Fl.

"Cheo"Jose Medina Armas

"Cheo " as he was known was born on July 27,1909 in San Juan Y Martinez ,Pinar del Rio ,Cuba.He was the second oldest of his family and his parents were Santiago Medina Gomez and Consuelo de Armas Rodriguez.Sadly for Cheo his mother "Consuelo" died when he was only seven years old.He had to go live at an uncles house .His dad eventually remarried and he had more children.Cheo always said how hard it was to lose his mother and how lucky my mom and her siblings were to grow up with both their parents.despite that Cheo was the jolliest guy you could ever meet.He was always laughing and making jokes .He inherited la finca La Palma in Monterrey and he took his family to live there.He married my grandmother Felicia Eslivia Garcia Menendez on April 16,1939.They had four children.Santiago ,Mireya ,Esperanza and Noelia.Mireya and Santiago were born in Tarabico ,San Luis and Noelia was the youngest and was born in Monterrey.My mom Esperanza was born in the area of Vivero.Cheo had a first wife and he had a son named Jose Luis Medina with her.Jose luis would end up coming to live with Cheo in monterrey .Jose was a tobacco grower and he did well enough to buy a second farm in Lasgunillas .Maximo Hernandez was the gentleman that was in charge of the second farm.Cheo was a descendant of the Guanches from the Canary Islands.One of his favorite things to do was pulling pranks .He built a beautiful house in Monterrey with a garage for his car.He had a car , a tractor and even a beach house in Boca de Galafre where they would spend their summers.He wasn't rich but he believed in enjoying what you had ,which he did.He left Cuba in 1969 and came to the United States with his family.when I came to this country he bought me my first bike and a Donald duck piggy bank which I still keep.My grandfather loved kids .He died in 1985 at night in his sleep from a heart attack.Cheo was a big guy with a big personality and I'll always remember him.

"Cheo" José Medina Armas

"Cheo", como era conocido, nació el 27 de julio de 1909 en San Juan y Martínez, Pinar del Río, Cuba. Era el Segundo nacido de su familia y sus padres eran Santiago Medina Gómez y Consuelo de Armas Rodríguez. Desgraciadamente para Cheo su madre "Consuelo" murió cuando él tenía solo siete años. Tuvo que irse a vivir a la casa de un tío.

Su padre finalmente se volvió a casar y tuvo más hijos. Cheo siempre dijo lo difícil que era perder a su madre y qué suerte tuvo mi madre y sus hermanos de crecer con sus dos padres. A pesar de eso Cheo era muy chistoso y se reia mucho. Heredo la finca La Palma en Monterrey y llevo a su familia a vivir allí. Se casó con mi abuela Felicia Eslivia García Menéndez el 16 de abril de 1939. Tuvieron cuatro hijos: Santiago, Mireya, Esperanza y Noelia. Mireya y Santiago nacieron en Tarabico, San Luis y Noelia era la más joven y nació en Monterrey. Mi madre Esperanza nació en el área de Vivero. Cheo tuvo una primera esposa y con ella tuvo a un hijo llamado José Luis Medina . José Luis terminaría viniendo a vivir con Cheo en Monterrey. José era un cultivador de tabaco e hizo lo suficiente para comprar una segunda finca en Lasgunillas. Máximo Hernández era el caballero que estaba a cargo de la segunda finca. Cheo era descendiente de los guanches de las Islas Canarias. Una de sus actividades favoritas era hacer bromas. Construyó una hermosa casa en Monterrey con un garaje para su automóvil. Tenía un automóvil , un tractor e incluso una casa de playa en Boca de Galafre donde pasaban los veranos. No era rico, pero creía en disfrutar lo que tenía, lo cual hizo. Dejó a Cuba en 1969 y vino a los Estados Unidos con su familia. Cuando llegué a este país, me compró mi primera bicicleta y una alcancía del pato Donald que aún mantengo. Mi abuelo amaba a los niños. Murió en 1985 en la noche mientras dormía de un ataque al corazón. Cheo era un tipo grande con una gran personalidad y siempre lo recordaré.

Felicia"Eslivia"Garcia Menendez

Felicia was born in Tarabico ,San Luis on March 7,1919.She married Cheo in 1939 and they eventually moved to Monterrey . She had four children but Noelia was the only one born in Monterrey .My grandmother is 96 years old and is still very sharp but she has definitely lost some of her hearing.She has a strong personality and like her siblings she is physically robust .She loved to travel when younger and she did travel to Russia ,Africa ,Europe and so forth.Her last trip outside the United States was to Cuba back in 2003 when she was about 84 years old.I first saw my grandmother in 1978 when she visited us in Cuba.When I first saw her she looked to me like Emerita ,her sister,whom we would visit pretty often in San Juan.My grandmother likes to tell me stories of the old days and her travels and I still visit her every week.I still have a Lone Ranger figurine that she gave me when I first got here . She had brought me one just like it to Cuba but I couldn't bring it with me.My grandmother was a great cook and a superb housekeeper when younger .When she first got here she worked in a factory and she would stay with that job until she retired.Shes always lived on her own and still does today at 96.She has always said that she doesn't want to be a burden to her children or end up in an assisted living facilty..Felicia is a very strong willed person.In her 90s she discovered that she loves to draw and color.She always shows me her coloring books and she is quite good at it.She also likes arts and crafts and has made me various things which I keep and cherish.My grandmother is the matriarch of the family and a blessing to us all.

Felicia "Eslivia" García Menéndez

Felicia nació en Tarabico, San Luis, el 7 de marzo de 1919. Se casó con Cheo en 1939 y se mudaron a Monterrey. Tuvo cuatro hijos, pero Noelia fue la única nacida en Monterrey. Mi abuela tiene 96 años . Tiene una personalidad fuerte y, al igual que sus hermanos, es físicamente robusta. Le encantaba viajar cuando era más joven y viajó a Rusia, África, Europa, etc. Su último viaje fuera de los Estados Unidos fue a Cuba en 2003 cuando tenía unos 84 años. La primera vez que vi a mi abuela fue en 1978 cuando nos visitó en Cuba. Cuando la vi por primera vez, ella se parecía a Emerita, su hermana, a quien visitábamos con bastante frecuencia en San Juan. A mi abuela le gusta contarme historias de los viejos tiempos y sus viajes y todavía la visito todas las semanas. Todavía tengo una figura de Lone Ranger que me dio cuando llegué aquí. Ella me había llevado uno igual a Cuba, pero no pude traerlo conmigo. Mi abuela era una excelente cocinera y una excelente ama de casa cuando era más joven. Cuando llegó por primera vez, trabajó en una fábrica y se quedaría con ese trabajo hasta que se jubiló. Ella siempre vivió sola y todavía lo hace hoy a los 96 años. Siempre ha dicho que no quiere ser una carga para sus hijos o terminar en un centro de vida asistida ... Felicia tiene una voluntad muy fuerte . En sus 90 s descubrió que le encanta dibujar y colorear. Siempre me muestra sus libros para colorear y es bastante buena en eso. También le gustan las artes y las manualidades y me ha hecho varias cosas que guardo y aprecio. Mi abuela es la matriarca de la familia y una bendición para todos nosotros

Vicente Garcia Melgar

Viecente was born around 1885 in San Juan y Martinez ,Pinar del Rio ,Cuba.He married Paulina Menendez Rodriguez in the early part of the twentieth century and they started a family.Vicente and Paulina had a farm in the Tarabico area of San Luis and they would live there until their death.Most of their children would be farmers as was the case for most in those days.Just about all their kids were or are very strong and have lived a very long and healthy life.They all tend to be hard workers and have strong characters which I think has helped them live such long lives.Vicente was a very nice man according to my mother and she enjoyed visiting his farm in Tarabico.My mom tells me that he had a tanned complexion ,in part from all the years of being a farmer and soaking in the Caribbean sun.He used to comb his hair in the middle .He would always say that he wanted to visit Tenerife to see his fathers family.They used to call him Vicente Piloto .Not sure why they called him piloto but perhaps it was because his mothers first son (luis) was with another man and perhaps that was his last name. She married Domingo Garcia afterwards and Vicente was his son .Someone mentioned a Victor Diaz and I believe that this was the father of Domingo. All of the other kids were from Domingo Garcia. Domingo appears as the father in all the baptismal papers.My grandmother shared these stories with me.I always loved sitting with her and talking about the family and all the stories.

New Information for this line--------------

I have talked to Zoraida and Coralia.They are the daughters of Filomeno and Pamfila.(siblings of Vicente)

Coralia lived with Pepilla and knew the real story. Domingo was the father of all the kids with the exception of Luis who papilla had with her first husband at a very young age. Based on the age of luis it made sense since he was born the 1870s. My grandmother confirmed his age and so when Vicente was born and the other children she was already married to Domingo. As it turns out her first husband was also married to another women in Spain .The police showed up to her house and told her they would arrest him or he could go back to Spain. She told him to leave rather than have him in jail.He never contacted her so she married Domingo who was from the Canary Islands.Pepilla (Josefa)married Domingo in 1880.The Dna supports this finding as well. Luis was heavier and taller and fairer than the other children. I also can say that the Diaz last name is very likely the last name of Domingos dad. His birth certificate shows no name for his dad.I have a y37 exact match with a Diaz last name for that Domingo line.

Vicente Garcia Melgar

Viecente nació alrededor de 1885 en San Juan y Martínez, Pinar del Río, Cuba. Se casó con Paulina Menéndez Rodríguez a principios del siglo XX y comenzaron una familia. Vicente y Paulina tenían una finca en el área de San Luis en Tarabico. Vivirían allí hasta su muerte. La mayoría de sus hijos serían agricultores, como era el caso para la mayoría en ese tiempo. Casi todos sus hijos eran o son muy fuertes y han vivido una vida muy larga y saludable. Todos tienden a ser Trabajadores y tienen personajes fuertes que creo que los ha ayudado a vivir vidas tan largas. Según mi madre, Vicente era un hombre muy agradable y disfrutaba visitar su finca en Tarabico. Mi madre me dice que tenía una tez bronceada, en parte por todos los años de ser agricultor y tomar el sol caribeño. Solía peinarse en el medio. Siempre decía que quería visitar Tenerife para ver a la familia de su padre. Solían llamarlo Vicente Piloto. No estoy seguro por qué lo llamaron piloto pero quizás fue porque el primer hijo de su madre (luis) (que tuvo con otro hombre) tal vez ese era su apellido. Luego se casó con Domingo García y Vicente fue su hijo. Alguien mencionó a Víctor Díaz y creo que este era el padre de Domingo. Todos los otros niños eran de Domingo García. Domingo aparece como el padre en todos los papeles bautismales. Mi abuela compartió estas historias conmigo. Siempre me encanta sentarme con ella y hablar sobre la familia y todas las historias.

Nueva información para esta línea -------------
He hablado con Zoraida y Coralia, son las hijas de Filomeno y Pamfila (hermanos de Vicente). Coralia vivía con Pepilla y conocía la historia real. Domingo fue el padre de todos los niños, con la excepción de Luis, quien lo tuvo con su primer esposo a una edad muy temprana. La edad de Luis apoya esta informacion ya que nace por los 1870s . Mi abuela confirmó su edad y asi que cuando nace Vicente y los otros niños, ella ya estaba casada con Domingo. Resulta que su primer esposo también estaba casado con otra mujer en España. La policía se presentó en su casa y le dijo que lo arrestarían o que él podría regresar a España. Ella le dijo que se fuera en lugar de tener que ir para la cárcel. Nunca la contactó, por lo que se casó con Domingo, que era de las Islas Canarias. Pepilla (Josefa) se casó con Domingo en 1880. El ADN también apoya este hallazgo. Luis era más pesado, más alto y más blanco que los otros niños. También puedo decir que el apellido de Díaz es muy probable que sea el apellido del padre de Domingo. Su certificado de nacimiento no muestra el nombre de su

padre. Creo que sea un Diaz.Tengo una coincidencia exacta y37 con un apellido de Díaz para esa línea de Domingo.

Paulina (Paula del Carmen) Menendez Rodriguez

Paulina was born January 20 1893 in San Juan y Martinez and she married Vicente Garcia Melgar .They had a big farm around the Pablo Perez ,Tarabico area in San Luis.Their children were born there as well.My mom tells me that she had a small waist and big hips and a very strong character unlike Vicente.She was definitely an in charge lady .A funny story about my great grandmother is that she tried Ice cream for the first time ever and upon getting a brain freeze she thought she was dying .She implored god to save her and from what I'm told she never ate ice cream again.She died of a heart issue in 1968.My parents were dating at the time when she passed away.

Paulina (Paula del Carmen) Menéndez Rodríguez

Paulina nació el 20 de enero de 1893 en San Juan y Martínez y se casó con Vicente García Melgar. Tenían una finca alrededor del área de Pablo Pérez, Tarabico en San Luis. Sus hijos también nacieron allí. Mi madre me cuenta que ella tenia una cintura pequeña y caderas grandes y un carácter muy fuerte a diferencia de Vicente. Una historia divertida sobre mi bisabuela es que probó un helado por primera vez y pensó que se estaba muriendo por que estaba tan frio. Le imploró a Dios que la salvara y, por lo que me dijeron, nunca más volvió a comer helado. Murió de un problema cardíaco en 1968. Mis padres estaban de novios cuando falleció.

Santiago Felipe Medina Gomez

Santiago was born at 10 am May first ,1877 in Santa Ursula,Tenerife ,Islas Canarias ,Spain.He was the son of Francisca Gomez Afonso and Jose Medina Martin .He immigrated to Cuba and settled in San Juan Y Martinez where he met and married Consuelo de Armas Rodriguez .He had six children with Consuelo and eight more with Paca (I was told her name was Francisca Martin) from his second marriage.Consuelo died from “pasmo” at a young age .Even though he eventually remarried ,the children from his first marriage had to go live with other relatives since they were young and he couldn’t take care of them.My grandfather was only seven and he had to go live with one of his uncles and his wife ,I believe it was Antonio.My grandfather would always say how difficult it was to lose his mother so young and how hard it was growing up in essence without parents.Santiago likely died between 1940 and 1950.

Santiago Felipe Medina Gómez

Santiago nació a las 10 de la mañana del 1 de mayo de 1877 en Santa Úrsula, Tenerife, Islas Canarias, España. Era hijo de Francisca Gómez Afonso y José Medina Martín. Emigró a Cuba y se estableció en San Juan y Martínez, donde conoció y se casó con Consuelo de Armas Rodríguez. Tuvo seis hijos con Consuelo y ocho más con Paca (me dijeron que se llamaba Francisca Martin) de su segundo matrimonio. Consuelo murió de "pasmo" a una edad temprana. Santiago se volvió a casar, los niños de su primer matrimonio tuvieron que irse a vivir con otros parientes desde que eran jóvenes ,ya que él no podía cuidarlos. Mi abuelo solo tenía siete años y tuvo que irse a vivir con uno de sus tíos y su esposa, creo que fue Antonio. Mi abuelo siempre decía lo difícil que era perder a su madre tan joven y lo difícil que era crecer sin padres. Santiago probablemente murió entre 1940 y 1950.

Consuelo de Armas Rodriguez

Consuelo de Armas Rodriguez was born on September 7,1885 in San Juan Y Martinez ,Pinar del Rio ,Cuba.She was a pretty woman and she met and married Santiago Medina around 1905 .She would have six children with Santiago but unfortunately she died at an early age from "pasmo".My grandfather was only seven at the time and had to go live with his uncle .My mom had a resemblance to Consuelo when she was young and although she never met her she always said that she felt a connection with her.

Consuelo de Armas Rodriguez

Consuelo de Armas Rodríguez nació el 7 de septiembre de 1985 en San Juan y Martínez, Pinar del Río, Cuba. Era una mujer bonita y conoció y se casó con Santiago Medina alrededor de 1905. Tendría seis hijos con Santiago pero desafortunadamente murió en una edad temprana de "pasmo". Mi abuelo tenía solo siete años en ese momento y tuvo que irse a vivir con su tío. Mi madre se parecía a Consuelo cuando era joven y aunque nunca la conoció, siempre dijo que sentía una conexión con ella

JUANA CHAVES GÓMEZ

Nació el 24 de junio de 1895 en San Juan Y Martinez .Hija de Juan Chaves Hernandez y de Nicasia Gómez Vento. Murió el 8 de septiembre de 1959, con 64 años, en San Luis ,Pinar del Rio ,Cuba .

Juana Chávez Gómez

Juana nació en San Juan y Martínez, Pinar del Río, Cuba el día de San Juan y por eso la llamaron Juana. Su padre poseía una Hacienda cerca de Río Seco en San Juan y ahí es donde ella nació. Su padre vino a Cuba desde las Islas Canarias y compró esa propiedad. La Hacienda estaba bordeada por palmas que habían sido plantadas por esclavos Africanos. Juana conoció a Martin y después de casarse con él se mudó a su finca en San Luis. Creo que Juana conocio a Martin cuando se iba a quedar en la finca de su hermano Juanillo. Juanillo habia comprado una finca que estaba muy cerca de la de Martin. El padre de Juana y Juanillo(Juan) habia perdido su hacienda y talvez por eso Juana se iba a quedar con su hermano Juanillo. Juana era una madre muy buena. Ella y Martin se amaban mucho y criaron una hermosa familia. Usaba gafas y le contaba a mi padre historias que le habían contado sobre su familia en Tenerife. Cómo se desgastaban las suelas de los zapatos caminando por la montaña. Que la carne en lo alto del Pico del Teide no se pudria. Siempre intentaba hacerle a sus hijos las comidas que les gustaban y les compartia palabras de sabiduría. Se enfermó de la vesícula biliar y no quiso ir al medico.Se complico al estar en cama y no comer bien.Desaroyo pneumonia y fallecio .Murio el mismo dia que su hija Elena dio a luz en otro cuarto de la casa. Ella fallecio el 8 de Septiembre de 1959.Mi padre la extrana mucho y siempre que comemos mamey la recuerda ya que era su fruta favorita . Es tambien mi fruta favorita.

Juana Chavez Gomez

Juana was born in San Juan y Martinez ,Pinar del Rio ,Cuba on the day of San Juan and this is why they named her Juana. Her dad owned a Hacienda near Rio Seco in San Juan and that is where she was Born. Her dad came to Cuba from the Canary Islands and bought the property. The Hacienda was bordered by palm trees that had been planted by African slaves. Juana eventually met Martin and after marrying him she moved to his farm in San Luis. She was a great mother and caretaker. She and Martin loved each other very much and they raised a beautiful family. She had a skinny built and wore glasses and she would tell my dad stories that had been told to her about her family back in Tenerife. How they would wear out the soles of their shoes walking up the mountain .That the meat high up in el Pico del Teide would not rot. She would always try to make her children the meals they liked and would give them words of wisdom. She became ill with gallbladder disease .She didn’t want to have surgery but her condition worsened and she became bedridden and as a result became very weak. Juana developed pneumonia and passed away on September 8 ,1959.The same day she passed away her

daughter Elena gave birth to her son Sergito in an adjacent room .My dad misses her a great deal and every time we eat Mamey he remembers her for it was her favorite fruit and is my favorite as well.
Los padres de Juana fueron Juan Chavez Hernandez y Nicasia Gomez Vento.
Juanas parents were Juan Chavez Hernandez and Nicasia Gomez Vento.

Nicasia Gomez Vento

Nicasia was born in San Juan Y Martinez , Pinar del Rio ,Cuba in 1855.Her parents were originally from Tenerife in the Canary Islands. She married Juan Chavez Hernandez and went to live in his Hacienda near Rio Seco in San Juan Y Martinez. The river San Sebastian passed by or through the property. The main property was bordered by palm trees. Nicasia had eight children with Juan and she became a widow in 1902 . According to a family members information they were married in September 16,1874.

Nicasia Gomez Vento

Nicasia nació en San Juan y Martínez, Pinar del Río, Cuba, en 1855. Sus padres eran originarios de Tenerife en las Islas Canarias. Se casó con Juan Chávez Hernández y se fue a vivir a su Hacienda cerca de Río Seco en San Juan y Martínez. El río San Sebastián pasaba por la propiedad. La propiedad principal estaba rodeada de palmeras. Nicasia tuvo ocho hijos con Juan y se convirtió en viuda en 1902. Según la información de un familiar, se casaron el 16 de septiembre de 1874.

Juan Chavez Hernandez

Juan was born in 1841 in La Orotava ,Tenerife in the Canary Islands. He moved to Cuba and married a young girl born in Cuba named Nicasia Gomez Vento. Nicasias parents were originally from the Canary Islands. Juan bought a Hacienda in San Juan Y Martinez near the area of Rio Seco. It was a large property which extended all the way to the areas of San Luis ,El Corojo, Guanacabo,Tarabico and had the river San Sebastian pass through it . I don't know what happened but Juan would lose his Hacienda some years later. He died about 1902 of a brain anurysm.When Juan first bought this property it included several slaves. Juan decided to free them but offered them the opportunity to continue to work for him and they decided to stay. My grandmother would tell the story that her dad provided the former slaves with clothing and better living arrangements and that they were grateful to him. According to my grandmother the workers were thought of as part of the family .When Juan first bought the hacienda the neighbor who owned slaves would have them in chains and practically naked .He would walk them across Juans land .Juan decided to talk to his neighbor and demanded that he clothed and remove the chains of his slaves or he could no longer pass with them through his land. He further told him that if he crossed his land again with them naked and in chains he would personally challenge him to a duel. The neighbor decided to take off the chains and clothe his slaves. I assume that the neighbor must have thought that Juan was crazy but I'm glad he was. Slavery is a horrible thing and no human being ever deserves such a fate .I'm glad to see that Juan did the right thing .We are not responsible for the actions of those that come before us or will come after but I am very glad and thankful that my great grandfather did the honorable thing.There were many who did not.I do not know if Juan knew that he himself descended from slaves but I will prove it when I present his genealogy in an upcoming volume .

Many of us who come from Cuba and other latin American countries will find upon doing our genealogies that we descend from both slaves and slave owners.It is a harsh reality and part of our history.I hope one day we can all be treated based on who we are as people rather than the color of our skin or where we come from.

Juan Chavez Hernandez

Juan nació en 1841 en La Orotava, Tenerife en las Islas Canarias. Se mudó a Cuba y se casó con una joven nacida en Cuba llamada Nicasia Gómez Vento. Los padres de Nicasias eran originarios de las Islas Canarias. Juan compró una hacienda en San Juan y Martínez, cerca del área de Río Seco. Era una gran propiedad que se extendía hasta las áreas de San Luis, El Corojo, Guanacabo, Tarabico y tenía el río San Sebastián a su paso. No sé qué pasó, pero Juan perdería su Hacienda algunos años después. Murió alrededor de 1902 de un anurismo cerebral. Cuando Juan compró por primera vez esta propiedad, incluía varios esclavos. Juan decidió liberarlos, pero les ofreció la oportunidad de seguir trabajando para él y decidieron quedarse. Mi abuela contaba la historia de que su padre les proporcionó a los ex esclavos ropa y mejores arreglos de vivienda y que estaban agradecidos con él. Según mi abuela, se pensaba que los trabajadores eran parte de la familia. Cuando Juan compró por primera vez la hacienda, el vecino que tenía esclavos los tenia encadenados y prácticamente desnudos. Los caminaba por la tierra de Don Juan. Juan decidió hablar con su vecino.Le exigió que los vistiera y quitara las cadenas a sus esclavos o ya no podría pasar con ellos por su tierra. Además le dijo que si volvía a cruzar su tierra con ellos desnudos y encadenados, lo desafiaría personalmente a un duelo. El vecino decidió quitarles las cadenas y vestir a sus esclavos. Supongo que el vecino debe haber pensado que Juan estaba loco, pero me alegro de que lo estuviera. La esclavitud es algo horrible y ningún ser humano merece ese destino. Me alegra ver que Juan hizo lo correcto. No somos responsables de las acciones de los que nos precedieron o vendrán después, pero estoy muy contento y agradecido de que mi bisabuelo hizo lo honorable. Hubo muchos que no lo hicieron. No sé si Juan sabía que él mismo descendía de esclavos, pero lo demostraré cuando presente su genealogía en un volumen próximo. Muchos de nosotros que venimos de Cuba y otros países latinoamericanos descubriremos que al hacer nuestras genealogías descendemos de esclavos y dueños de esclavos. Es una realidad dura y parte de nuestra historia. Espero que algún día todos podamos ser tratados con base en quiénes somos como personas en lugar del color de nuestra piel o de dónde venimos.

Bautismo de Juan Chávez Hernández

El 7 de noviembre de 1841 bautice a Juan de los Santos del Sacramento, que nació el primero de dicho mes. Hijo legitimo de Francisco Chávez y Catalina Hernández de Fuentes, naturales y vecinos de dicha villa. Abuelos paternos, Domingo Chávez, natural del Realejo Alto en el pago de la Cruz Santa, y María Miranda, natural de esta villa. Abuelos maternos, Agustín Hernández de Fuentes y Juana Quintero, natural esta del Puerto de la Cruz y aquel de la misma Villa. Fue su padrino Juan Pérez.

Libro 13 folio 443 de bautismos de la iglesia de San Juan de La Orotava

Genealogia General de mi Familia

First Generation

1. **Dayami** and Damian

Second Generation

2. **Delfin Fernandez** was born in San Juan y Martinez,Pinar del Rio ,Cuba. I was actually born in Pinar del Rio in Maternidad.My dad says that when a nurse passed by he knew that it was me and asked her and he was right.Before you could not go in with your wife like we do today.My mom was rh+ and I was yellowish so they kept me for observation .I spent the first five years of my life living at la Finca La Palma (barrio norte San Juan y martinez).In the town of San Juan we would live in the house that belonged to Gerardos mom(Isabel Rubio 33) .Some of my favorite places in San Juan were the movie theater(Cine Martha),the park ,and the pizzeria at the entrance of town where my uncle worked for a time .The baseball field by the San Juan river.My dad won a baseball game there with a walkoff homerun that reached the road(la Central).My uncle was walking at that time on the road and saw it.That was a great day and my dad was the hero .I loved going to the train station and walking over a tall bridge which had many missing boards.We would also walk over a tube with a rope which was placed on top and over the steep drops next to the river so we could get to town.There was something magical about riding the old trains which we would take to visit the family in San Luis.There were so many old buildings ,one of them was my school,Jose Marti.I could never forget "El Policlinico"named after my relative Isidro de Armas.It had a big courtyard and as a child I vividly remember the smell of rubbing alcohol when I would go there.In the City of Pinar I remember the stores and a blue baseball glove my parents bought me .The blue glass pizzeria that my dad would take us to and el Copelia ice cream shop were my favorites.The bus station is also edged in my mind as we would take the bus there to return home.All the buses were parked at an angle so we could board them.If feels like it was yesterday.Vegueros was my favorite baseball team.I also recall visiting San Luis and hearing the sound of the pump in la finca la Encina next to my familys farm .El crucero Gil is right

there as well.I can still remember my friends Omar and "la Chinita" as well as Iraida,Odalys and Olga lidia,la Ninas daughters.These were my friends in Monterrey and of course my cousin Santiaguito.In the town I remember Albertico and Osmin and Jacinto ,Hibi,Tanya and my cousin Ariel.I remember many more like Pelusas son etc. but not all the names.Presently our family helps with Christian missions in Cuba which is something very important to us. Diane and Delfin were married at Emmanuel Baptist Church ,Pastor Humberto Cruz in Miami Gardens.

3. **Diane** was born in Hialeah,Fl. Diane has two siblings named Loisa and Rudy. Rudy has Two children.I knew I would marry Diane from the first day I saw her.

Delfin and Diane have the following children:

1 i. **Dayami** .
ii. **Damian**

Third Generation

4. **Delfin Fernandez Chavez** was baptized on 25 Dec 1939 at San Juaquin Church in San Luis,Pinar del Rio,Cuba. Baptized by Jose Martinez Gonzalez.Book 14 ,folio 1299 acta 1299.Godfather was Sebastian Chavez and Godmother was Romualda Mendez. He was born in San Luis,Pinar del Rio,Cuba. Delfin was born in la Finca Banos y Josefa in San Luis in his parents house.My dad was to be named Delfin,Damian or Cosme.Delfin was chosen He was delivered in his parents house by a comadrona My dad was first married with Delia Peguero.He had Marisel (Enedina helped to raise her)and Ricardo with her.Marisel died at 17 but left a daughter behind named Mirena.Ricardo has two daughters named Ines and Marisel,Ricardo is a great marksman with a rifle..Delia is the daughter of Iluminado and Blanca.Efidencia was married to the brother of Agustina Peguero Rodrguez who married Antonio Fernandez Saavedra.Efidencia had Iluminado Peguero and Juan Peguero .(Iluminado was nicknamed el gallego and Juan(his brother) (el chino) Iluminado had Delia with Blanca.Juanillo was the brother of Juana chavez Gomez (Delfins mom)Juanillo had Blanca who had Delia with Iluminado.Delia was related to my dad through both sides.Delfin is left handed and had a photographic memory.He worked at a pharmacy early on and studied Commerce and became an Economist.He played Baseball (played for San Luis in a second division team owned by

Champion called el Eden). He also practiced practiced wrestling.Delfin also played chess and checkers at a high level and was an expert at throwing knives.Delfin is an expert at making different kinds of rope knots ,something guajiros are known for.My dad was great friends with his cousin Juan –son of Victtoriano—and Edelmiro They would do all sorts of funny and sometimes mischeveous things together .Delfin would often visit the local radio station in Pinar del Rio CMAB.His friend Marcelo Tavares worked there .His daughter Marisel would sing there as a child since she had a gifted voice.Many singers would come to the radio station and Delfin made friends with many of them.Delfin Sponsors a missionary group in San Juan y Martinez ,Pinar del Rio ,Cuba to help spread the gospel of our lord and savior Jesus Christ.He has done missionary work in San Juan y Martinez and San Luis as well as the city of Pinar and Habana.Delfin is ordained as a Pastor and has attended Emmanuel Baptist Church since 1988 where he is a Deacon.My parents and I and my wife helped to acquire a church in Monterey which is run by the San Juan y Martinez Baptist church and pastor Brache .Delfin attended la Escuela de el paradero in San Luis for 1-4 grades and was taught by Amparo and Admira Herrera .He then attended la Escuela Modelo Pilar San Martin for 5th grade.Sixth grade at la escuela Publica de San Luis with Ramiro Solano and 7-8 at Academia De Felix Rodriguez Godoy.After he went to The Professional school of commerce in Pinar del rio.He continued his studies and became an accountant and an economist in Pinar del Rio.He worked for Cuba-Tabacco and the Forestal .He continued to acquire specialized training in such areas as agriculture etc.As a young man Delfin attended el Teatro Favorito in San Luis next to the local church.He also enjoyed visiting in Pinar del rio los theaters (El Riesgo,Milanes and Aida) Esperanza Fernandez and Delfin Fernandez Chavez were married on 19 Oct 1968 in San Juan y Martinez,Pinar del Rio ,Cuba.

5. **Esperanza Fernandez Medina** was born in San Juan y Martinez,Pinar del Rio ,Cuba. She was baptized on 9 Apr 1947 at San Juan Bautista de San Juan y Martinez church.Pbro.Ricardo Alfonso y Macias. in San Juan y Martinez,Pinar del Rio ,Cuba. Book 30,folio 359,acta 717.Godfather was Vicente Garcia and Godmother was Paulina Menendez. Esperanza was born in Finca Santa Isabel Barrio Rafael Morales in San juan y Martinez.This area was referred to as Vivero.She was actually conceived in Tarabico but her parents moved to Vivero when her mom(Felicia) was pregnant.When Esperanza was 6 months old her parents moved again to Monterrey. Esperanza Attended la Escuela Bautista with Reynaldo Medina for her elementary years and then attended la Escuela superior #5 for 7-8.She passed a course to get into the Institute in Pinar del Rio but

decided instead to go into the Proffesional school of Commerce in Pinar del Rio.They used to call Esperanza and her sisters las Islenas since a lot of their ancestry was from the Canary Islands.They almost named my mom Casilda.

Delfin Fernandez Chavez and Esperanza Fernandez Medina had the following child:

2 i. **Delfin born** -San Juan y Martinez,Pinar del Rio ,Cuba.

6. **Rodolfo Hernandez Pino** was born on 31 Oct 1937 in Barranquilla,Colombia. He died Heart Failure on 21 Nov 2012 at the age of 75 at Hospice care Facility in Hallandale ,Fl. Rosmira Ester Quinonez de Hernandez and Rodolfo Hernandez Pino were married in 1968 at Iglesia del Rosario in Barranquilla,Colombia.

7. **Rosmira Ester Quinonez de Hernandez** was born in 1943 in Barranquilla,Colombia.

Rodolfo Hernandez Pino and Rosmira Ester Quinonez de Hernandez had the following child:

3 i. **Diane Hernandez**
ii.Rudy
iii.Loisa

Fourth Generation

8. **Timoteo Martin Fernandez Peguero** was born on 26 Dec 1890 in San Luis,Pinar del Rio,Cuba. Inscription tomo 4 folio 8 ,fecha de asiento 1/12/1891. He was baptized on 21 Mar 1891 at church San Juaquin ,baptized by Julio Castell in San Luis,Pinar del Rio,Cuba. Godfather was Cayetano Fernandez Saavedra
Godmother was Paula Rodriguez
on Baptism date of birth is 26 February 1891 but on civil registry it is 26 of December 1890 which should be the correct one .Book 7deb,folio 105v. acta 452. He died of a Heart Attack on 24 Dec 1965 at the age of 74 in San

Luis,Pinar del Rio,Cuba. Timoteo was buried on 25 Dec 1965 in San Luis,Pinar del Rio,Cuba. Martin was the owner of various farms.The one he inherited from his dad he named Banos y Josefa.He also bought another farm from Juanillo(brother of his wife Juana)called Santiaguito y Pinarito.He bought this farm for 17000 pesos in the 1940s..He also owned a very big farm in las Taironas called Finca Cayo Mamey(5+ caballerias).He rented part of this finca to a gentleman named Antonico Lopetegui.Martin met Juana because she was staying for a time at Juanillos farm before Martin bought it.They fell in love and got married.Martin was an expert marksman and he enjoyed hunting .In his early years Martin belonged to el Partido Conservador and than to el partido Auntentico when older.Martin also owned 2 houses in El Reparto Flora in the center of the town of Pinar del Rio which he rented. Juana Chavez Gomez and Timoteo Martin Fernandez Peguero were married on 15 Nov 1913 at San Juaquin Church in San Luis,Pinar del Rio,Cuba.Martin fue sepultado en la bobeda de Luis Pacheco.He was buried at the tomb of Luis Pacheco.

9. **Juana Chavez Gomez** was born about 24 Jun 1895 in San Juan y Martinez,Pinar del Rio ,Cuba. She died on 8 Sep 1959 at the age of 64 in San Luis,Pinar del Rio,Cuba. Named Juana because she was born on the day of the celebration of the birth of the town of San Juan y Martinez .June 24.Juana came to stay at her borthers farm in San Luis and she met Martin there .Juanas dad died around 1903 and Juanillo (her Brother)had gone to Tenerife and had gotten married and his wife died on the trip back to Cuba in 1906.Juanillo remarried and bought his farm in San Luis .Juanas and Juanillos father owned a very large Hacienda in Rio Seco but shortly after Cubas Independence from Spain they lost this property.It is not certain why but we know that Juan died in 1903 and that his son Juanillo came back to Cuba in 1906 and bought the farm.Juana was born about 1895 and therefore she came to stay with Juanillo at about 1913.Perhaps Juan died as a consequence of losing his property after Cubas Independence or the Hacienda was lost because he died and his wife could not run it properly without his help.Either way we know that this was the timeframe of when it was lost .Juanas dad Juan Chavez Hernandez had a thick mustache and always had a pocket watch .His wife wore her hair in a bun style on top of her head.They were both full descendants of canary islanders .Juana like her brother Sebastian had a tanned complexion.

Timoteo Martin Fernandez Peguero and Juana Chavez Gomez had the following children:

4 i. **Delfin Fernandez Chavez**, born in San Luis,Pinar del Rio,Cuba.

ii. **Maria Domiciana Fernandez Chavez** was born on 9 Aug 1917 in San Luis,Pinar del Rio,Cuba. She died of a heart attack on 7 Sep 1999 at the age of 82 in Habana,Cuba. Maria was the oldest of her siblings.She was of short stature and like most of her family loved to laugh and share stories.Maria was married to Ricardo Padron Fernandez 1-23-1915---may 17,1974 (son of Charo ,Martins sister)and they had two daughters.Fermina and Olga.Fermina now lives in America and Olga is still in Cuba.They both are very talkative like their mother and Olga loves to tell jokes and laugh.Fermina is well organized and was an accountant Fermina provided me with many facts and pictures .They both have children.Maria moved to Habana to live with Fermina as she became ill and older where she died.My dad looked at Maria as his second mother as she was the oldest and took care of him many times as he was growing up.Fermina married Juan Maria Padron (her cousin)and they had Alberto .She remarried with Rafael Diaz and they had Miguel.Olga married Alberto troche and they had Ricardo.

iii. **Vicente Fernandez Chavez** was born about 11 Mar 1919/20 in San Luis,Pinar del Rio,Cuba. He died of a stroke on Jun18 about 2005 at the age of 85/86 in San Luis,Pinar del Rio,Cuba. He was buried in San Luis,Pinar del Rio,Cuba. Vicente lived in San luis and as he became older and had health problems he went to live with his daughter ,Lidia , in the city of Pinar del Rio.Vicente had a grocery store in San Luis right next to the train stop at Crucero Gil.This is where the train would stop.Vicente had 6 children .He was married to Nelia Perez and also had a child with Felipa.Lidia has helped me a great deal with obtaining information for this book in Cuba.We talk often.Vicente would always give me a one finger pinky handshake when I was a young child.Vicente married Onelia Perez and they had Luis ,Lidia(Lilia),Aidee,Miguel and Marta .Vicentes wife died young from an asthma attack.He remarried with Felipa and they had a son named Omar.

iv. **Benigno Fernandez Chavez** was born June 28,1923 in San Luis,Pinar del Rio,Cuba. He was buried in 1974 in San Luis,Pinar del Rio,Cuba. He died on 15 Oct 1974 at the age of 51 in Habana,Cuba. He was very close to Delfin ,his younger brother.He played the guitar(el tres) and was an excellent billiards player.He had 4 sons.He was married to Ana Maria Chavez.Benigno was first a farmer and than became a very good carpenter .He was skinny but very strong like my dad.Like Delfin and his father he was also a poet.Benigno married Ana Maria Chavez (a cousin,daughter of Juanillo)and he had with her Salvador ,Candelario,Heriberto,Frank and Reymundo.

v. **Santo Fernandez Chavez** was born 1920s in San Luis,Pinar del

Rio,Cuba. He died Died at birth 1920s in San Luis,Pinar del Rio,Cuba. He was buried in San Luis,Pinar del Rio,Cuba.

vi. **Daniel Fernandez Chavez** died of heart or lung problems about 2001 in Habana,Cuba. He was born april 10 1926/27 in San Luis,Pinar del Rio,Cuba. He was buried in San Luis,Pinar del Rio,Cuba. Daniel was married to Hilda Perez and had 4 children .He died in October 14,2001/2002.He was still living in the house that his dad ,Martin,lived in .He was a farmer and grew tabacco.Uncle Daniel was a funny guy and lived his whole life in San Luis.Daniels children were Santo Luis,felicia,Martin and Blanca.

vii. Esther **Cira Fernandez Chavez** was born on 8 Jun 1930 in San Luis,Pinar del Rio,Cuba. She died of a heart attack in Dec 6,1986 at the age of 56 in Pinar del Rio(she had high blood pressure) . She was buried in San Luis,Pinar del Rio,Cuba. Delfin lived in Ciras house at a time .She had two sons .She was married to Pedro Sosa and to Jose Maria.She worked as a cashier in Pinar del Rio in a store named El Incendio .Cira unfortunately died relatively young. With Pedro she had Jorge and with Jose Maria she had Jose Enrique .She was also married to Pedro Perez Serradet.

viii. **Agustina Fernandez Chavez** (Tinita)was born about 1933 in San Luis,Pinar del Rio,Cuba. 5-8-35-L19-F-135#134—Finca Banos y Josefa--She died because she fell from a table and broke her lip and caught an infection.She died from the infection at 2 years old about 1932 at the age of 2 in San Luis,Pinar del Rio,Cuba.---- Agustina Fernandez chavez—5-08-35—L19-F135--#134 finca banos de Josefa.Jija de Martin y juana—muere de 2 anos.

ix. Maxima **Elena Fernandez Chavez** was born on 29 May 1934 in San Luis,Pinar del Rio,Cuba. Died in 2016 from cancer.Married to Sergio Gonzalez ,deceased.Has three children ,2 girls and a boy.Elena lived in el Corojo .My parents dated at Elenas house.Elena was a teacher .As a child I remember visiting her house and admiring her beautiful garden full of roses and other flowers.Juany ,Elenas daughter always writes me and I stay in touch with the family back home this way.Her children are Elenita ,Sergio and Juana whom I call Juany.

x. **Julia Rosa Fernandez Chavez** was born on 27 Jul 1942 in San Luis,Pinar del Rio,Cuba. Julia is the youngest child of the marriage of Martin and Juana .She loves to laugh .She visited the United States in 2014 for a month.She has three children ,2 boys and a girl.Julia has a more tanned complexion like my dad and neither one is tall .Julia worked at an ice cream store in Pinar del

Rio .She married Pedro sosa and they had a daughter named Magalys and a son named Tony.Her second marriage was to Julio Herrera and they had a son named Luis.

I communicate with tia Julia often and she is very involved in her church .She became a Christian through my dad who spoke to her about Jesus .Others in our family also became followers of Christ.

14. **TIMOTEO MARTÍN FERNÁNDEZ PEGUERO** (Esposo de Juana) nació el 26 de diciembre de 1890, en San Luis- Pinar del Rio,Cuba. Hijo de Antonio Fernández Saavedra y de Agustina Peguero Rodríguez. Murió el 24 de diciembre de 1965, con 74 años, en Cuba- San Luis- Pinar del Rio-Cuba.

Timoteo Martín Fernández Peguero, con 22 años, se casó con Juana Chaves Gómez, con 18 años, el 15 de noviembre de 1913 en San Luis,Pinar Del Rio,Cuba. Son padres de:

Delfín
Maria
Vicente
Daniel
Benigno
Cira
Elena
Julia
Santo
Agustina

Delfin fue padre de Delfin,Ricardo y Marisel.

Martín Timoteo Fernández Peguero –esposo de Juana

Mi abuelo Martin era un hombre sencillo que nacio en San Luis,Pinar del Rio en 1890. Era de baja estatura y tenía ojos verdes. No asistío a la universidad ni viajaba lejos de su finca, pero poseía mucha sabiduría. Heredó parte de la finca de su padre en San Luis, Pinar del Río, Cuba. El nombre de la finca era Bano y Josefa. Se casó con Juana, ella era de San Juan y Martínez, y él crió a su familia en esta finca. Cultivó principalmente tabaco y algunos otros cultivos para su propio consumo. Mi papá me dice que su papá era la persona más amable que podrías conocer, a veces en detrimento suyo. Nunca recuerda que él o su madre hayan peleado o incluso alzado la voz el uno al otro. Su objetivo en la vida era preparar la finca y adquirir más tierra para poder dejarsela a sus hijos. Desafortunadamente, cuando Fidel llegó al poder, sus tierras fueron quitadas. Martin creció sin un padre desde una edad temprana. Antonio, su padre, murió cuando era un niño pequeño y siempre hablaba con mi padre sobre cómo lo extrañaba. Martin tenía buen sentido del humor y era un poeta como mi padre. Mi papá me cuenta cómo una vez la mamá de Martin hizo huevos y se enojó cuando regresó a la mesa y vio que la mayoría de ellos se habían desaparecido. Preguntó quién se los había comido y nadie respondió. Ella dijo que el único que no comió nada fue Martin porque no le gustaban. Martin se quedó callado pero se los había comido. No le gustaban los huevos, pero nunca había probado ninguno y ese día lo hizo y le gustaron y luego se comió la mayoría de ellos. Mi papá todavía se ríe contándome esta historia. Antes de morir, Martin reunió a sus hijos y les contó sobre sus planes para ellos y les conto qué le dejaría a cada uno de ellos. Dejó a mi padre su parte de la finca y la casa en la que nació, que era exactamente lo que mi padre deseaba. Todos los demás hijos también recibieron sus tierras, excepto Vicente, que estaba más interesado en los negocios y estableció su propia tienda de comestibles en Crucero Gil, San Luis. Justo después de la cena del 24 de diciembre de 1965, Noche Buena, Martin sufrió un ataque al corazón y murió. Estaba luchando contra la diabetes y en esos días no se manejaba tan fácilmente como hoy. Como el destino lo tendría, otro de sus hermanos murió ese mismo día. Nunca conocí a mi abuelo Martin, pero realmente desearía haberlo hecho. Siento que lo conozco por las historias que me a contado mi padre. ¡Gracias y carinos mi abuelo!

Diocesis de Pinar del Rio
Acta de bautismo
Iglesia de San Juaquin en San Luis
Libro 7 folio 105v acta 452
21 de marzo de 1891
Bautizado por Julio Castell
Timoteo Martin
Nace 26 de febrero de 1891
Padre Antonio Hernandez Saavedra natural de Pravia,Asturias—(es Fernandez)
Madre Agustina Peguero Rodriguez natural de San Juan y Martinez
Abuelos paternos-Anacleto y Josefa
Abuelos maternos –Jose y Paula
Padrino-Cajetano Fernandez Saavedra—(es Cayetano)
Madrina-Paula Rodriguez
Casa en esta parroquia –15 de Noviembre de 1913.

Registro Civil Certificado de Nacimiento
Inscripcion—tomo4 folio 8 fecha de asiento enero 12 1891 Municipio de San Luis provincial Pinar del Rio .

Nacido-Timoteo Martin Fernandez Peguero
Lugar-San Luis
Fecha-26 de Diciembre de 1890
Sexo-masculino

Padre-Antonio Fernandez y Saavedra
Natural de Asturias
Madre-Agustina Pegero Rodriguez
Natural-San Juan Y Martinez
Abuelos Paternos-Anacleto y Josefa
Abuelos Maternos-Jose y Paula

Martin Timoteo Fernandez Peguero

My grandfather Martin was a simple man born in San Luis in 1890.He was of short stature and had green eyes.He did not attend college or travel far away from his farm but he possessed a great deal of wisdom.He inherited part of his fathers farm in San Luis ,Pinar del Rio ,Cuba.The name of the farm was Baño y Josefa .He married Juana ,she was from San Juan y Martinez ,and he raised his family in this farm.He mainly grew tobacco and some other crops for their own consumption.My dad tells me that his dad was the nicest person you could ever meet,sometimes to his own detremint.he never remembers him or his mom ever fighting or even raising their voices at each other.His goal in life was to prepare the farm and acquire more land so he could leave it to his children.Unfortunately Fidel came to power and his lands were taken away.Martin grew up without a dad from an early age.Antonio,his dad,died when he was a young child and he always talked to my dad about how he missed him.Martin had a good sense of humor and he was a poet like my dad.My dad tells me of how one time Martin's mom made eggs and she got upset when she returned to the table and saw that most of them were gone.She asked who had eaten them and nobody answered.She said that the only one that did not eat any was Martin because he did not like them.Martin stayed quiet but he had eaten them.He didn't like eggs but he had never tried any and that day he did and liked them and went on to eat most of them.My dad still laughs telling me this story.Before he died Martin gathered his kids and told them about his plans for them and what he would be leaving each one of them.He left my dad the farm and the house which he was born in ,which was exactly what my dad had hoped for.All the other children received their land as well except for Vicente who was more interested in business and set up his own grocery store in Crucero Gil ,San Luis.Right after dinner on

December 24 ,1965 ,Noche Buena,Martin suffered a heart attack and died.He was battling diabetes and in those days it was not as easily managed as today.As fate would have it ,another one of his brothers died the same day and year as Martin.I never met my grandfather Martin but I really wish I had .I feel like I know him through the stories my dad has told me .Thank you Grandpa!

Timoteo Martín Fernández Peguero y Juana Chávez Gómez tuvieron los siguientes hijos:

i. Delfín Fernández Chávez, nacido en San Luis, Pinar del Río, Cuba.

ii. ii) María Fernández Chávez nació el 9 de agosto de 1917 en San Luis, Pinar del Río, Cuba. Murió de un ataque al corazón el 7 de Septiembre de 1999 a la edad de 82 años en La Habana, Cuba. María era la mayor de sus hermanos, era de baja estatura y, como la mayoría de su familia, le encantaba reír y compartir cuentos. María estaba casada con Ricardo Padrón (hijo de Charo, hermana de Martin) y tiene dos hijas, Fermina y Olga. Fermina ahora vive en Estados Unidos y Olga todavía está en Cuba. Ambos hablan mucho como su madre y a Olga le encanta contar chistes y reír. Fermina es muy organizada y fue contadora.Fermina me dio muchas fotos y datos de la familia. Ambos tienen hijos. María se mudó a La Habana para vivir con Fermina cuando se enfermó y se puso mayor, donde murió. Mi padre veia a María como su segunda madre, ya que era la mayor y lo cuidó muchas veces mientras el estaba creciendo. Fermina se casó con Juan María Padrón (su primo) y tuvieron a Alberto. Se volvió a casar con Rafael Díaz y tuvieron a Miguel. Olga se casó con Alberto Troche y tuvieron a Ricardo.

iii. iii) Vicente Fernández Chávez nació creo el 11 de marzo de 1919 en San Luis, Pinar del Río, Cuba. Murió alrededor del 2005 a la edad de 86 años en Pinar del Río, Cuba. Fue enterrado en San Luis, Pinar del Río, Cuba. Vicente vivió en San Luis y cuando ya mayor tuvo problemas de salud se fue a vivir con su hija, Lidia(Lilia), en la ciudad de Pinar del Río. Vicente tenía una tienda de comestibles en San Luis justo al lado de la parada del tren en el Crucero Gil. Vicente tuvo 6 hijos. Estaba casado con Nelia Pérez y también tuvo un hijo con Felipa. Lidia me ayudó mucho a obtener información para este libro en Cuba. Hablamos a menudo. Vicente siempre me saludaba dandome un dedo,cuando yo era un niño. Vicente se casó con Onelia Pérez y tuvieron a Luis, Lidia, Aidee, Miguel y Marta. La esposa de Vicente murió joven de un ataque de asma. Se volvió a casar con Felipa y tuvieron un hijo llamado Omar.

iv. Benigno Fernández Chávez nació alrededor de 1920 en San Luis, Pinar del Río, Cuba. Fue enterrado en 1974 en San Luis, Pinar del Río, Cuba. Murió el 15 de octubre de 1974 a la edad de 54 años en La Habana, Cuba. Se llevaba muy bien con mi padre Delfin, su hermano menor. Tocaba la guitarra (el tres) y era un excelente jugador de billar. Estaba casado con Ana María Chávez. Benigno fue primero un granjero y luego se convirtió en un buen carpintero. Era flaco pero muy fuerte como mi padre. Al igual que Delfín y su padre, también era poeta. Benigno se casó con Ana María Chávez (una prima) y tuvo con ella a Salvador, Candelario, Heriberto, Frank y Reymundo.

v. Santo Fernández Chávez nació en la década de los 1920s en San Luis, Pinar del Río, Cuba. Murió al nacer alrededor de 1920 en San Luis, Pinar del Río, Cuba. Fue enterrado en San Luis, Pinar del Río, Cuba.

vi. Daniel Fernández Chávez murió de un problema cardíaco o respiratorio en el 2001(en La Habana, Cuba). Nació el 4 o el 10 de Abril de 1926 en San Luis, Pinar del Río, Cuba. Fue enterrado en San Luis, Pinar del Río, Cuba. Daniel estaba casado con Hilda Pérez y tenía 4 hijos. Tenía alrededor de 76 años cuando murió. Todavía vivía en la casa en la que vivía su padre, Martin. Era agricultor y cultivaba tabaco. El tío Daniel era un tipo divertido y Vivió toda su vida en San Luis. Los hijos de Daniel eran Santo Luis, Felicia, Martín y Blanca.

vii. Cira Fernández Chávez nació el 8 de junio de 1930 en San Luis, Pinar del Río, Cuba. Ella murió de un ataque al corazón en Diciembre de 1986 a la edad de 56 años en Pinar del Río. Fue enterrada en San Luis, Pinar del Río, Cuba. Delfin vivío en la casa de Cira por un breve tiempo. Tenía dos hijos. Estuvo casada con Pedro Sosa y con José María. Trabajó como cajera en Pinar del Río en una tienda llamada El Incendio. Desafortunadamente, Cira murió relativamente joven. Cira tuvo con Pedro a Jorge y con José María tuvo a José Enrique. También estuvo casada con Pedro Pérez Serradet.

viii. Agustina Fernández Chávez nació alrededor de 1930 en San Luis, Pinar del Río, Cuba. Murió al caerse de la mesa, se rompió el labio y contrajo una infección. Murió por la infección a los 2 años. alrededor de 1932 a la edad de 2 años en San Luis, Pinar del Río, Cuba.

5-08-35 L19 F-135#134 Finca Bano y Josefa Desfuncion.2 anos-

ix. Elena Fernández Chávez nació el 29 de mayo de 1934 en San Luis, Pinar del Río, Cuba. Caso con Sergio González, fallecido. Tiene tres hijos, 2 hijas y un hijo. Elena vivía en el Corojo. Mis padres se hicieron novios en la casa de Elena. Elena fue maestra. De niño recuerdo haber visitado su casa y admiraba su hermoso jardín lleno de rosas y otras flores. Juany, la hija de Elena, siempre me escribe y así me mantengo en contacto con la familia en Cuba. Sus hijos son Elenita, Sergio y Juana, a quien llamo Juany.—Elena fallecio el 25 de Junio de 2016.

Foto de Juani.

X. Julia Fernández Chávez nació el 27 de julio de 1942 en San Luis, Pinar del Río, Cuba. Julia es la hija menor del matrimonio de Martin y Juana. Le encanta reír. Visitó los Estados Unidos en 2014 durante un mes. Tiene tres hijos, 2 hijos y una hija. Julia es mas triguena como mi padre y ninguno de los dos son altos. Julia trabajo en una heladería en Pinar del Río. Se casó con Pedro Sosa y tuvieron una hija llamada Magalys y un hijo llamado Tony. Su segundo matrimonio fue con Julio Herrera y tuvieron un hijo llamado Luis.

Los padres de Martin Fernandez Peguero fueron Antonio y Agustina-------------------------------------

Antonio Fernández Saavedra nació en 1834 en Santianes, Pravia, Asturias, España. Murió alrededor de 1900 en San Luis, Pinar del Río, Cuba.

Agustina Peguero Rodríguez nació en 1863 en San Juan y Martínez, Pinar del Río, Cuba. Ella murió de un anurismo el 15 de junio de 1930 a la edad de 67 años en San Luis, Pinar del Río, Cuba. Fue enterrada el 15 de junio de 1930 en San Luis, Pinar del Río, Cuba.

Agustina Peguero Rodriguez
Diocesis de Pinar del Rio—Acta de Desfuncion
San Juaquin –San Luis 15 de Junio 1930—67 anos
Libro 28?—Folio 405?—acta 810
Padre—Jose
Madre—Paula
Febrero 15 de junio 1930
Embolia cerebral
En San Luis

Antonio y Agustina casaron en Abril 24 de 1876.Son los padres de Martin.(mi abuelo)

Otros hijos de Antonio y Agustina--

Pedro Fernandez Peguero

Nicolas Fernandez Peguero

Concepcion Fernandez Peguero

Luisa Fernandez Peguero

Charo Fernandez Peguero

Antonica Fernandez Peguero

Anacleto Fernandez Peguero

Jose Maria Fernandez Peguero

Pepilla (yiya)o Josefa y Prudencia y Paula las tuvo Antonio con otra esposa.(Maria Faustina Garcia Diaz)de Canarias.

La primera esposa de Antonio fue Josefa .que nacio en Santianes,Pravia,Asturias.

10. **Jose Pantaleon "Cheo" Medina de Armas** was born on 27 Jul 1909 at Barrio Primero de Martinez,San Juan y Martinez. in San Juan y Martinez,Pinar del Rio ,Cuba. Inscription. tomo 26,folio 514.Fecha de asiento.10/21/1922. He was baptized on 20 Nov 1909 at church San Juan Bautista in San Juan y Martinez,Pinar del Rio ,Cuba. Godfather was Jose Armas Rodriguez and

Godmother was Francisca Armas Rodriguez.Book 10,folio 9,acta 29.Baptized by Pbro.D.Agustin Miret Sguitini.

He died on 10 Mar 1985 at the age of 75 in Hialeah,Fl. Jose Medina had a first wife named Consuelo Lezcano Iglesias ,daughter of Jesus and Luisa.He had a son with her named Jose Luis born in 1934 in San Juan y Martinez ,barrio norte .Jese as I call my uncle Jose Luis was the first person to see me at the Hospital after my parents when I was born.He would ride his bike to see us in Monterey every day.Monterey belongs to San Juan but its about 2 miles away from the actual town,which is where Jese lived .We would move to the town when I was 5 .He would put me on his knee and go up and down like a horse .I would give him pretend haircuts .Jese has come to the States many times and we always have a great time and he tells us about all the happenings back home.My daughter also gave him a haircut on a recent visit and he gave her a horse ride on his knee. Cheos son Jose Luis married Tite (her mom was a wonderful lady named Fernanda married to Bernardo)Tites sister was Iluminada.Jese had one son(el C*hino*)but he died a few years ago from cancer.He is survived .Cheo inherited his farm (La Palma)in Monterrey from his grandmother Juana around 1944 when she died.She was Consuelos mom.Juana also helped with the kids after Consuelos death(she helped raise Cheo,Eusebio and Bernardo)(la nina Remedios also helped to raise them)(Consuelos brother Antonio also raised Cheo at a time
). Felicia Eslivia Garcia Menendez and Jose Pantaleon "Cheo" Medina de Armas were married on 16 Apr 1939 in San Luis,Pinar del Rio,Cuba.

11. **Felicia Eslivia Garcia Menendez** was born on 7 Mar 1919 in San Luis,Pinar del Rio,Cuba. She was baptized on 25 Aug 1919 at church San Joaquin in San Luis,Pinar del Rio,Cuba. Godfather was Claudio Perez and Basilisa Menendez was the Godmother.Book 46ral folio 496 acta 496.Baptized by Nemesio Torbaudo Haidobro.

Jose Pantaleon Medina de Armas and Felicia Eslivia Garcia Menendez had the following children:

5 i. **Esperanza Fernandez Medina**, born in San Juan y Martinez,Pinar del Rio ,Cuba.

ii. **Santiago Medina** was born in 1940 in San Luis,Pinar del Rio,Cuba. My uncle Santiago was born in the area of Tarabico ,San Luis in Pinar del Rio Cuba.As a young man in Monterey ,San Juan y Martinez he helped his dad with his farm and went to school.He was first married to Aida and had a son named Santiaguito whom I played with in my early years in Monterey

..Santiago remarried with Cari(daughter of Dulce y Coye) and had a second son named Erick who was born in America.In the States my uncle worked in a Roof Truss company until he retired.I always think of my uncle pertaining to the many conversations we always have about life and everything else.I've always enjoyed those talks and the time we have shared together .We still keep in touch to this day .

iii. **Mireya Medina** was born on 6 May 1941 in San Luis,Pinar del Rio,Cuba. She died on 12 December 2014 at the age of 73 in Hialeah,Fl. She was buried in Vista Memorial Gardens. My aunt Mireya like Santiago was born in Tarabico,San Luis ,pinar del Rio.My aunt married Felito Sanchez and she had two sons Felix and Danny whom I played many times with when I got to the United States.Me and Felix went to high school together .My aunt would pick me up when i was little so I could play with my cousins.Back in the 1980s most of the family would celebrate Noche Buena at my aunts house .Some years ago Mireya became ill and struggled with her health for many years.Sadly she passed away last year .We will all miss her greatly.

iv. **Noelia Medina** was born in 1948 in San Juan y Martinez,Pinar del Rio ,Cuba. My aunt Noelia was born in Monterey ,San Juan y Martinez .She was the youngest of her family .She was married to Juan and they had 2 daughters ,Belkys and Zahilys .My aunt went to Cuba in a boat to get us but she had boat trouble and could not bring us back.She did however pick us up at key west when we finally arrived and her and her husband drove us to Hialeah where the rest of the family was gathered.I still keep in touch with my aunt and I always enjoy when we see each other.Unfortunately her Daughter Zahilis passed away at the end of last year,one day after we lost my aunt Mireya.It was a very sad occurrence and she will be greatly missed .Zahilis is survived by 2 children.

Fifth Generation

15. **Antonio Fernandez Saavedra** was born in 1834 in Santianes,Pravia,Asturias ,Spain.Santianes is a small “aldea” or town in northern Spain in the municipality of Pravia.He came to Cuba as a young man to embark in commerce.He bought a tobacco farm called El Bano in the outskirts of the town of San Luis in Pinar del Rio,Cuba .His brother

initially owned warehouses in Habana. He was involved in commerce as well(my dad thinks tobacco).In one occasion he came to visit Antonio and he was not happy that Antonio did not buy a bigger farm.Antonio told him that it was big enough and it was all he needed.He died about 1900 at the age of 66 in San Luis,Pinar del Rio,Cuba. Antonio had three wives.His first wife was Josefa ,born in Santianes ,Pravia,Asturias ,Spain.His second wife was Maria and they had three children ,Pepilla(yiya)Paula ,Prudencia and Josefa.Prudencia married Malagon and they had 3 or 4 kids and they lived in la Coloma,San Luis .They became fisherman and some eventually moved to the Isle of Youth(Isla de Pinos)My dad and Benigno would bring back fish from them right off the boat.Pepilla married a gentleman whose last name was Valdes.They had the following children.Ortelio,Marcos,Evangelio and Maria.Evangelio had Ricelo,Radames and Josefa.Maria married Alberto Gonzalez and they had Pedro,Arnaldo,Vidal,Lita Yeyo,Chavela and Isabel.Antonio remarried in 1876 with Agustina Peguero Rodriguez.They lived in his farm.Martin ,my grandfather,would be born there. Antonios younger brother was named Cayetano Fernandez Saavedra and he was born in 1840.I have in my possession the marriage file for Antonio and Agustina.It just so happens that in the book "Apuntes para la Historia de San Juan y Martinez"it lists their marriage as the oldest that they could gather the details from of the ones burned in the fire when the town was burned in the late 1800s.(reinscription 1899)It lists the marriage as taking place in April 24 ,1876.Pbro.D.Valentin Dominguez Rubio declares that D.Antonio Fernandez y Saavedra ,56 years old ,born in Santianes ,Province of Oviedo,a man of commerce ,widowed of Josefa who was also born in Santianes is marrying Dona Agustina Peguero y Rodriguez ,legitimate daughter of Don Jose and Dona Paula .She is single and was born in San Juan y Martinez ,38 years old .Witnesses D.Maximo Cruz y D.Cayetano Hernandez.Godfather D.Cayetano Hernandez y Dona Dolores Nena.signed by Valentin Dominguez.Information gathered by Pbro.Bonifacio Carbon Prieto.1899.Based on my information the dates are close but slightly off.Antonio would have been about 64 in 1899 and Agustina was born in 1863 or so.Her age is pretty close but Antonios is about a decade off which could be because of error or he might have stated a younger age in Cuba since Agustina was very young when they married .

An interesting story that my dad told me his dad would tell him has some historical significance.The Spanish government had recognized Antonio as a sort of mayor or something like that of San Luis .During the War of Independence of Cuba ,the liberator of Cuba known as Antonio Maceo had something of a run in with my great grandfather.

In 1896 during his siege of the Cuban landscape ,Maceo was close to the town of San luis .His liberation efforts consisted of burning all the towns in his path.As the story goes .Antonio rode out in his horse to meet el General Maceo at the entrance to San Luis.Maceo saw my great grandfather approach and threatened him saying "I see your head but I do not know on which side of the road it will land".Unfazed Antonio told him that he was aware that he only had one life and one day he was meant to die.Unafraid of the potential copnsequences Antonuio dared to ask him to not burn the town.He told Maceo that the rsidents were simply poor Spanish and Cuban families,Maceo asked the residents of the town and they had good things to say about Antonio.Maceo decided to not burn the town.

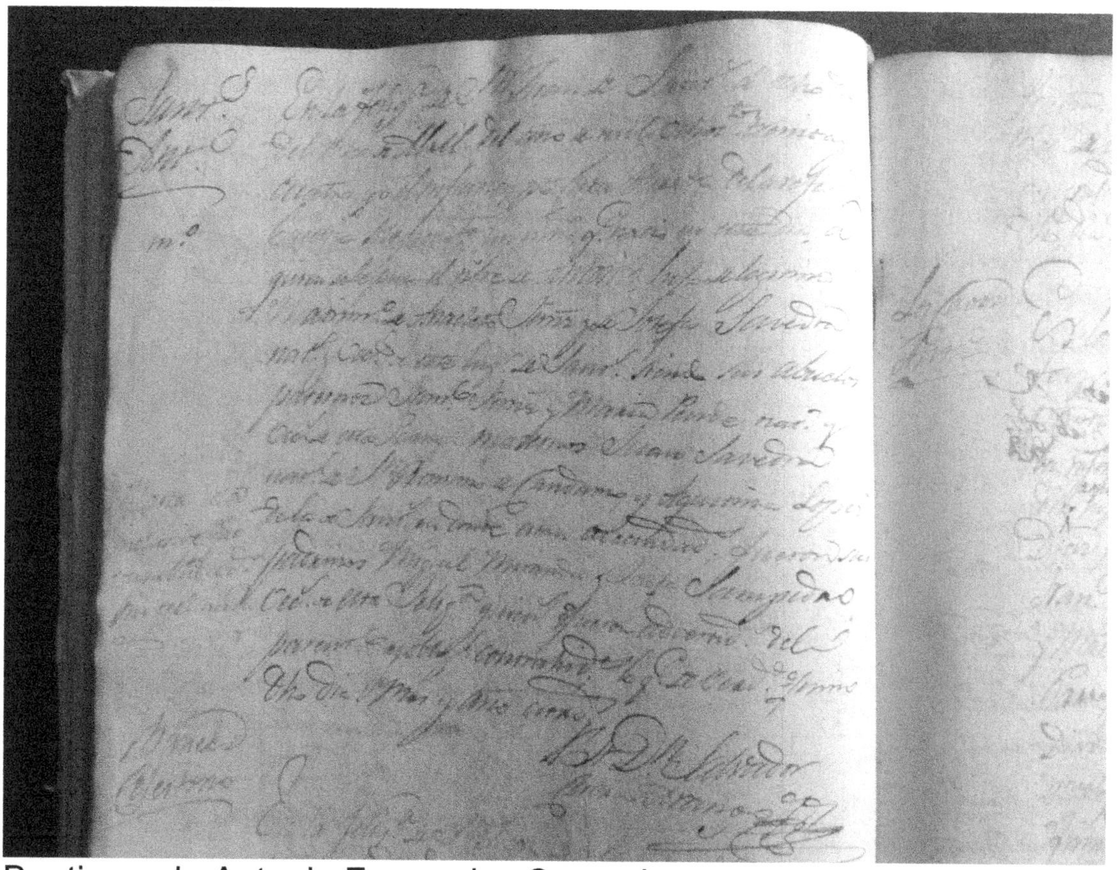

Bautismo de Antonio Fernandez Saavedra
Foto gracias a Fernado Hidalgo lerdo de Tejada

16. **Agustina Peguero Rodriguez** was born in 1863 in San Juan y Martinez,Pinar del Rio ,Cuba. She died of an anurysm on the 15th of June 1930 at the age of 67 in San Luis,Pinar del Rio,Cuba. She was buried on 15 Jun 1930 in San Luis,Pinar del Rio,Cuba.Her parents were Jose Peguero and Paula Rodriguez.My dad told me that his dad told him that Agustina was a very proper lady,She would dress very conservetaly and used to wear her hair in a bun.Agustina had a darker complexion and her parents were both born in Cuba.I've been told that there were other Pegueros and Rodriguezes from our family living in El Corojo and El

Retiro in San Luis.Some of the Rodriguez could be from Galicia.Maceo burned the church in San Juan in 1896 and this has been a difficult line to trace.Her mtdna is African which suggests that she descends most likely from an African slave brought to Cuba from her mothers side.Agustina had a very strong personality.She stayed in charge of the farm when Antonio died in 1899.

---Agustina y Antonio ---tengo entendido que sus restos estan en la bobeda de Nicolas ,su hijo. Se encuentra en Tarabico ese cementerio.

---Francisco (hermano de Agustina y esposo de Efidencia)tuvo a Iluminado Peguero(el gallego),Juan Peguero (el chino),Flora—(tercera esposa del hermano de Juana –Juanillo),Anselmo-del Retiro.

Iluminado fue el padre de Delia(primera esposa de Delfin) Iluminado caso con Blanca Chavez.Blanca was the mother of-era la madre de Delia-of Delia.Blanca (era la hija de Juanillo)was the daughter of Juanillo who was Juanas brother.---

Delias hermanas(sisters)Zaida,Tala,la nina,hermanos-brothers-- Luis, Conrado-(el nene),Felix,Macho,Jesus,otro baron"el chino" que crio a un hijo de Ines(hijo de Juanillo,hermano de Blanca).

Desfuncion -L-17 F417 #339 de 67 anos 15-06-1930

Hija de Jose -nat de San Juan y Martinez y Paula Rodriguez nat. de San Luis.

15. Antonio Fernández Saavedra nació en 1834 en Santianes, Pravia, Asturias, España. Santianes es una pequeña "aldea" o pueblo en el norte de España en el municipio de Pravia. Vino a Cuba de joven para embarcarse en el comercio. Compró una finca de tabaco llamada El Bano en las afueras de la ciudad de San Luis en Pinar del Río, Cuba. Su hermano inicialmente poseía almacenes en La Habana.Antonio también estuvo involucrado en

el comercio. En una ocasión lo visito su hermano y no estaba contento de que Antonio no hibiera comprado una finca más grande. Antonio le dijo que era lo suficientemente grande y que era todo lo que necesitaba. Antonio murió alrededor de 1900 a las La edad de 66 años en San Luis, Pinar del Río, Cuba. Antonio tuvo tres esposas. Su primera esposa fue Josefa, nacida en Santianes, Pravia, Asturias, España. Su segunda esposa fue María y tuvieron tres hijas, Pepilla (yiya)Paula,Josefa y Prudencia.Prudencia se casó con Malagón y tuvieron 3 o 4 hijos y vivían en la Coloma, San Luis. Se convirtieron en pescadores y algunos eventualmente se mudaron a la Isla de la Juventud (Isla de Pinos). Mi padre y Benigno les compraban pescado directamente del barco. Pepilla se casó con un caballero cuyo apellido era Valdés. Tenían lo siguiente hijos.Ortelio, Marcos, Evangelio y María. Evangelio tuvo a Ricelo, Radames y Josefa. María se casó con Alberto González y tuvieron a Pedro, Arnaldo, Vidal, Lita Yeyo, Chavela e Isabel. Antonio se volvió a casar en 1876 con Agustina Peguero Rodríguez. Vivieron en su finca. Martin, mi abuelo, nacería allí. El hermano menor de Antonio se llamaba Cayetano Fernández Saavedra y nació en 1840. Tengo en mi poder el archivo de matrimonio de Antonio y Agustina. Sucede que en el libro "Apuntes para la Historia de San Juan y Martínez" enumera su matrimonio como el más antiguo del que poduiron reunir los detalles de los que se quemaron en el incendio cuando la ciudad fue quemada a fines de 1800. Enumera el matrimonio como el 24 de abril de 1876. El P. Valentin Domínguez Rubio declara que D.Antonio Fernández y Saavedra, 56 años, nacido en Santianes, provincia de Oviedo, un hombre de comercio, viudo de Josefa que también nació en Santianes se casa con doña Agustina Peguero y Rodríguez, legítima hija de don José y doña Paula. Es soltera y nació en San Juan y Martínez, 38 años. Testigos D.Maximo Cruz y D.Cayetano Hernández. Padrino D.Cayetano Hernández y Doña Dolores Nena. Firmado por Valentín Domínguez. Información recopilada por Pbro.Bonifacio Carbon Prieto .1899. Basado en mi información, las fechas están cercanas pero un poco alejadas. Antonio habría tenido 64 años en 1899 y Agustina nació en 1863 más o menos. Su edad está bastante cerca, pero la de Antonio tiene una década de diferencia, lo que podría deberse a un error o podría haber dicho una edad más joven en Cuba ya que Agustina era muy joven cuando se casaron. Una historia interesante que mi padre me contó que su padre le contaba tiene cierta importancia histórica. El gobierno Español había reconocido a Antonio como una especie de alcalde de San Luis o algo asi. Durante la Guerra de Independencia de Cuba, el libertador de Cuba conocido como Antonio Maceo tuvo algo de un encuentro con mi bisabuelo. En 1896, durante su campana por el paisaje cubano, Maceo estaba cerca de la ciudad de San Luis. Sus esfuerzos de liberación consistieron en quemar las ciudades a su paso. Según cuenta la historia. Antonio cabalgó en su caballo para encontrarse con el General Maceo en la entrada a San Luis. Maceo vio acercarse a mi bisabuelo y lo amenazó diciendo: "Veo tu cabeza, pero no sé en qué lado de la carretera caera . "Sin inmutarse, Antonio le dijo que sabía que solo tenía una vida y que un día estaba destinado a morir. Sin temor a las posibles consecuencias Antonuio se atrevió a pedirle a Maceo que no quemara la ciudad. Le dijo a Maceo que los residentes eran simplemente familias españolas y cubanas pobres. Maceo preguntó a los residentes de la ciudad sobre antonio y ellos solo tenían cosas buenas que decir sobre Antonio. Maceo entonces decidió no quemar la ciudad.

16. Agustina Peguero Rodríguez nació en 1863 en San Juan y Martínez, Pinar del Río, Cuba. Murió de un anurisma el 15 de junio de 1930 a la edad de 67 años en San Luis, Pinar del Río, Cuba. Fue enterrada el 15 de junio de 1930 en San Luis, Pinar del Río, Cuba. Sus padres fueron José Peguero y Paula Rodríguez. Mi padre me dijo que su padre le dijo que Agustina era una mujer muy apropiada, se vestía muy conservadoramente y usaba su cabello en un moño. Agustina tenía una tez más oscura y sus padres nacieron en Cuba. Me dijeron que había otros Pegueros y Rodriguezes de nuestra familia viviendo en El Corojo y El Retiro en San Luis. La familia Rodríguez podría ser de Galicia. Maceo quemó la iglesia en San Juan en 1896 y esta ha sido una línea difícil de rastrear. Su mtdna es Africana, lo que sugiere que probablemente desciende de una esclava de

Africa traída a Cuba que pertenece al lado de su madre. Agustina Tenía una personalidad muy fuerte. Permaneció a cargo de la finca cuando Antonio murió en 1899.

Antonio Fernandez Saavedra and Agustina Peguero Rodriguez had the following children:

8 i. **Timoteo Martin Fernandez Peguero**, born 26 Dec 1890, San Luis,Pinar del Rio,Cuba; died 24 Dec 1965, San Luis,Pinar del Rio,Cuba.

ii. **Jose Maria Fernandez Peguero** was born 1870s about in San Luis,Pinar del Rio,Cuba. Died in his 80s I believe Jose Maria married Felina ,he had Jose ,Osvaldo,Antonio,Raul,Mayito ,Esther,Consuelo,Elisa,Aida and Femilda.Mayito whom I met provided me with some information and pictures of the family.Jose married Victoria Pacheco ,Osvaldo married Maria.Antonio married Julieta.Raul had a daughter named Isabel.Mayito married Maruja.Elisa married Faustino Perez and had the following children,Edit,Eliza and Faustinito.Femilda married Titi (Arnaldo)Gutierrez.Jose Maria stayed living in his parents house when they died.Jose visited the U.S in the 80s I believe.

iii. **Anacleto Fernandez Peguero** was born in 1878–1889 in San Luis,Pinar del Rio,Cuba. Anacleto Was married to Caridad.He had Agustin,Ana ,el chico and another son nicknamed el barbu with another woman.Anacleto was close with my grandfather Martin and visited him a lot in the late afternoons.He was sentenced to 20 years in jail ,served at Isla de Pinos ,for fatally shooting his nephew "Eliseo".According to Anacleto Eliseo wanted to date his daughter and he didn't agree.Coming home at night Eliseo waited for him with a knife and as he came towards him he shot him intending to hit his leg but Eliseo fell forward and the shot hit him above the shoulder and into his body.After Anacleto served his sentence he was released and when Eliseos family found out they came over to get him but Martin stopped them and told them to go home ,that he served his sentence and there had already been enough suffering in the family .On a lighter note my dad tells me a funny story about his cousin "el Barbu".He made a bet with the town judge that he could get beyond his watch dog and take something from his farm.He did just that by getting naked and walking towards the dog backwards .The next day the judge hired him to watch his farm .Agustin married Carmen Arteago and had a son named Ernesto ,El Chico married Candida Loriga and they had Jose,Israel,and Amado and Ana married el (Chino) Diaz.

iv. **Pepilla "yiya" Fernandez Peguero** was born abt.1890s in San Luis,Pinar del Rio,Cuba. Pepilla was married to Valdes.She had the following children with him.Ortelio,Marcos,Evangelio(his kids were Ricelo,Radames and Josefa)and Maria who married Alberto Gonzalez and they had Pedro ,Arnaldo,Vidal,Lita,Chavela Isabel and Yeyo.Otro hijo se llamaba Morimon.

v. **Antonica Fernandez Peguero** was born 1970s-1989 in San Luis,Pinar del Rio,Cuba. Antonica was married to los Pimientas ,a well known family in San Luis.She had Rosa,Elvira,Chicho,Neno,Chingo and Lucila.Rosa had Rosita and another son who died of tb named Cuco.

vi. **Charo Fernandez Peguero** was born 1970s -1989. Charo was married to Juan Padron.Her children were Cirilo,Emiliano ,Juanito,Armando,Aurora,Fidelina,Ofelia,Basilisa,Ricardo and Rosa.Ricardo married my aunt Maria Fernandez Chavez and Basilisa had a daughter named Sarah Hernandez Arenciba who also helped me in my work for this book.Cirilo married Isabel and had Pedro,Juanito,Luis,Carlos,Aida,Chucha and Norma.Emiliano married Segunda Quintana and had Emilio,Juan Maria who married Fermina,Felicia and Cirilo.Juanito married Hilda Caceres and had Nery,Leoncio,Julio .Juanito with Lucinda(another woman)he had Angelita and Cary.Armando who married Rosita and they had Simora ,Nancy,(Armando jr. and Mayra)who he had with another woman named Magda.Aurora married Margarito Ruiz and they had Francisco ,Kike ,Teresa and Delfa.Fidelina (Tita) married Isidono Valdes and they had Antonio ,Miguel and Jorge.Basilisa married Antonio Arencibia and they had Sarah Hernandez Arencibia and Antonio.Ricardo married Maria Fernandez (Delfins sister) and they had Fermina and Olga .Finally Rosa married Arnaldo Darias and they had Sila,Miriam,Juana,M?aria,Mirta,Gladys ,Lidia,Alberto and Arnaldo.

vii. **Luisa Fernandez Peguero** was born 1970s -1989 in San Luis,Pinar del Rio,Cuba. Luisa was married to Santo Serradet ,Serradet being of French ancestry as I was told.Her children were Amparo ,Fermin(cheo),Buenaventura(tata),Andrea ,Rosa,Antonia,el nino,Martin,Eliseo,Lucila ,Margarita—La nina.Amparo married Joseito

Quintana and had Eloy,laChina,zeleida,Zoraida,Marta,Mercedes,Roberto and Alfredo.Fermin(cheo) married pilar and they had Magda,Armando and Carlos ,Magda married Gustavo fernandez and they had a daughter named pilar and a son named Gustavo..Buenaventura(tata)married Blanca Quintana and they had Legobardo,Victor,Emitel,Juan,Ramon,Maria,Biquin,la china and Chono.Andrea (nana)married Victor Perez and had Pedro,Hilda,nelia,Dionisio,Tete,blanca,consuelo Sara,Felix and Bienvenido(curro).Rosa had Chan,Caridad,fe and Mariana .Mariana had Esther ,Salomon and Albertico.Albertico me ayudo a conseguir alguna de la informacion de San Luis . Esther trabajaba con mi mama en la misma tienda. Antonica married tito Gonzalez and had Jose ,Epifanio,Chita,Elda,Nera and Nancy.El Nino married Pequena and they had Gregorio.Martin married la Conga (felicia Fernandez) and they had Cesar ,Iraida and Leonardo.Lucila had luis ,Elsa and raquel.---- Abuela de Juanhidalberto nace en 1879(Luisa)
Nota—Pedro caso con Cira,Nelia con Vicente, y Hilda con Daniel.

viii. **Concepcion Fernandez Peguero** was born 1970s-1989 in San Luis,Pinar del Rio,Cuba. Concepcion was married to Pedro Pacheco and her children were Antonio Maria,Luis,Roberto,Mario,Manolo,Victoria,Carmita,Petrona,Natividad,Julian,Chichi,teresa ,Sarah and Tomas.Luis married Prieta Quintana and they had Ramon ,Maria Elena,Dabilo,Jose and Conchita.Mario married Magdalena Quintana and had Donaldo and Nieves.Manolo had a son named Jose Manuel.Sarah married Frances Malagon and they had Ruben ,Pedro,Servando and Francisco.Victoria married Jose Maria Fernandez(pepe) and they had Ninfa.Julian had Julio cesar ,Farah and Ines Maria.Teresa had Lidia and Teresita.Tomas married Nina Caceres and had Anolan and Nerey.Antonio Maria married Rosalia Valdez and had Berto ,Saul,Rolando,Maria Luisa and Norma.

ix. **Nicolas Fernandez Peguero** died in 1964. He was born 1890s in San Luis,Pinar del Rio,Cuba. Nicolas was a tall and charismatic individual.He was involved in politics and met many important figures of his day.He named his farm Los Saavedra Our family was actually known as Los Saavedras .He married Elvira and had the following children. Juan(who went to Habana) ,Candido,Rogelio(yeyo),Gustavo,Edelmira,Segunda,Silvia(studied to be a teacher and lives in Habana) and Silvia which he had with yiya (another woman)Gustavo married Magda Serradet and lives in San Luis and they had a son named Gustavo and a daughter named Pilar ,Edelmira married Barrameda and they had Francisco ,Margot,Gilberto and Juan Carlos.Edelmira was born december 16 1920 and died january 30 2002. ,Segunda married

Rafael Martin and Silvia married Pitiorro(referring to the second Silvia)Edelmira and Segunda played guitar and Nicolas played the accordion.Rogelio (1924—2004 C.del Sur.)married Zenaida and he would call my dad Fuito.Rogelio lived like Segunda in Consolacion del sur and he worked in the Frigorifico.As a child my dad would visit Nicolas house and listen to the radio at noon when they would play episodes and he would read the magazines Bohemia and Readers Digest in Spanish. Sylvia would sometimes lend my dad her skates.Nicolas had a truck and a Jeep Willy .He also had a tractor for the farm.Hs house had mango trees ,a canistel tree and a Molino de viento(windmill).He loved going to the movies.Nicolas farm bordered with Martin,s.Nicolas was the second youngest of the children.I stay in touch with Margot,Edelmiras daughter.She is a wonderful person and has shared various details and pictures with me.She has 4 children and enjoys poetry .

Certificacion de nacimiento
Tomo 4 –folio 245 San Luis ,Pinar del Rio
6-12-1892 nace---masculino
Psdre Antonio Fernandez –natural de Asturias –asiento-9-1-1893------madre Agustina Peguero—natural de San Juan y Martinez –Abuelos paternos—Anacleto y Josefa
Abuelos maternos—Jose y Paula
Inscripcion—Conpareciencia del padre.

Nota—Nicolas tenia en su casa un Molino de viento y una mata de canistel

-----Segun mi padre Osvaldo estaba enamorado de Edelmira pero como eran primos hermanos Nicolas no aprobaba de eso.Esto termino en una Buena pelea pero no paso de ahi.

A continuacion una carta que escribio mi padre a mi prima Margot. El pone algunos datos interesantes y lo dejo en su letra.

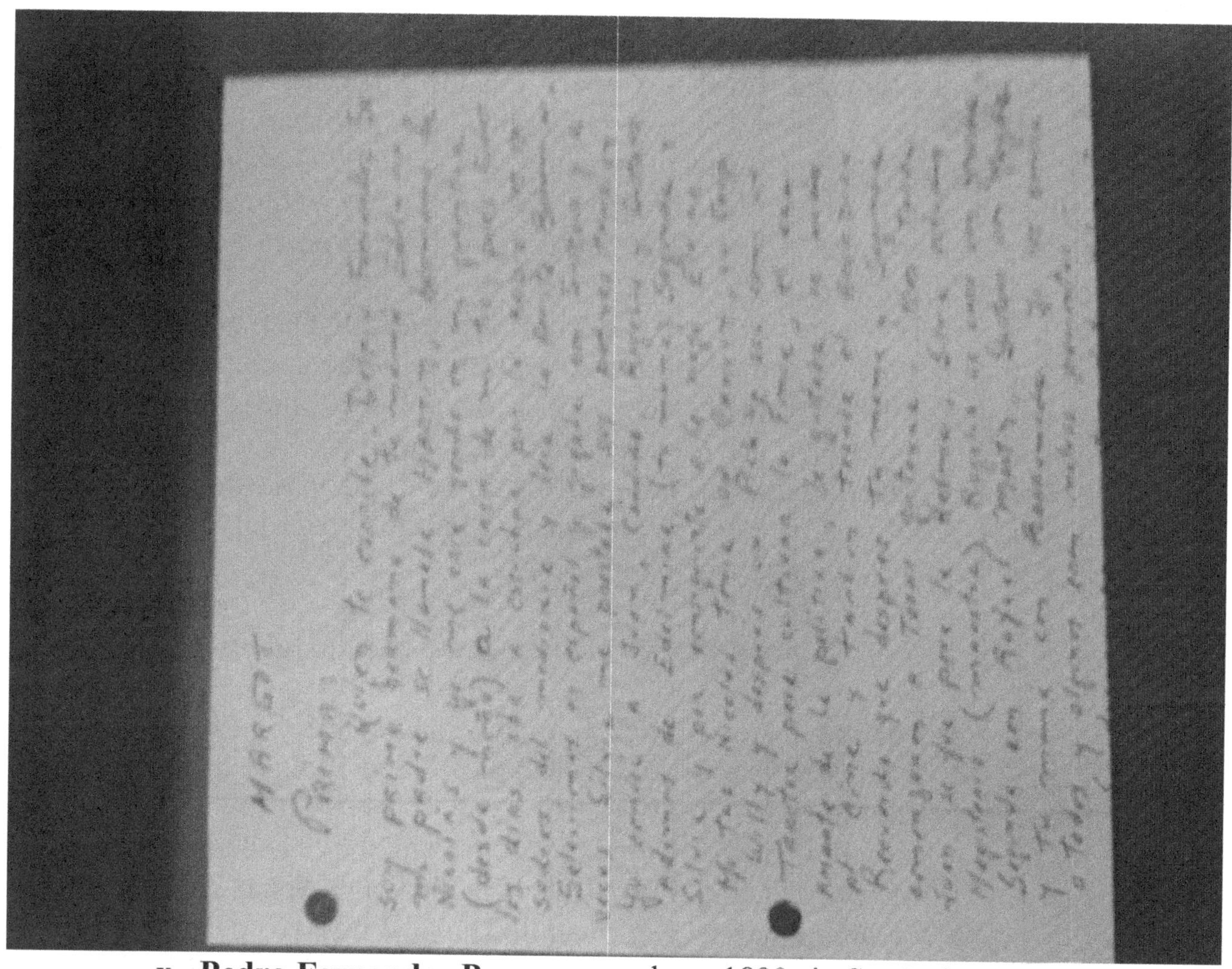

x. **Pedro Fernandez Peguero** was born 1890s in San Luis,Pinar del Rio,Cuba. Pedro was the youngest of his siblings. Pedro was the youngest of his family.Pedro was married to Josefa Lugo and they had the following children,Riro,Quique,Roberto,Nuri,Liduvina,Elida,Zoila and Wilfredo.I visited Eleida who was married to a man from a family of importance in the history of San luis ,Salomon Marmol son of Donato Marmol .She is a lovely lady and had many stories to share.We spent a great afternoon together.I also met her daughter who is also a very nice lady. Pedro also had a daughter named Gladys with another women named Josefa who lived in San luis.Roberto married Caridad,Liduvina married Mario Garcia,Elida married salomon Marmol,Zoila married Tomas Gutierrez ,and Wilfredo married Negrin Usio. Pedro died a 24th of December just like Martin (his brother).The same day and the same year.He had gone to visit Martin earlier that day as had my father Delfin in his motorcycle from Pinar del Rio city.

18. **Juan "de los santos sacrementos" Chavez Hernandez** was born on 1 Nov 1841 in La Orotava ,Tenerife ,Canary Islands ,Spain. He was baptized on 7 Nov 1841 at iglesia de San Juan de la Orotava in La Orotava ,Tenerife ,Canary Islands ,Spain. He died of an anurysm ? about 1903 at the age of 62 in San Juan y Martinez,Pinar del Rio ,Cuba. Nicasia Gomez Vento and Juan "de los santos sacrementos" Chavez Hernandez were married on 16 Sep 1874 in San Juan y Martinez,Pinar del Rio ,Cuba.------
Juan bought a Hacienda close to Rio Seco, La Nilda,Santa Damiana and the river San Sebastian ran through it or next to it.Some of the families in that area were Vento,Padilla o Portilla,Pelaez.—Maria llevada or los llevada were in the area currently or recently that the Hacienda was located at.
19. **Nicasia Gomez Vento** was born in 1855 in San Juan y Martinez,Pinar del Rio ,Cuba. She died after 1903 in San Juan y Martinez,Pinar del Rio ,Cuba.I was told that Nicasia dies at age 69 in 1924.

Juan Chavez Hernandez and Nicasia Gomez Vento had the following children:

9 i. **Juana Chavez Gomez**, born abt 24 Jun 1895, San Juan y Martinez,Pinar del Rio ,Cuba; died 8 Sep 1959, San Luis,Pinar del Rio,Cuba.

ii. **Juanillo Chavez Gomez** was born on 20 Oct 1882 in San Juan y Martinez,Pinar del Rio ,Cuba. He died on 9 Apr 1973 at the age of 90 in Pinar del Rio. Juanillo Had 3 Wifes .His death certificate says he was 93 which would put his birth at 1880 ,although his baptism says 1882 born in San Juan y Martinez.Juanillo First married in La Orotava,Tenerife.His Marriage file says he was 21 years old in 1903 when he got married .This would support his 1882 birth date.His first wife was a cousin named Maria de los Remedios (22) daughter of Julian Gonzalez and Encarnacion Rodriguez .Maria had Victoriano and Juan in Tenerife but she died on the boat trip going to Cuba from an infection in 1906 .Juanillo remarried with Rita and than with Flora.Juanillo's son Juan married Agustina Mendoza and they had juanita ,and Caridad.Victoriano married la Nena Garcia and they had Jesus ,Juan,Edelmiro(worked as a butcher or carnicero),Dagoberto,Rigoberto,Pepe,Aracelys and Zoraida.With rita ceballos he had Marcelino, Nicasia,Blanca ,Antero and Ines Maria.Antero had Jesus and Leobigildo.Nicasia Chavez (la nina)married Antonio Abreu and they had Pepe,Tona and Consuelo who lives in marianao in Habana..Blanca married Iluminado Peguero and they had Zaida,La nina,Delia (who married my father Delfin),Tala,Luis,El Nene,Rogelio,Felix and Macho.With Flora Peguero(niece of Agustina Peguero)daughter of Efidencia Juanillo had Manolo,Ana Maria ,Elvira,Cuca,Zunilda and Hilda .Manolo married Nereyda Gonzalez Serradet and they had Manolito ,Silvia and Maritza.He had other children with another women .Manolo was very close with my dad and his nickname was el Colorado.Ana maria married Benigno (my dads brother) They had Berto ,Salvador,Candelario and Reymundo.Zunilda married Agustin Morales and they had Mary(Mary married Bienvenido El Curro Perez who lived in SAN JUAN Y Martinez and was the administrator of the bank. .Hilda had Raul,Osvaldo ,Luis and Enrique.Juanillo also had marcelino with Rita and tita with another woman.My thanks to Armando whose grandfather was Ines Maria and he has helped me gather some of this information and we keep in touch.Armandos dad Armando Chavez Perez was the son of Ines .Ines was a watch or clock technician and he had a small shop in maximo gomez y San Juan in Pinar del Rio.Ines was a jokester according to my dad.Ines married Aleja and they lived near the train station in Pinar del Rio.Before marrying Aleja ,Ines had another son named Luis (he fixed sewing Machines)who was raised by Delias mom Blanca.Delia is Delfin's (my dad) first wife.—note-Juanillo always said that we had an inheritance back in Tenerife.Perhaps there was some truth to it but I don't really know.

iii. **Sebastian "Severino" Chavez Gomez** was born 1880s-1890s in San Juan y Martinez,Pinar del Rio ,Cuba. He married Roma(they are the godparents of Delfin F.Chavez)They had Jesus who married Eloina and had a daughter named Carmen.They also had two other children named Cuco and Teresa.According to my cousin Armando ,Sebastian was born january 8 1887 and baptized the 24 th of February .—note—Him and his wife were my farhers godparents.

iv. **Estanislao Chavez Gomez** was born on 7 May 1902 at book 4 folio 374 act 597 in San Juan y Martinez,Pinar del Rio ,Cuba. He was baptized on 28 Sep 1902 at San Juan Bautista de San juan y Martinez church.Pbro.Vicente Cabrera Delgado. in San Juan y Martinez,Pinar del Rio ,Cuba. book 4 Folio 374 act 597 Godfather D.Blanco Villafranca and godmother D.Catalina Chavez y Gomez He died in 1971 at the age of 69 in Habana,Cuba. Born in San juan y Martinez he married Juana Vento and they had Kennedy ,Allen,Nallen and Erick.Kennedy married Gisela and they had Robert,Luis and Miguel.I remember Kennedy and his kids visiting us in San Juan when I was a child.I still keep in touch with them as we all live in the States now.Erick and his sisters also have kids.

v. **Elvira Chavez gomez** was born 1880s-1890s in San Juan y Martinez,Pinar del Rio ,Cuba. She had a daughter named Lola who lived in Spain many years during the times of Franco.Elvira moved to Habana.

vi. **Modesta Chavez Gomez** was born 1880s-1890s in San Juan y Martinez,Pinar del Rio ,Cuba. She had Demetria who married Zoilo Ferragu.—Lived in Rio Seco in el pueblecito Americano.

vii. **Catalina Chavez gomez** was born 1880s-1890s in San Juan y Martinez,Pinar del Rio ,Cuba. She married Blanco Villafranca and they lived in Bauta, Habana.They had Juan,Jorge,Adriano and Arsenio.

viii. **Ana Chavez Gomez** was born 1880s-1890s in San Juan y Martinez,Pinar del Rio ,Cuba. Ana married Ramon Alvarez and they had Ramon ,feliberto ,Bebo and El Nene.She lived to 100+ and lived in Habana in la calle acierto.—

Elvira,Modesta,Catalina I was told lived long lives as well .

20. **Santiago Felipe Medina Gomez** was born on 1 May 1877 in Santa Ursula ,Tenerife,Canarias ,Spain. He was baptized on 6 May 1877 godfather--Wenceslao Martin Gonzalez in Santa Ursula ,Tenerife,Canarias ,Spain. He died unk. in San Juan y Martinez,Pinar del Rio ,Cuba. Likely died between 1930s and 1950 from gastrointestinakl problems ,perhaps appendicitis.Santiago Remarried a lady named Paca(Francisca Martin) when Consuelo died and he had 8 more children.They were Paco,Santiago,Jesus,Felix,Alberto,Miguel,Remedios and Chicha(Maria de las nieves)Santiago had a brother named Jose Medina Gomez who was Gerardo's dad(Joses wife was Maria Reloba and my parents would move into her home in San Juan y mrtinez when I was 5) I have anote about a farm named La Esperanza but I'm not sure if it belonged to Gerardos dad or eusebio.My mom told me that Eusbios farm next to her dad was named or known as El Indio .Gerardos house was the house of Eusebio and Evelia Ruiz and it was a very pretty house with a high ceiling and a beautiful front porch..Of the children with Paca Miguel was the oldest and they were all likely born about 1920 and after.

21. **Consuelo Armas Rodriguez** was born on 7 Sep 1885 in San Juan y Martinez,Pinar del Rio ,Cuba. She was baptized on 15 Oct 1885 at church San Juan Bautista ---baptized by Pbro. Patricio Perez---

godfather -Jose--godmother--Consuelo Campo in San Juan y Martinez,Pinar del Rio ,Cuba. She died of pasmo in 1916 at the age of 31 in San Juan y Martinez,Pinar del Rio ,Cuba. Consuelo had various siblings .They were Eucebio Armas Rodriguez ,Antonio Armas Rodriguez Eloisa ,Jose ,Isabel and Panchita.Eusebio had Domingo,Osvaldo,Humbelina,Enrique,Rosita and Bardo.Antonio de Armas rodriguez had Antonio(Nene),Domingo,Lula,Nene,Evelia (who worked in a pharmacy in Hialeah and recently passed away)and Carlito who came to the U.S. He was married with Silvia Guerra and had a child and he later married

Yolanda Valdez . Another sibling of Consuelo was Eloisa and Jose De Armas Rodriguez whose son was Isidro de Armas (A historical figure born in San Juan y Martinez may 15,1920.)Isisdro had a daughter named Vivian)There was also Isabel who married Jose Hernandez (pepe) from cayo Gavino and they had Wilfredo(he owned a store in San Juan) ,Cuco,Monino(He owned a store in San Juan),Ricardo Hernandez ,Rene and Ofelia.Ofelia had a son named Jose Valladares(Pepe el largo).Ricardo owned a store in San Juan named La Batalla.Another sister of Consuelo was Panchita De armas Rodriguez who had Nicasio(I believe he was a lawyer and worked in El palacio de la Justicia in the city of pinar del Rio) ,Nena,Juaquin,Nito and Pancho(Cirilo Hernandez) I was told by a family member that Consuelo had reddish hair and blue eyes.

expediente---Noviembre 1884 San Juan y Martinez
Domingo de Armas Garcia y Josefa Rodriguez
Domingo natural de Tenerife de 28 anos hijo de Antonio y Maria
Josefa del Rosario Rodriguez Martin natural de Santa Ursula en Tenerife de 27 anos—hija de Felix y Lucia.

Santiago Felipe Medina Gomez and Consuelo Armas Rodriguez had the following children:

10 i. **Jose Pantaleon "Cheo" Medina de Armas**, born 27 Jul 1909, San Juan y Martinez,Pinar del Rio ,Cuba; died 10 Mar 1985, Hialeah,Fl.

ii. **Bernardo Medina Armas** was born about 1910–1920 in San Juan y Martinez,Pinar del Rio ,Cuba. He died abt 1990s in San Juan y Martinez,Pinar del Rio ,Cuba. Bernardo married Blanca Izquierdo .He had Adys ,Bernardo and Idania.Adys had Juan Claudio ,a daughter and Ariel who i went to school with in Cuba.As a child me and my parents visited Bernardos house in San Juan a lot.I loved his house with a big courtyard where he had a lot of bird cages and fish pools filled with colorful fish.Bernardo owned a store near the entrance to San Juan y Martinez called La

Atomica.

iii. **Cisca(Francisca) Medina Armas** was born in 1910–about 1920 in San Juan y Martinez,Pinar del Rio ,Cuba. She died abt.1970s.

iv. **Eusebio Medina Armas** was born 1910-1920n abt. in San Juan y Martinez,Pinar del Rio ,Cuba. Eucebio did not have children.He lived in a beautiful house next to Cheo in a farm in Monterey.The farm and the house is where Gerardo Medina would end up living.Gerado is a cousin of Cheo(jose Pantaleon Medina Armas)Gerardo has become a famous tobacco grower.Eusebio married Evelia Ruiz and he died about the 1950s.

v. **Carmela Medina Armas** was born about 1908 in San Juan y Martinez,Pinar del Rio ,Cuba. She died in United States. Carmela married Jose Menendez and they lived in Habana and than in America.They had the following children Josefina ,pancho(Francisco),Carmen,Consuelo,Jose(nene),Manolo,Oviedo and Santiago.I have met most of them but I stay in touch mostly with Josefina .Shes a lovely person.Died about. 1970s

vi. **Juana Medina Armas** was born about 1910–1920 in San Juan y Martinez,Pinar del Rio ,Cuba. Juana married Agustin Ceijas and they had Conzuelo ,Olga and Anola.She died abt.1970s.

22. **Vicente Garcia Melgar** was born about 1885 in San Juan y Martinez,Pinar del Rio ,Cuba. He died about 1969 at the age of 84 in San Luis,Pinar del Rio,Cuba. Vicente was a very nice man and my mom loved him a great deal.She liked going to his farm(LA Juaquina) in Tarabico(San Luis)in the area of Sancho Perez.His farm was next to la finca of los Castros and Los Alvarez.Vicentes parents were Domingo Garcia from Tenerife and Josefa Melgar.There is a story about a Victor Diaz perhaps being the father of some of the children.They used to be called los Piloto which could also be a stepdads last name or something like dad.I am not sure which is the true story but i went with what is on the Birth certificate.Vicente had various siblings .Carmelo who came to the States (perhaps around 1960)and lived in New Jersey (his son died in a train related incident)There was also another brother of Vicente named librado Florencio who appears born in 1899 .I am not 100% sure that that date is accurate because that is a date that some of the old papers that were salvaged from the burning of the church in San Juan in 1996 by Maceo were recertified with.It very well could be the real birth date or a recertification date .Vicente also had a sister named Pamfila who looked like my grandmother Felicia..Another brother was named Luis.Luis is a half brother but I could not prove it in my research.I am very grateful to Yamira at the church of San Juan .Unfortunately the fire of 1896 and subsequent hurricanes destroyed some or all

of the papers from that period.Vicentes mom Josefa Melgar "Pepilla"lived in the area of Vivero and my mom remembers visiting her as a very old lady when she was still a child.Josefa died after 1948 .
An Update---.I have recently learned that Luis is definitely the half brother and they would call him Luis Piloto.Not sure if Piloto was where Luis was born or more likely this was the last name of his dad.Coralia who lived with Pepilla told me the real story as told to her by Pepilla herself.It so happens that Pepilla married very young and had Luis with a gentleman from Spain who she thinks could also be named luis.One day the police showed up and accused her husband of being married back in Spain and gave him an option to go to jail or return to Spain.Pepilla told him to return as she did not wish for her sons dad to be in jail.He left but they never heard from him again and she remarried Domingo Garcia and all the other kids were from Domingo but Luis also was given the Garcia last name.Luis was taller and more fair skinned than the rest of the siblings.He died about the age of sixty .Vicentes other Siblings were Panfila (mother of Blanca,Coralia and Josefel—born 1902—died 1949 at 47.)Carmelo Father of (Evelio,Dora,Gloria and Estenio)Florencio Librado father of (Leandro,Isidro,Josefa and Zoraida)Filomeno(father of (Zoraida,Neno,Raul,Gilberto ,manolo,Lidia,Senaida and Raul)Luis father of (Victoria ,Gloria wife of Flores,and Carmen)Vicente Lived in the area Tarabico in San Luis and he would move to a house that was near his farm which belonged to Fidel Castro Perez .Fidel was sent to jail for opposing Fidel Castro and his house was given to Vicente and his wife.His son Pedro Luis helped them move in.Mongo ,their son ,would eventually stay with the house .I visited this house as a young child .It had a big porch.Fidel was the son of Matias Castro Hernandez and Maria Perez Dube.Matias was from the Canary islands(La Palma) and Maria was from Consolacion del Sur.—
Note-my grandmother was 14 and Luis was 55 at the time so he was born in the 1870s which coincides correctly with what I was told.1978 --

23. **Paulina "paula del carmen" Menendez Rodriguez** was born on 20 or 26 Jan 1893 in San Luis,Pinar del Rio,Cuba. She was baptized on 8 Apr 1893 at San Juaquin Church in San Luis,Pinar del Rio,Cuba. Baptized by Felipe Beltran Diaz.Book 7 deb.folio 306v.acta 988.Godfather Andres Cabanzon and Godmother was Margarita Padrino. She died of a heart attack or heart issue around 1968 at the age of 75 in San Luis,Pinar del Rio,Cuba. Paulina was a strong willed lady and she like her mother had very strong personalities.Paulina lived In Tarabico with Vicente and she had various siblings.She was a bit of a jokester .Her siblings were Lola- (she had a son named Justo),Basilisa ,Rosa Abreu(abreu from her husband),Ingrasia (had a daughter named Ofelia) and Eliseo-1889 and Divaldo?.Paulinas parents were luis Menendez(he was Heavyset with blondish hair and blue eyes)and Cecilia Rodriguez .Cecilia and Luis divorced and Cecilia raised the children .Basilisa(also in the U.S) had

Alfredito(he married Rosita and had Ceida(Yanet su hija),Mari(Rey su hijo),Mirta,Luis Alberto,Sergio and Idania),Tevelio,Raquel and Mina (Minelba).Rosa married Antonio Abreu and they had Panchito (he had Maritza? Or Marta),Pedro,Cunia,Rosa and Amparo who lives in U.S.I would visit her house and she is a wonderful person as is her daughter Reyna.Ingrasia also was in the U.S. and she had Carmen,Palmira,Dora,Reinaldo and Ofelia.Ingrasia visited my mom in Cuba in the 1970s in San Juan .(she left for the U.S in the 1960s)Lastly there was Eliseo. Ingrasia lived by the road to Boca de Galafre and than she moved to Pinar del Rio.Basilisa lived in Vivero.
Paulina died in 1968 and my parents had been dating for about 2 months.
--Basilisa 1900-1996---married Alfredo Diaz 1890-1976 Habana—She had Alfredo ,Devaldo,Dora,Raquel,Reinaldo,Tevelio,Miguel Angel, and Minelba.A grandson of Basilisa was Servio Luis born in San Juan y Martinez 1930 who married Teresa.

Vicente Garcia Melgar and Paulina Menendez Rodriguez had the following children:

11 i. **Felicia Eslivia Garcia Menendez**, born 7 Mar 1919, San Luis,Pinar del Rio,Cuba.---Tarabico

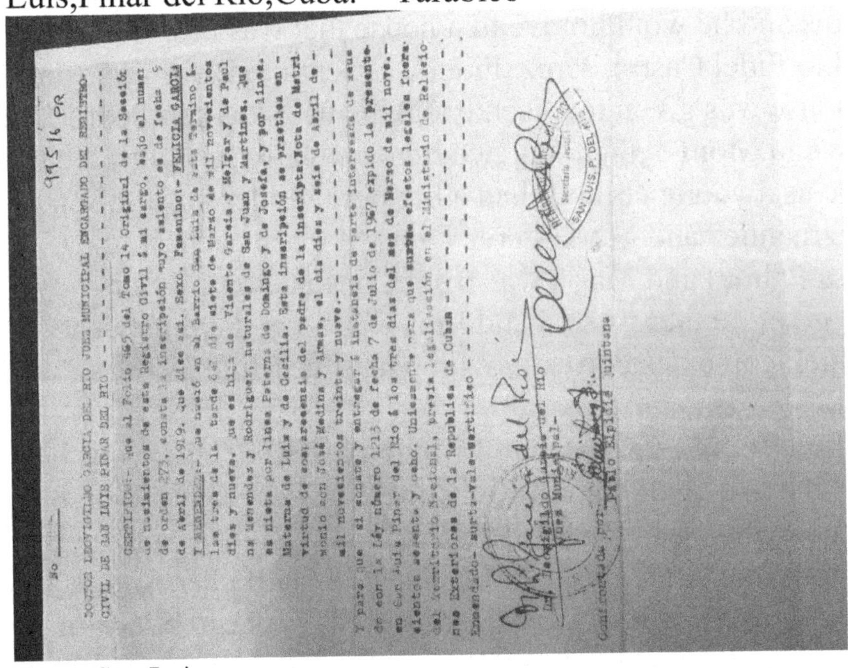

No ____ 99516 PR

[illegible] LEOVIGILDO GARCIA DEL RIO JUEZ MUNICIPAL ENCARGADO DEL REGISTRO-CIVIL DE SAN LUIS PINAR DEL RIO - - - - - - - - - - - - - -

CERTIFICO:- que al Folio 465 del Tomo 14 Original de la Sección de Nacimientos de este Registro Civil á mi cargo, bajo el numero de orden 273, consta la inscripción cuyo asiento es de fecha 5 de Abril de 1919, que dice así. Sexo. Femenino:- FELICIA GARCIA Y MENENDEZ:- que nació en el Barrio San Luis de este Termino á las tres de la tarde del día siete de Marzo de mil novecientos diez y nueve, que es hija de Vicente Garcia y Melgar y de Paulina Menendez y Rodriguez, naturales de San Juan y Martinez. Que es nieta por línea Paterna de Domingo y de Josefa, y por línea Materna de Luis y de Cecilia. Esta inscripción se practica en virtud de comparecencia del padre de la inscripta. Nota de Matrimonio con José Medina y Armas, el día diez y seis de Abril de mil novecientos treinta y nueve.- - - - - - - - - -

Y para que el conste y entregar á instancia de parte interesada de acuerdo con la Ley número 1215 de fecha 7 de Julio de 1967 expido la presente en San Luis Pinar del Rio á los tres días del mes de Marzo de mil novecientos sesenta y ocho. Unicamente vale que surtan efectos legales fuera del Territorio Nacional, previa legalización en el Ministerio de Relaciones Exteriores de la Republica de Cuba - - - - - - - - -
Enmendado- surta-Vale-certifico - - - - - - - - -

Dr. Leovigildo Garcia del Rio
Juez Municipal-

Confrontado por: Pablo Espinal Quintana

Iglesia San Joaquin en San Luis
Felicia Eslivia
25 de agosto de 1919 bautismo
Bautizada por Nemessie Torbado Huidubro
7 de marzo nace en San Luis
Padres Vicente Garcia Melgar y Paulina Menendez Rodriguez ambos de San Juan
Ap-Domingo Garcia y Josefa Melgar
Am-Luis Menendez y Cecilia Rodriguez
Padrino –Claudio Perez

Padrina –Basilisa Menendez
Libro 4 gral –folio-496-acta-496

ii. **Mario Cecilio Garcia Menendez** was born about 1913 in San Juan,Pinar del Rio,Cuba. He died in the 1990s in Miami,Florida. Mario was the oldest of the children.He had a Farm named La Suerte in the area of San Juan y Martinez.I visited him and his family as a child and i remember eating a wonderful soup his wife made.Mario moved to the states and he was working construction with his son.Sadly he was killed when hit by a car close to his house.Mario was married to Cuca Barrios and they had Eneida.,Esperanza,Elena,Emey,Raul,Rodolfo,Manuel,Humberto,Tevelio and El Isleno.Some of them are in the U.S. ---he had another farm named la esperanza who Pedro Luis acquired from him.Mario went to jail for opposing fidel.

Mario Cecilio –hermano de Felicia
Bautisado en San Juan y Martinez en la iglesia San Juan Bautista
Libro-13-folio-62-acta-102
22 de junio de 1913
Bautizo por pbro-Agustin miret Sguitini
Nace el 22 de noviembre de 1912
Padres Vicente Garcia Melgar y Paulina Menendez Rodriguez ambos de San Juan
Ap-Domingo Garcia y Josefa Melgar
Am-Luis Menendez y Cecilia Rodriguez
Padrino-Antonio Abreu
Madrina-Ramona Rodriguez

iii. **Ramon "Mongo" Garcia Menendez** was born in 1922 in San Juan y Martinez,Pinar del Rio ,Cuba. He died because a car killed him(ran him over) in Pinar del Rio. My mom says that he was handsome and he had three sons.Monguito(Ramon),Richard and Russell.I believe he also had a daughter.He was married to Berta Bustio.

iv. **Emerita Garcia Menendez** was born about 1923 in San Luis,Pinar del Rio,Cuba. Emerita was my moms aunt who I visited the most as a child.She lived in San Juan close to the Hospital.She now lives in Pinar del Rio with her daughter.She married Armando Diaz and had Armando and Olga.

v. **Pedro luis Garcia Menendez** was born in Sep 1925 in San Luis,Pinar del Rio,Cuba. Pedro luis helped my dad when we first got here.He helped fix a van for my dad so he could sell ice cream .Later he would always come by and bring us air conditioners for us to sell that he would get from his clients.He worked construction for many years.As a young man Pedro played basebal and had a good fastball.Pedro married Loida Rodriguez who passed away in 2014.He has two daughters Loida and Iliana.I still keep in touch with Pedro and his daughters .I have shared genealogy information with Ilianas daughter.My family will always be thankful for the help Pedro gave us.Pedro luis had a farm in San Juan named la Esperanza.—passed away in 2017 at the age of 91.

vi. **Elia Garcia Menendez** was born about 1927 in San Luis,Pinar del Rio,Cuba. Elia married Antonio Fuentes .She had two daughters Minelba and Elba.

vii. **Eleida Garcia Menendez** was born about 1929 in San Luis,Pinar del Rio,Cuba. Eleida married Julio Quirino.She had three daughters named Maribel,Mayra and Julita.My mom says that she was very pretty.She died young .Vicente helped build her house by the train stop of San Juan y Martinez.

viii. **Pedro Pablo Garcia Menendez** was born in 1931 in San Luis,Pinar del Rio,Cuba. Pedro Pablo is a farmer and is still living in Cuba.When my grandmother visited Cuba I went to see him and we ate at their house.He lived in a place called La Junta .He married Gladys Forteza.His Children are Carlos Alberto,Luis or juan Alberto and Odalys.

Pedigree Chart - Ambrosio Garcia

7 August 2020

1 **Ambrosio Garcia**
b: Aug 1779
p: La Gomera- Vallehermoso- Ntr
m: 9 Sep 1808
p: La Gomera- Vallehermoso- Ntr
d:
p:

sp: **Josefa Navarro**

2 **Garcia Navarrete (de la paz)**
b: 1759
p: La Gomera- Vallehermoso- Ntr
m: 21 Oct 1776
p: La Gomera- Vallehermoso- Chi
d: aft 1834
p:

3 **Maria del de la Barrera**
b: 1759
p: La Gomera- Vallehermoso- Ntr
d: aft 1834
p:

4 **Garcia de la Paz (Magdalen**
b: 1716
p: La Gomera- Vallehermoso- Ntr
m: 20 Aug 1736
p: La Gomera- Vallehermoso- Ntr
d:
p:

5 **Navarrete del Castillo (Nav**
b: 1716
p: La Gomera- Vallehermoso- Ntr
d:
p:

6 **A de la Barrera Coello**
b: 1726
p: La Gomera- Vallehermoso- Ntr
m: 2 Jan 1746
p: La Gomera- Vallehermoso- Chi
d:
p:

7 **Maria de la Chinea**
b: 1726
p: La Gomera- Vallehermoso- Ntr
d:
p:

8 **Mateo Garcia**
b:
p: La Gomera- Vallehermoso- Ntr
m:
p:
d:
p:

9 **Magdalena ¿?**
b:
p: La Gomera- Vallehermoso- Ntr
d:
p:

10 **Vicente Navarrete**
b:
p: Tenerife- Valle de Santiago
m:
p:
d:
p:

11 **Maria ¿Haras? Chinea**
b:
p: La Gomera- Vallehermoso- Ntr
d:
p:

12 **Domingo de la Barrera**
b:
p: La Gomera- Vallehermoso- Chi
m:
p:
d: d 2-1-1746
p:

13 **Francisca Coello de la Paz**
b:
p: La Gomera- Vallehermoso- Chi
d: aft 1 Feb 1746
p:

14 **Juan de Chinea**
b:
p: La Gomera- Vallehermoso- Chi
m:
p:
d: d 2-1-1746
p:

15 **Maria de la Concepcion**
b:
p: La Gomera- Vallehermoso- Chi
d: d 2-1-1746
p:

16 b: d:
17 b: d:
18 b: d:
19 b: d:
20 b: d:
21 b: d:
22 b: d:
23 b: d:
24 b: d:
25 b: d:
26 b: d:
27 b: d:
28 b: d:
29 b: d:
30 b: d:
31 b: d:

32
33
34
35
36
37
38
39
40
41
42
43
44
45
46
47
48
49
50
51
52
53
54
55
56
57
58
59
60
61
62
63

Prepared 7 August 2020 by

1

Pedigree Chart - Felicia Eslibia Garcia Menendez

7 August 2020

1 **Felicia Garcia Menendez**
b: 7 Mar 1919
p: Cuba- San Luis Pinar del Rio
m:
p:
d:
p:

sp: **Jose Fernandez**

2 **Vicente Garcia Melgar**
b: 1885/1895
p: Cuba- San Juan y Martinez
m: maybe 1915
p:
d:
p:

3 **Paula Menendez Rodriguez**
b: 20 Jan 1893
p: San Luis,Pinar del Rio Cuba
d:
p:

4 **Domingo Garcia Navarro**
b: 8 Dec 1841
p: Santa Cruz de Tenerife
m: 21 May 1880
p: Cuba- San Juan y Martinez
d:
p: Cuba

5 **Josefa Melgar Longina**
b: 15 Mar 1863
p: Cuba- San Juan y Martinez
d:
p:

6 **Luis Menendez**
b: abt 1860
p: Pinar del Rio,Cuba
m: 15 May 1884
p: San Juan y Martinez
d:
p: San Juan y Martinez

7 **Cecilia Rodriguez Cancio**
b: abt 1860
p: San Juan y Martinez
d:
p: San Juan y Martinez

8
b:
p:
m:
p:
d:
p:

9 **Antonia Garcia Navarro**
b: Jun 1807
p: La Gomera- Vallehermoso- Ntr
d:
p:

10 **Luis Melgar Bravo**
b:
p: Malaga
m:
p:
d: 1880
p: Cuba- San Juan y Martinez

11 **Panfila"maria Rodriguez**
b:
p: Cuba- San Juan y Martinez
d: aft 1880
p: Cuba- San Juan y Martinez

12 **Luis Menendez Gonzalez**
b: abt 1823
p: sturias,Espana
m: 1849
p: Cuba
d:
p:

13 **Lutgarda de Mateu Casas**
b: 1 Sep 1829
p: Habana,Cuba
d:
p:

14 **Filomeno Rodriguez**
b: abt 1830-40s
p: Bejucal,Habana
m:
p:
d:
p:

15 **Maria de la Caridad Cancio**
b: 1830s-40s abt
p: inar del rio ,Cuba
d:
p:

16 b: d:
17 b: d:
18 **Ambrosio Garcia** b: Aug 1779 d:
19 **Josefa Navarro** b: 1789 d:
20 **Alonso Melgar** b: d:
21 **Isabel de Bravo** b: d:
22 **Antonio Rodriguez** b: d:
23 **Andrea Gertrudis Troche** b: d:
24 **Francisco Menendez** b: d:
25 **Teresa Gonzalez del Valle** b: d:
26 **Juan Mateu** b: 1798 d:
27 **Rosa Casas Rivera** b: d:
28 b: d:
29 b: d:
30 b: d:
31 b: d:

32
33
34
35
36 **Garcia Navarrete (de la paz**
37 **Maria del de la Barrera**
38 **Jose Navarro**
39 **Josefa Navarro**
40
41
42
43
44 **Andres Rodriguez**
45 **Ines Blanco**
46 **Jose Troche**
47 **Josefa Ramon**
48
49
50
51
52 **Antonio Mateu**
53 **Rosa Cendras or Sendras**
54 **F de Casas Sanchez**
55 **Manuela Rivera Gutierrez**
56
57
58
59
60
61
62
63

Prepared 7 August 2020 by

1

Pedigree Chart - Juan Mateu

7 August 2020

1 **Juan Mateu**
b: 1798
p: Barcelona,Cataluna,Spain
m: May 1823
p: Habana,Cuba
d:
p:

sp: **Rosa Casas Rivera**

2 **Antonio Mateu**
b:
p:
m: abt 1795–1800
p:
d:
p:

3 **Rosa Cendras or Sendras**
b:
p:
d:
p:

4, 5, 6, 7, 8–15, 16–31, 32–63

Prepared 7 August 2020 by:

1

Pedigree Chart - Josefa Navarro

7 August 2020

1 **Josefa Navarro**
b: 1789
p: La Gomera- Vallehermoso
m: 9 Sep 1808
p: La Gomera- Vallehermoso- Ntr
d:
p:

sp: **Ambrosio Garcia**

2 **Jose Navarro**
b: 1763
p: La Gomera- Vallehermoso- Ntr
m:
p:
d: aft 1834
p:

3 **Josefa Navarro**
b:
p: La Gomera- Vallehermoso- Ntr
d: 1834
p:

4 **S Navarro del Castillo**
b: 1717
p: La Gomera- Chipude
m: 27 Jul 1737
p: La Gomera- Vallehermoso- Ntr
d:
p:

5 **Maria Hernandez**
b: 1717
p: La Gomera- Chipude
d:
p:

6 **Vicente Navarro (Navarrete**
b: 1730
p: La Gomera- Chipude
m: 13 Sep 1750
p: La Gomera- Agulo
d:
p:

7 **Josefa Oropesa Trujillo**
b: 1730
p: La Gomera- Agulo
d:
p:

8 **Pablo Jacinto**
b:
p: Tenerife- Valle de Santiago
m:
p:
d: d 27-7-1737
p: La Gomera- Vallehermoso- Ntr

9 **Marcelina**
b:
p: La Gomera- Vallehermoso- Ntr
d: d 27-7-1737
p:

10 **D Hernandez Magdaleno**
b:
p: La Gomera- Vallehermoso- Ntr
m:
p:
d: aft 27 Jul 1737
p:

11 **xxxx diana**
b:
p: La Gomera- Vallehermoso- Ntr
d: d 27-7-1737
p:

12 **Vicente Navarrete**
b:
p: La Gomera- Chipude
m:
p:
d:
p:

13 **Maria Niebla**
b:
p: La Gomera- Chipude
d:
p:

14 **Bernabe Antonio Oropesa**
b:
p: La Gomera- Agulo
m:
p:
d:
p:

15 **Maria Trujillo Castillo**
b:
p: La Gomera- Agulo
d:
p:

16–31, 32–63

Prepared 7 August 2020 by:

1

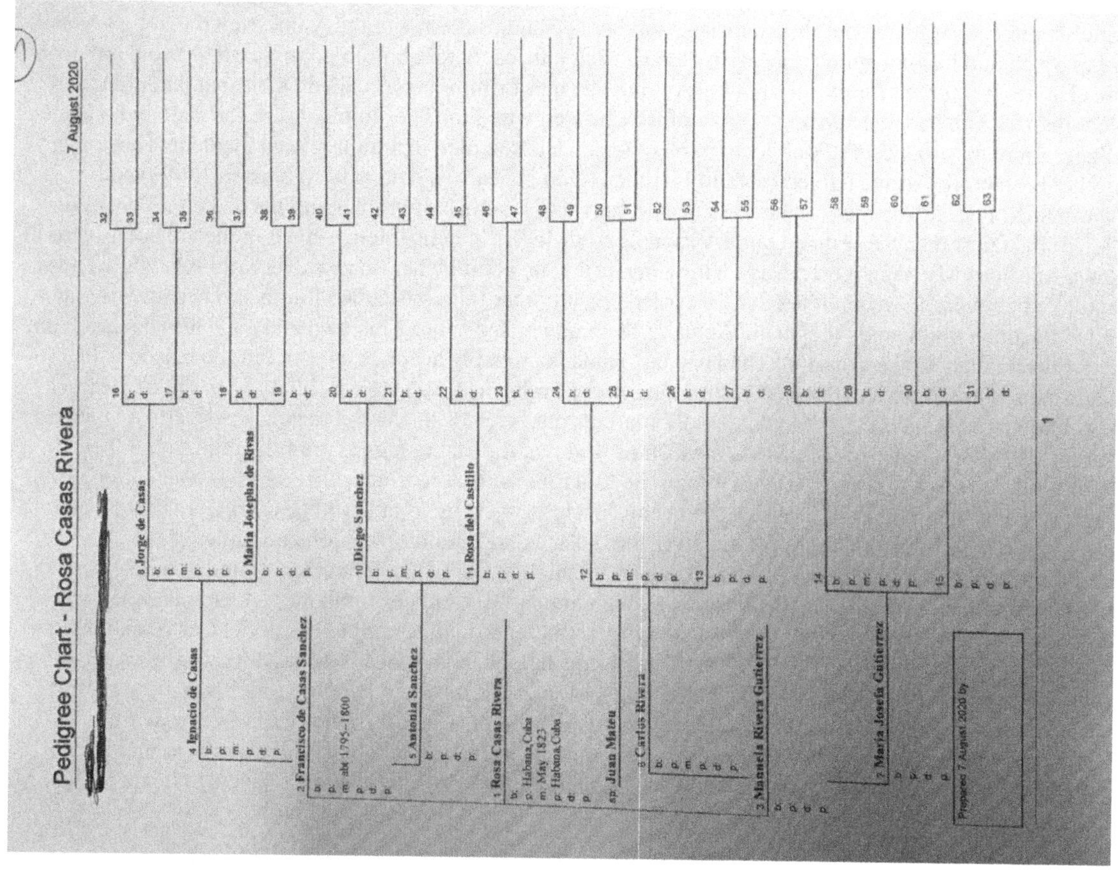

Genealogia De Felicia---

Ampliada ---

Amplified Genealogy of Felicia

First Generation

1. **Felicia Eslibia Garcia Menendez** was born on 7 Mar 1919 in Cuba- San Luis Pinar del Rio.

Second Generation

2. **Vicente Garcia Melgar** was born 1885/1895 in Cuba- San Juan y Martinez. Vicente Garcia Melgar was born about 1885 in San Juan y Martinez ,Pinar del Rio ,Cuba.He died about 1965 at the age of 80 in San Luis ,Pinar del rio,Cuba.Vicente was a very nice man and my mom loved him a great deal.She liked going to his farm (la Juaquina)in Tarabico(San Luis)in the area of Sancho Perez.Vicentes parents were Domingo Garcia from Tenerife and Josefa Melgar .There is a story about who the real dad of Vicente and his siblings was. There was mention to me of a Victor Diaz and that Vicente used to be called Piloto.There is a town named Piloto so maybe that's why and perhaps he might have been born there.I went with the birth certificate.However as I researched the story I was able to piece together the truth .As it turns out Josefa (Vicentes mom)married very young(at 15) because she fell in love with a Spaniard and she believed that it was a good idea to start a family young.She had a strong character .Well as the story goes she had a child named Luis with him but soon the

authorities started to enquire about their marriage and her age and as it turns out they uncovered that he was still married in Spain and had not gotten a legal divorce.Fearing jail Josefa told him to go to Spain to avoid any legal problems.He never returned for reasons not known ,but she met Domingo(was called Dabito) at that point and they were married and had Vicente and the rest of the children with him.The siblings were Carmelo ,who came to the States,(perhaps around 1960)and lived in New Jersey.His son died in a train related incident .There was also another brother of Vicente named Librado Florencio who appears as having been born in 1899.Another sister was named Panfila.Another brother was named Luis .Luis is the half brother and his dad could be a Luis as well .He was fairer than the rest and taller.Vicente's mom Josefa"pepilla"Melgar lived in the area of Vivero in San Juan y Martinez.My mom remembers visiting her as a young child when she was very old.Josefa died after 1948 and lived to over 100 years of age.I also learned recently that Luis was called Piloto and because of that they called the other children by that name.Actually Domingo raised Luis as his own and gave him his last name of Garcia.Luis died about the age of 60.The Diaz last name is probably accurate as well but the reason is that Domingos mom was Garcia and the dad was missing in the birth certificate.He was likely born out of wedlock and the gentleman was a Diaz .I did a ydna test 37 markers on Vicentes line and it matches perfectly a Diaz .So that is probably the story on that last name.Dna also proved that the other siblings are full siblings and their amount of north african etc. suggest ancestry from the Canary Islands.Viecentes other siblings as mentioned before were---- Panfila (mother of Blanca,Coralia and Josefel),----Carmelo father of (Evelio,Dora,Gloria and Estenio),----Florencio Librado father of (Leandro,Isidro,Josefa and Zoraida)----Filomeno father of (Zoraida,Neno,Raul,Gilberto,Manolo,Lidia,Senaida and Raul)----Luis father of (Victoria,Gloria--wife of Flores,and Carmen).Vicente lived in the area of Tarabico in San Luis and he would move to a house that was near his farm which belonged to Fidel Castro Perez.Fidel was sent to jail for oppossing Fidel Castro and his house was given to Vicente and his wife.His son Pedro Luis helped them move in.Mongo ,their son ,would eventually stay with the house .I visited this house as a young child .It had a big porch.Fidel was the son of Matias Castro Hernandez and Maria Perez Dube.Matias was from the Canary Islands and Maria was from Consolacion del Sur.Her dad was from La Palma.I still remember that trip and that house ,I'm sure there are some very interesting stories in that place. Paula del Carmen Menendez Rodriguez and Vicente Garcia Melgar were married about 1915.

3. **Paula del Carmen Menendez Rodriguez** was born on 20 Jan 1893 in San Luis,Pinar del Rio Cuba. She was baptized on 8 Apr 1893 at San Juaquin Church ,San Luis,Pinar del Rio,Cuba. in San Luis,Pinar del Rio Cuba. Paulina Paula del Carmen"Menendez Rodriguez was baptized by Felipe Beltran Diaz .Book 7,deb.folio 3068.acta 988.Godfather was Andres Cabanzon and Godmother was Margarita Padrino.She died of a heart attack about the year 1968 at the age of 75 in San Luis,Pinar del Rio ,Cuba.Paulina like her mother was very strong willed and had very strong personality.Paulina lived in Tarabico with her husband Vicente .She was a bit of a jokester.She swore to never again eat ice cream since she had a brain freeze when she first tried it and thought she was dying.Her siblings were--- Lola(she had a son named Justo),---Basilisa,---Rosa Abreu(Abreu from her husband.)Rosa I was told had the darkest complexion out of the siblings and was the oldest.---Ingrasia (she had a daughter named Ofelia).---Eliseo,the only male sibling.Paulinas parents were Luis Menendez(he was heavyset with blondish hair and blue eyes) and Cecilia Rodriguez.Cecilia and Luis divorced and Cecilia raised the children alone.Basilisa had Alfredito ,Tevelio,Raquel and Mina(Minelba)and Divaldo.Rosa Abreu married Antonio Abreu and they had Panchito (he had Maritza?),Pedro,Cunia,Rosa and Amparo who lives in the U.S, and I would visit her house and she was a wonderful person.Ingrasia lived in the U.S. and she had Carmen ,Palmira,Dora,Reinaldo and Ofelia.Ingrasia visited my mom in Cuba in the 1970s in San Juan y Martinez (she left for the U.S. in the 1960's)Lastly there was Eliseo.Ingrasia lived by the road to Boca de Galafre and than she moved to Pinar del Rio.Basilisa lived in Vivero. Paula's siblings were Lola,Basilisa,Rosa,Ingrasia and Eliseo.

Paulina "paula del Carmen"Menendez Rodriguez was born on January 20th 1893 in San Luis ,Pinar del Rio,Cuba.She was baptized on April 8,1893 in San Juaquin Church in San Luis ,pinar del Rio,Cuba.Baptized by Felipe Beltran Diaz.Book 7 deb.folio 3068.acta 988.The Godfather was Andres Cabanzon and Godmother was Margarita Padrino.She died of a heart attack around 1968 at the age of 75 in San Luis ,pinar del Rio ,Cuba.Paulina was a very strong willed lady and she like her mother had a very strong personality.Paulina lived in Tarabico with Vicente and she had various siblings.She was a bit of a jokester.Her siblings were Lola (she had a son named Justo),Basilisa,Rosa Abreu(Abreu from her husband)I was told that Rosa had the darkest complexion out of the siblings.Ingrasia (had a daughter named Ofelia)and Eliseo.Paulinas parents were Luis Menendez (he was heavyset with blondish hair and blue eyes)and Cecilia Rodriguez.Cecilia and Luis divorced and Cecilia raised the children.Basilisa had Alfredito,Tevelio,Raquel and Mina(Minelba).Rosa Abreu married Antonio Abreu and they had Panchito(he had Maritza?),Pedro ,Cunia,Rosa and Amparo .Amparo lives in the United States and I would visit her house and she is a wonderful person.Ingrasia also was in the U.S. and she had

Carmen,Palmira,Dora,Reinaldo and Ofelia.Ingrasia visited my mom in Cuba in the 1970s in San Juan y Martinez.(she left Cuba for the U.S in the 1960's)Lastly there was Eliseo.Ingrasia lived by the road to Boca de Galafre and than she moved to Pinar del Rio.Basilisa lived in Vivero.

Addition---Basilisa Menendez Rodriguez—(15 April 1900 Cuba—21 July 1996 Miami,Miami Dade)married to Alfredo Diaz (Habana ,Ciego de Avila-13 February 1890-8 Sep-1976)

Children—Tebelio Diaz Menendez,Alfredo,Reinaldo,Devaldo,Miguel Angel,Dora,Raquel,Minelba-3 sept- 1921- 10 march 2005,Servio Luis-27 Oct,1930-9 April 2001.

Nota: Rosa y Paulina se casaron el mismo dia.

,

Vicente Garcia Melgar and Paula del Carmen Menendez Rodriguez had the following children:

i. **Mario Cecilio Garcia Menendez** was born about 1916 in San Luis,Pinar del Rio Cuba. He died from being hit by a car,--accident. 1990s in Miami, Florida, United States. Mario was the oldest of the children.He had a farm named La Suerte in the area of San Juan y Martinez.I visited him and his family as a child and I remember eating a wonderful soup his wife made.Mario moved to the States and he was working in construction with his son.Sadly he was killed when he was hit by a car close to his house.Mario was married to Cuca Barrios and they had Eneida,Esperanza,Elena,Emey,Raul,Rodolfo,Manuel,Humberto,Tevelio and El Isleno.Some of them are in the U.S.

1 ii. **Felicia Eslibia Garcia Menendez**, born 7 Mar 1919, Cuba- San Luis Pinar del Rio. Tengo una nota que Felicia se parecia a Panfila.Felicia looked like Panfila I was told.—not sure if her aunt or great grandmother.

iii. **Ramon "mongo" Garcia Menendez** was born in October 19, 1922 in San Juan y Martinez,Pinar del rio ,Cuba. He died in Pinar del Rio,Cuba. He died because a car ran him over in Pinar del Rio.My mom says that he was handsome and he had three sons.Monguito(Ramon),Richard and Russell.I believe he also had a daughter(Raquel ?) .He was married to Berta Bustio.

iv. **Emerita Garcia Menendez** was born about 1923 in San Luis,Pinar del Rio Cuba. Emerita was my moms aunt who I visited the most as a child.She lived in San Juan y Martinez close to the Hospital .She now lives in Pinar del Rio with her daughter.She married Armando Diaz and had Armando and Olga.

v. **Pedro Luis Garcia Menendez** was born in 1925 in San Luis,Pinar del Rio Cuba. Pedro Luis helped my dad when we first got here.He helped fix a van for my father so he could sell ice cream.Later he would always come by and bring us air conditioners for us to sell that he would get from his clients.He worked construction for many years.As a young man Pedro played baseball and had a good fastball.Pedro married
Loida Rodriguez who passed away in 2014.He has two daughters Loida and Iliana.I still keep in touch with uncle Pedro and his daughters .I have also shared genealogy information with Ilianas daughter.My family will always be thankful for the help Pedro gave us .Pedro Luis had a farm in Cuba in San Juan named La Esperanza.

vi. **Elia Garcia Menendez** was born about 1927 in San Luis,Pinar del Rio Cuba. Elia married Antonio Fuentes.She had two daughters ,Minelba and Elba.

vii. **Eleida Garcia Menendez** was born about 1929 in San Luis,Pinar del Rio Cuba. Eleida married Julio Quirino .She had three daughters named Maribel(came to U.S in 1980 –Mariel),Mayra and Julita.My moms says that she was very pretty.She died young in a very unfortunate incident.Vicente(her dad)helped build her house by the train stop or station of San Juan y Martinez.

viii. **Pedro Pablo Garcia Menendez** was born in 1931 in San Luis,Pinar del Rio Cuba. Pedro Pablo is a farmer and is still living in Cuba.When my grandmother visited Cuba I went to see him and we ate at their house .He lived in a place called la Junta.He married Gladys Fortenza .His children are Carlos Alberto,Luis Alberto and Odalys.

Third Generation

4. **Domingo Garcia Navarro** was born on 8 Dec 1841 in Santa Cruz de Tenerife. He was christened on 9 Dec 1841 in Santa Cruz de Tenerife. He died in Cuba.

Expediente—21 de mayo de 1880 en San Juan y Martinez
Domingo Garcia Navarro y Josefa Longina Melgar.
Domingo es natural de Santa Cruz de Tenerife de 38 anos
Hijo de Antonia Garcia Navarro
Libro 9—folio 4 #15
Bautismo 8 de abril de 1863 nacio en marzo—josefa longina
Padres --Luis Melgar de Malaga
Panfila Rodriguez de San Juan y Martinez
Ab-pat-Alonso y Isabel de Bravo
Ab-mat-Antonio y Andrea Gertrudis de Troche
Padrino-Antonio Rodriguez

Bautismo de Domingo Garcia Navarro

El 12 de septiembre de 1841 bautice a Domingo de la Concepcion del Santisimo Sacramento, que nacio el 8 del corriente. Hijo natural de Antonia Garcia Navarro, natural de la Villa de La Gomera. Abuelos maternos, Ambrosio Garcia y Josefa Navarro. Fue su madrina Maria de la Concepcion del Castillo, natural de esta capital y aquellos tambien de La Gomera.

Libro 20 folio 154v de bautismo de la Iglesia de la Concepcion de Santa Cruz
Josefa "Pepilla" Melgar Longina and Domingo Garcia Navarro were married on 21 May 1880 in Cuba- San Juan y Martinez.

5. **Josefa "Pepilla" Melgar Longina** was born on 15 Mar 1863 in Cuba- San Juan y Martinez. She was christened on 8 Apr 1863 in Cuba- San Juan y Martinez. Antonio Rodriguez was the godfather.She was of short stature and lived to a long age-104 ?.She had a brother named Hermidio Melgar.Josefa was strong in health and character.She married at about 15 years old as she believed in having a family early.She married a Spaniard and had a son named Luis .There was an issue that arose with her first husband since the authorities found out that he was still married in Spain.Rather than have her husband go through any legal issues she told him to return to Spain.However for unknown reasons he didn't come back and she remarried Domingo Garcia who was from the Canary Islands.She had the other kids with Domingo.I have an older cousin who lived with Josefa and shed light on this story.Dna evidence that i acquired also sustains this story.My moms uncle claimed that a gentleman named Diaz was from our family.As it turns out the real truth is that Domingos dad was not known but that gentleman is the one who most likely is the Diaz .Dna also shed light on this situation. My mom remembers going to see Pepilla when she was about four or five yeatrs of age in Vivero .She used a walking aid in her old age.—Pepillas son --------Luis Piloto was the son of her first husband and he had a daughter named Carmen who married Flores .She was close to Felicia (my grandmother) and lived by the train station in San Juan y Martinez. His other daughter was Gloria.His wife was Victoria Dolores I believe.-he might have had a daughter named Victoria and a son named Luis as well or they could be grandkids --Her other kids were--------- Vicente who was my grandmothers father. ---------Panfila-1902- her kids were Blanca,Josefel and Coralia-her husband was Guillermo Pena(his brother was Manolo Pena and married Ana Regalado who was the daughter of Jacinto Regalado).----------.Carmelo married Rogelia –his kids were Evelio,Dora,Gloria,y Estenio. --------Florencio-1898—his kids were Leandro,Isidro,Josefa y Zenaida.—his wife or another daughter was named Esperanza---------Filomeno-his kids-Zoraida,Neno,Raul,Gilberto,Manolo,Lidia,Senaida y Raul.—his wife was named —Aleja.

Domingo Garcia Navarro and Josefa Melgar Longina had the following children:

2 i. **Vicente Garcia Melgar**, born 1885/1895, Cuba- San Juan y Martinez.

ii. **Florencio Librado Garcia Melgar** was born on 7 Nov 1899 in Cuba- San Juan y Martinez. Bautizado-San Juan y Martinez en la iglesia-San Juan Bautista –libro-no-2-folio-249-acta-539---dia 1 de Enero de 1900—pbro-D.Francisco Javier Grana y Berreiro—nacio el 7 de noviembre de 1899. padre –Domingo Garcia natural de Canarias—y Josefa Melgar natural de San juan – abuela paterna—Antonia Garcia ----abuelos maternos—luis melgar y Panfila Rodriguez---------padrinos—Ramon Villalta y Aurelia nunez.----------------nota—contrajo matrimonio canonico con Maria Esperanza Castro y Urquiza el 30 de Julio de 1928 en esta parroquia.—su abuelo materno D, luis melgar es natural de Malaga.

iii. **Panfila Garcia** was born in Cuba.Died at 47 years old.—1902-1949.

iv. **Carmelo Garcia** was born in Cuba. He died in Estados unidos.—V. Filomeno

Vicente García Melgar nació 1885/1895 en Cuba- San Juan y Martínez. Vicente García Melgar nació alrededor de 1885 en San Juan y Martínez, Pinar del Río, Cuba. Murió alrededor de 1965 a la edad de 80 en San Luis, Pinar del Río, Cuba. Vicente era un hombre muy agradable y mi mamá lo amaba mucho. Le gustaba mucho ir a su finca (la Juaquina) en Tarabico (San Luis) en la zona de Sancho Pérez.Los padres de Vicente eran Domingo García de Tenerife y Josefa Melgar. Hay una historia sobre quién fue el verdadero padre de Vicente y sus hermanos . Se me mencionó a un Víctor Díaz y que Vicente etc. solía llamarse Piloto. Hay un pueblo de Piloto así que quizás era por eso y quizás él pudo haber nacido allí.Puse lo que pone su certificado de nacimiento. Sin embargo, mientras investigué, Pude reconstruir la verdad. Resultó que Josefa (la mamá de Vicente) se casó muy joven (a los 15) porque se enamoró de un español y creía que era una buena idea formar una familia joven. Era un personaje fuerte . Bueno, según cuenta la historia, tenía un hijo llamado Luis con él, pero las autoridades comenzaron a indagar sobre su matrimonio y su edad Resulta que su esposo podría haber estado casado en España y no haberse divorciado legalmente. Por temor a la cárcel, Josefa le dijo que se fuera a España para evitar problemas legales. Nunca regresó por razones desconocidas. , pero Josefa conoció a Domingo (se llamaba Dabito) en ese tiempo y se casaron y tuvieron a Vicente y al resto de los hijos .Los hermanos eran Carmelo, quien llegó a Estados Unidos (quizás alrededor de 1960) y vivía en Nueva Jersey. .Su hijo murió en un incidente relacionado con un tren. También había otro hermano de Vicente llamado Librado Florencio que nacio en 1899. Otra hermana se llamaba Panfila y se parecía a mi abuela Felicia. Otro hermano se llamaba Luis. Luis es el el medio hermano y su papá también podria llamarse Luis. Era más rubio que el resto y más alto. La mamá de Vicente, Josefa "pepilla" Melgar, vivía en el área de Vivero en San Juan y Martínez. Mi mamá recuerda haberla visitado cuando era niña cuando ella era muy vieja Josefa Murió después de 1948 y vivió más de 100 años. También me enteré recientemente que a Luis le llamaban Piloto y por eso llamaban a los otros niños por ese nombre tambien. En realidad Domingo crió a Luis como si fuera suyo y le puso su apellido de García. Luis murió a la edad de 60 años. El apellido Díaz probablemente también es correcto, pero la razón es que la mamá de Domingo era García y el papá no estaba en el certificado de nacimiento.

Probablemente nació fuera del matrimonio y el caballero era Díaz. Hice una prueba de ydna con 37 marcadores en la línea de Vicente y coincide perfectamente con un senor de apellido Díaz. Así que esa es probablemente la historia de ese apellido.Dna también demostró que los otros hermanos son hermanos completos y su cantidad de norteafricano, etc., sugiere ascendencia del Canarias.Los otros hermanos de Vicente como se mencionó anteriormente fueron Panfila (madre de Blanca, Coralia y Josefel), Carmelo padre de (Evelio, Dora, Gloria y Estenio), Florencio Librado padre de (Leandro, Isidro, Josefa y Zoraida) Filomeno padre de (Zoraida, Neno, Raúl , Gilberto, Manolo, Lidia, Senaida y Raúl) Luis padre de (Victoria, Gloria - esposa de Flores, y Carmen) .Vicente vivía en la zona de Tarabico en San Luis y se mudaría a una casa que estaba cerca de su finca la cual pertenecia a Fidel Castro Perez Fidel fue enviado a la cárcel por oponerse a Fidel Castro y su casa fue entregada a Vicente y su esposa .Su hijo Pedro Luis los ayudó a mudarse. Mongo, su otro hijo, eventualmente se quedaría con la casa Visité esta casa de niño y recuerdo que tenía un portal grande. Fidel era hijo de Matías Castro Hernández y María Pérez Dube. Matías era de las Islas Canarias y María de Consolación del Sur, su papá era de La Palma. Todavía recuerdo ese viaje y esa casa, estoy seguro de que hay algunas historias muy interesantes en ese lugar. Paula del Carmen Menéndez Rodríguez y Vicente García Melgar se casaron quizás en 1915.

3. Paula del Carmen Menéndez Rodríguez nació el 20 de enero de 1893 en San Luis, Pinar del Río Cuba. Fue bautizada el 8 de abril de 1893 en la Iglesia San Juaquin, San Luis, Pinar del Río, Cuba. en San Luis, Pinar del Rio Cuba. Paulina Paula del Carmen "Menéndez Rodríguez fue bautizada por Felipe Beltrán Díaz. Libro 7, deb.folio 3068.acta 988. Padrino fue Andrés Cabanzón y madrina fue Margarita Padrino. Murió de un infarto hacia el año 1968 a la edad de 75 años. en San Luis, Pinar del Río, Cuba. Paulina, como su madre, tenía un caracter y una personalidad muy fuerte. Paulina vivía en Tarabico con su esposo Vicente. Juro no volver a comer helado ya que lo probó por primera vez y pensó que se estaba muriendo. Le dio la punsa del guajiro como dicen en mi pueblo .Sus hermanos eran Lola (tenía un hijo llamado Justo), Basilisa, Rosa Abreu (Abreu –apellido de su esposo). Rosa me dijeron que tenía la tez más oscura . La mayor era Ingrasia (tenía una hija llamada Ofelia)---- Eliseo, el único hermano varón-----

Los padres de Paulina eran Luis Menéndez (era corpulento, de cabello rubio y ojos azules) y Cecilia Rodríguez. Cecilia y Luis se divorciaron y Cecilia crió a los niños sola. Basilisa tuvo a Alfredito, Tevelio, Raquel y Mina (Minelba) y Divaldo. Rosa Abreu se casó con Antonio Abreu y tenían a Panchito (¿él tuvo a Maritza?), Pedro y Cunia. Rosa y Amparo que viven en Estados Unidos Yo iba a visitar su casa y ella era una bella persona. Ingrasia vivía en los Estados Unidos y tuvo a Carmen, Palmira, Dora, Reinaldo y Ofelia. Ingrasia visitó a mi mamá en Cuba en la década de los 70s en San Juan y Martínez (se fue a los Estados Unidos en la década de los 60s). Por último estaba Eliseo. Ingrasia vivía en el camino a Boca de Galafre y luego se trasladó a Pinar del Río.

Basilisa vivía en Vivero.---------------------------- Los hermanos de Paula eran como dije -----Lola, Basilisa, Rosa y Eliseo. Paulina "paula del Carmen" Menéndez Rodríguez nació el 20 de enero de 1893 en San Luis, Pinar del Río, Cuba. Fue bautizada el 8 de abril de 1893 en la Iglesia San Juaquin de San Luis. , pinar del Rio, Cuba Bautizado por Felipe Beltrán Díaz Libro 7 deb.folio 3068.acta 988 El padrino fue Andrés Cabanzón y la madrina Margarita Padrino. She died of a heart attack around 1968 at the age of 75 in San Luis ,pinar del Rio ,Cuba.Paulina was a very strong willed lady and she like her mother had very strong personalities.Paulina lived in Tarabico with Vicente and she had various siblings.She was a bit of a jokester.Her siblings were Lola (she had a son named Justo),Basilisa,Rosa Abreu(Abreu from her husband)I was told that Rosa had the darkest complexion out of the siblings.Ingrasia (had a daughter named Ofelia)and Eliseo.Paulinas parents were Luis Menendez (he was heavyset with blondish hair and blue eyes)and Cecilia Rodriguez.Cecilia and Luis divorced and Cecilia raised the children.Basilisa had Alfredito,Tevelio,Raquel and Mina(Minelba).Rosa Abreu married Antonio Abreu and they had Panchito(he had Maritza?),Pedro ,Cunia,Rosa and Amparo .Amparo lives in the United States and I would visit her house and she is a wonderful person.Ingrasia also was in the U.S. and she had Carmen,Palmira,Dora,Reinaldo and Ofelia.Ingrasia visited my mom in Cuba in the 1970s in San Juan y Martinez.(she left Cuba for the U.S in the 1960's)Lastly there was Eliseo.Ingrasia lived by the road to Boca de Galafre and than she moved to Pinar del Rio.Basilisa lived in Vivero.

i-Mario Cecilio García Menéndez nació alrededor de 1916 en San Luis, Pinar del Río Cuba. Murió Atropellado por un coche en un accidente—abt-1990 en Miami, Florida, Estados Unidos. Mario era el mayor de los hijos, tenía una finca llamada La Suerte en el área de San Juan y Martínez, lo visité a él y a su familia cuando era niño y recuerdo haber comido una sopa maravillosa que hizo su esposa. Mario se mudó a los Estados Unidos y estaba trabajando en la construcción con su hijo, lamentablemente murió al ser atropellado por un automóvil cerca de su casa, Mario estaba casado con Cuca Barrios y tenían a Eneida, Esperanza, Elena, Emey, Raúl, Rodolfo, Manuel, Humberto, Tevelio y El Isleno Algunos de ellos están en los EE. UU.

ii. Felicia Eslibia García Menendez, nacida el 7 de marzo de 1919, Cuba- San Luis Pinar del Río.

Tengo una nota que Felicia se parecia a Panfila.—Pudiera ser su tia o visabuela que se llamaba tambien asi--

iii. Ramón "mongo" García Menéndez nació el 19 de octubre de 1922 en San Juan y Martínez, Pinar del río, Cuba. Murió en Pinar del Río, Cuba. Murió cuando lo atropelló un auto en Pinar del Río. Mi mamá dice que era guapo y tenía tres hijos, Monguito (Ramón), Richard y Russell, creo que él también tuvo una hija (¿Raquel?), Estaba casado con Berta Bustio.

iv.Emerita García Menéndez nació alrededor de 1923 en San Luis, Pinar del Río Cuba. Emerita era la tía de mi mamá a quien más visitaba yo de niño, vivía en San Juan y Martínez cerca del Hospital, ahora vive en

Pinar del Río con su hija,--- se casó con Armando Díaz y tuvo a Armando y Olga.
v. Pedro Luis García Menéndez nació en 1925 en San Luis, Pinar del Río Cuba. Pedro Luis ayudó a mi papá cuando llegamos a Estados Unidos.Ayudó a arreglarle una camioneta a mi papá para que pudiera vender helados, luego siempre venía y nos traía aires acondicionados para venderlos que recojia de sus clientes. –De joven Pedro jugaba béisbol y tenía una buena recta.Pedro se casó con Loida Rodríguez que fallecio en 2014, tiene dos hijas Loida e Iliana, yo hablo con Loidita cada rato. También he compartido información genealógica con la hija de Iliana Mi familia siempre estará agradecida por la ayuda que nos brindó Pedro .Pedro Luis tenía una finca en Cuba en San Juan llamada La Esperanza.
vi. Elia García Menéndez nació alrededor de 1927 en San Luis, Pinar del Río Cuba. Elia se casó con Antonio Fuentes y tuvo dos hijas, Minelba y Elba.
vii. Eleida García Menéndez nació alrededor de 1929 en San Luis, Pinar del Río Cuba. Eleida se casó con Julio Quirino. Tenía tres hijas llamadas Maribel (llegó a Estados Unidos en 1980 - Mariel), Mayra y Julita. Mi mamá dice que era muy bonita. Murió joven en un incidente muy desafortunado. Vicente (su papá) ayudó a construir su casa junto a la parada de tren o estación de San Juan y Martinez.
viii. Pedro Pablo García Menéndez nació en 1931 en San Luis, Pinar del Río Cuba. Pedro Pablo era agricultor. Cuando mi abuela visitó Cuba fui a verlo y comimos en su casa. El vivía en un lugar llamado la Junta. Se casó con Gladys Fortenza. Sus hijos son Carlos Alberto, Luis Alberto y Odalys.

Josefa "Pepilla" Melgar Longina nació el 15 de marzo de 1863 en Cuba- San Juan y Martínez. Fue bautizada el 8 de abril de 1863 en Cuba- San Juan y Martínez. Antonio Rodríguez fue el padrino, ella era de baja estatura y vivió hasta una edad larga (104 años), tenía un hermano llamado Hermidio Melgar, Josefa era fuerte en salud y carácter, se casó a los 15 años porque creía en tener un hijo a temprana edad. Se casó con un español y tuvo un hijo llamado Luis. Hubo un problema que surgió con su primer esposo.Las autoridades dijeron que el estaba casado en Espana y no se habia divorciado.Josefa le dijo que regresara a Espana . Por razones desconocidas él no regresó y ella se volvió a casar con Domingo García, que era de las Islas Canarias, ----ella tuvo los otros hijos con Domingo Tengo una prima mayor que vivía con Josefa y arrojó luz sobre esto .--La evidencia de ADN que adquirí también sustenta esta historia .Pedro luis—

El tio de mi madre--- afirmó que un Díaz era familia nuestra ---, pero resulta que la verdad es que no se conocía al papá de Domingo, pero ese caballero es el que probablemente sea el Díaz al que se refiere Pedro Luis. El ADN también arrojó luz sobre esta situación . (Mi mamá recuerda ir a ver a Josefa alrededor de los cuatro o cinco años en Vivero. En su vejez usaba un andador.)—El hijo de Pepilla, Luis Piloto, era el hijo de su primer marido y tenía una hija llamada Carmen que se casó con Flores. Ella queria mucho a Felicia (mi abuela) y vivía cerca de la estación de trenes de San Juan y Martínez. Su otra hija era Gloria---------su esposa era Victoria Dolores, creo. El podría haber tenido una hija llamada Victoria y un hijo llamado Luis también o podrían ser nietos .----- Los otros hijos de Pepilla(Josefa)eran _--------Vicente, quien era el padre de mi abuela. -----Panfila-1902- sus hijos eran Blanca, Josefel y Coralia-su marido era Guillermo Peña (su hermano era Manolo Peña y se caso con Ana Regalado que era hija de Jacinto Regalado) .-------. Carmelo se caso con Rogelia -sus hijos eran Evelio, Dora , Gloria, y Estenio. ------Florencio-1898 — sus hijos fueron Leandro, Isidro, Josefa y Zenaida. — su esposa o otra hija Esperanza -------Filomeno-sus hijos-Zoraida, Neno, Raúl, Gilberto, Manolo, Lidia, Senaida y Raul. — su esposa — Aleja .

Florencio Librado García Melgar nació el 7 de noviembre de 1899 en Cuba- San Juan y Martínez. Bautizado-San Juan y Martinez en la iglesia-San Juan Bautista –libro-no-2-folio-249-acta-539 --- dia 1 de Enero de 1900 — pbro-D.Francisco Javier Grana y Berreiro — nacio el 7 de noviembre de 1899. padre –Domingo Garcia natural de Canarias — y Josefa Melgar natural de San juan - abuela paterna — Antonia Garcia ---- abuelos maternos — luis melgar y Panfila Rodriguez ---------padrinos — Ramon Villalta y Aurelia nunez .--------------- nota — contrajo matrimonio canonico con Maria Esperanza Castro y Urquiza el 30 de julio de 1928 en esta parroquia. — su abuelo materno D, luis melgar es natural de Málaga.

Heramnos de Vicente---

-------- Panfila García nació en Cuba. Murió a los 47 años. — 1902-1949.

-------- Carmelo García nació en Cuba. Murió en Estados Unidos.

Vic.ª Foranea de Pinar del Rio — Mayo 1.º de 1880 —

Diligencias matrimoniales de D.n Domingo Garcia Navarro y D.ª Josefa Longina Melgar

DIA 21 de Mayo DE 1880.

DILIGENCIAS MATRIMONIALES

De D. Domingo Garcia y D.ª Josefa Longina Melgar

DESPACHO AL PARROCO DE San Juan y Martinez —

Vicaria de Pinar del Rio —

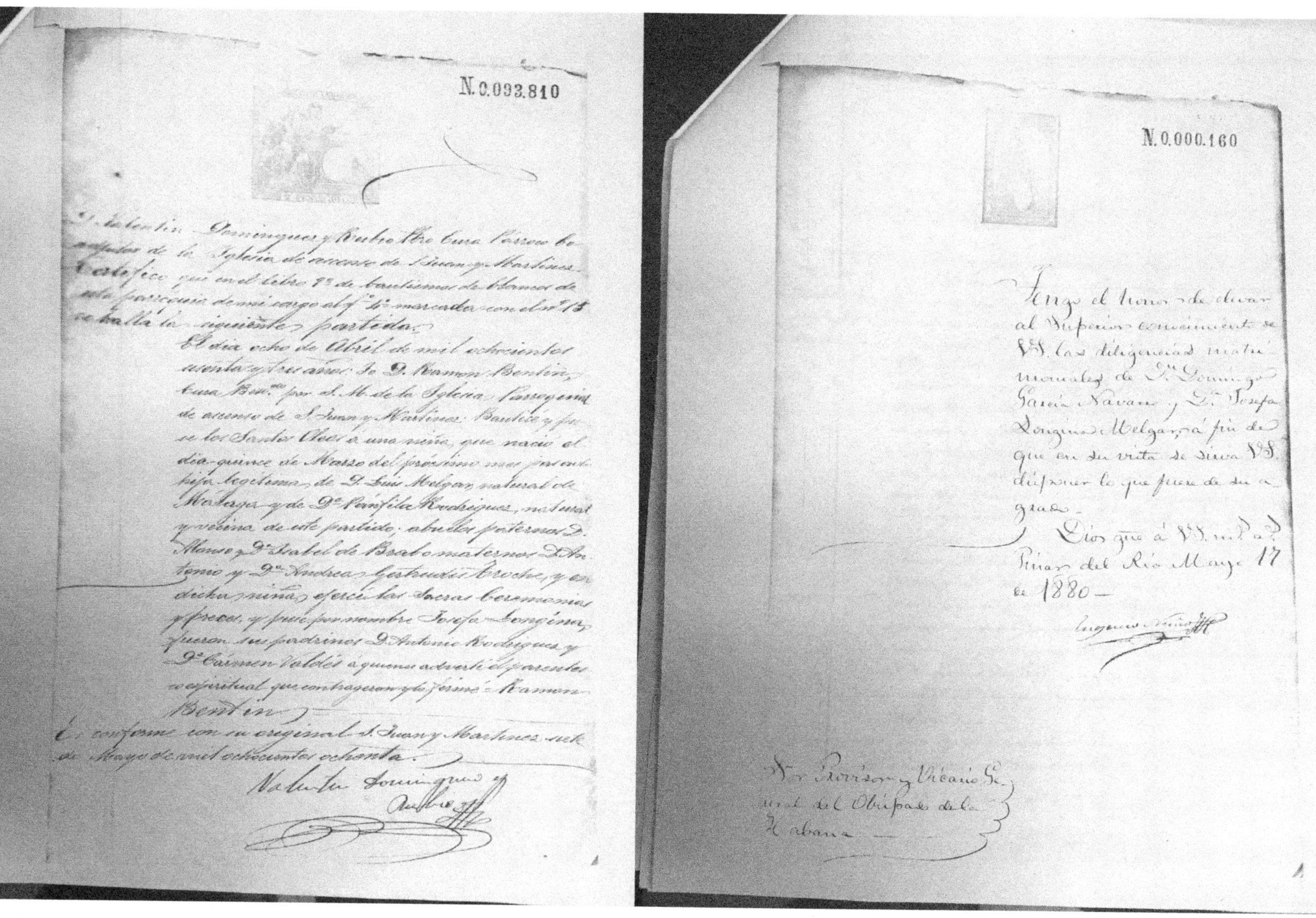

N. 0.093.810

D. Valentin Dominguez y Rubio Pbro Cura Parroco beneficiado de la Iglesia de ascenso de S. Juan y Martinez.

Certifico que en el libro 9.º de bautismos de blancos de esta parroquia de mi cargo al f.º 4 marcada con el n.º 15 se halla la siguiente partida.

El dia ocho de Abril de mil ochocientos sesenta y tres años: Yo D. Ramon Benitin, Cura Benef.do por S. M. de la Iglesia Parroquial de ascenso de S. Juan y Martinez. Bauticé y puse los Santos Oleos á una niña, que nació el dia quince de Marzo del próximo mes pasado, hija legitima de D. Luis Melgar, natural de Malaga y de D.ª Panfila Rodriguez, natural y vecina de este partido, abuelos paternos D. Alonso y D.ª Isabel de Brabo maternos D. Antonio y D.ª Andrea Gertrudis Troche, y en dicha niña ejercí las Sacras Ceremonias y preces, y puse por nombre Josefa Longina, fueron sus padrinos D. Antonio Rodriguez y D.ª Carmen Valdés á quienes advertí el parentesco espiritual que contrageron y lo firmé = Ramon Benitin.

Es conforme con su original. S. Juan y Martinez seis de Mayo de mil ochocientos ochenta.

Valentin Dominguez y Rubio

N. 0.000.160

Tengo el honor de elevar al Superior conocimiento de V.S. las diligencias matrimoniales de D.n Domingo García Navarro y D.ª Josefa Longina Melgar, á fin de que en su vista se sirva V.S. disponer lo que fuere de su agrado.

Dios gue. á V.S. m.s a.s Pinar del Rio Mayo 17 de 1880.

Eugenio Niño

Sr. Provisor y Vicario General del Obispado de la Habana.

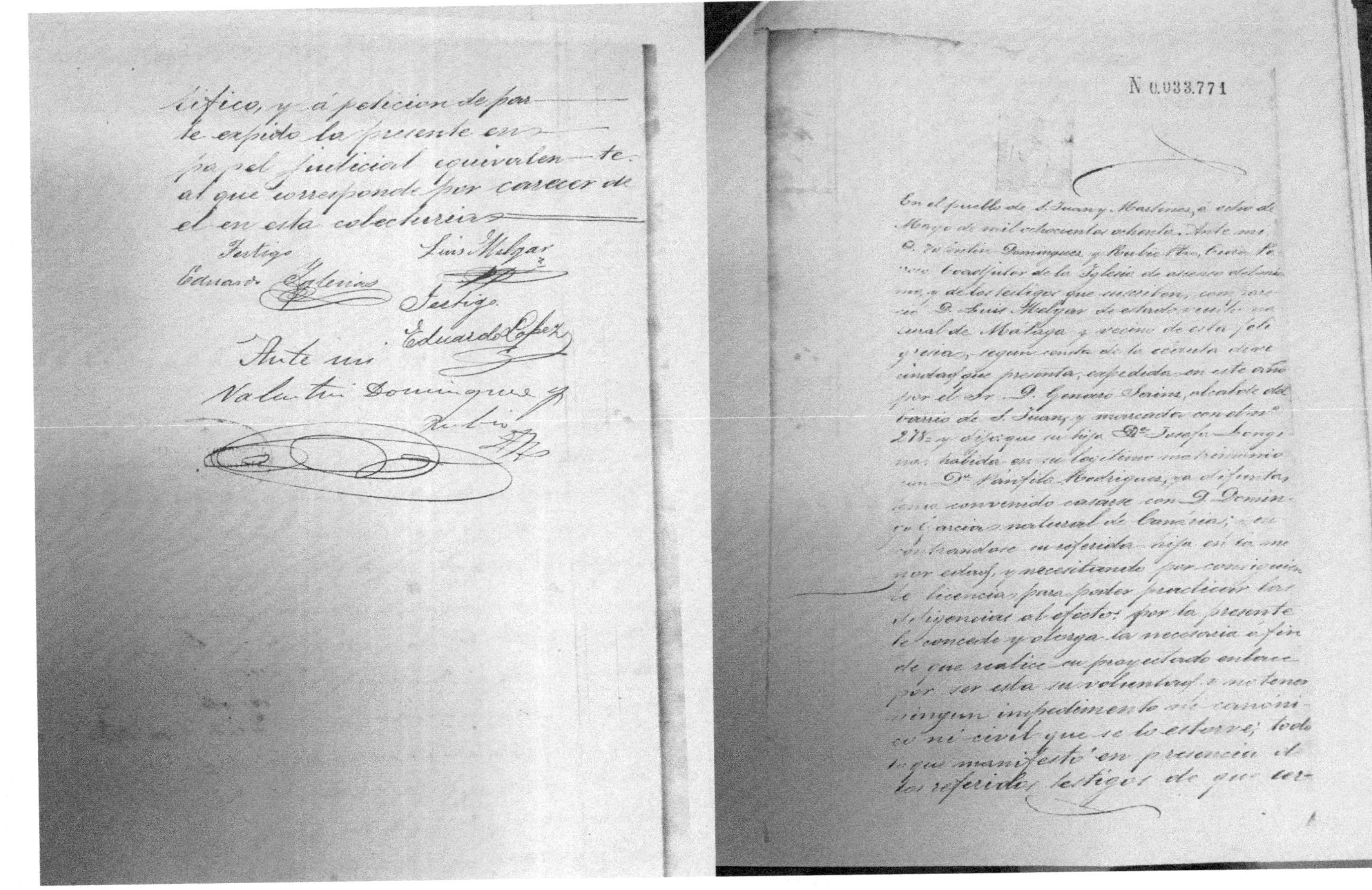

tifico, y á peticion de parte expido la presente en
papel judicial equivalen- te
al que corresponde por carecer de
el en esta colecturia

Testigo — Luis Melgar
Eduardo Iglesias
Testigo
Eduardo López

Ante mi
Valentin Dominguez y Rubio

N 0.033.771

En el pueblo de S. Juan y Martinez, á ocho de Mayo de mil ochocientos ochenta. Ante mi, D. Valentin Dominguez y Rubio Pbro, Cura Pa-rroco Coadjutor de la Iglesia de ascenso de esta villa, y de los testigos que suscriben, compareció D. Luis Melgar de estado viudo, natural de Málaga y vecino de esta feligresia, segun consta de la cédula de vecindad que presenta, expedida en este año por el Sr. D. Genaro Sainz, alcalde del barrio de S. Juan, y marcada con el nº 278= y dijo: que su hija Dª Josefa Longina, habida en su legítimo matrimonio con Dª Pánfila Rodriguez, ya difunta, tiene convenido casarse con D. Domingo Garcia, natural de Canarias; y encontrandose su referida hija aún menor de edad, y necesitando por consiguiente licencia para poder practicar las diligencias al efecto; por la presente le concede y otorga la necesaria á fin de que realice su proyectado enlace por ser esta su voluntad y no tener ningun impedimento ni canónico ni civil que se lo estorbe; todo lo que manifestó en presencia de los referidos testigos de que cer-

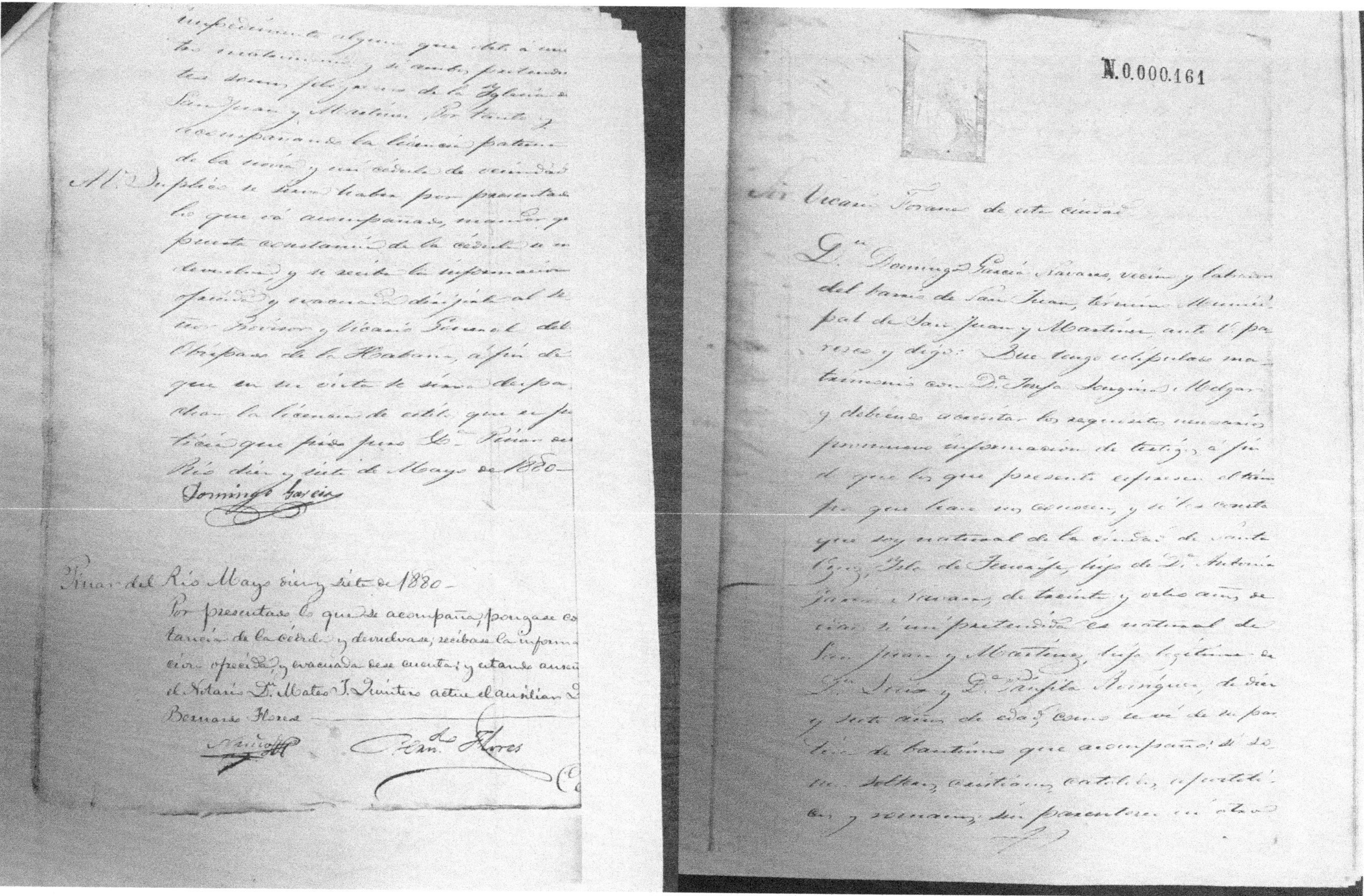

impedimento alguno que obste á nuestro matrimonio, y de ambos pretendientes somos feligreses de la Iglesia de San Juan y Martínez. Por tanto y acompañando la licencia paterna de la novia y mi cédula de vecindad

Al V. Suplico se sirva haber por presentado lo que va acompañado, mandar que se ponga constancia de la cédula y se devuelva, y se reciba la información ofrecida y evacuada dirigirla al Sr. Provisor y Vicario General del Obispado de la Habana, á fin de que en su vista se sirva despachar la licencia de estilo que es justicia que pido. Pinar del Río diez y siete de Mayo de 1880.

Domingo García

Pinar del Río Mayo diez y siete de 1880.

Por presentado lo que se acompaña, póngase constancia de la cédula y devuélvase; recíbase la información ofrecida, y evacuada dese cuenta; y estando ausente el Notario D. Mateo J. Quintero actúe el auxiliar D. Bernardo Flores

[illegible]   Bern.do Flores

N.0.000.161

Sr. Vicario Foráneo de esta ciudad

D. Domingo García Savane, vecino y labrador del barrio de San Juan, término Municipal de San Juan y Martínez, ante V. parezco y digo: Que tengo estipulado matrimonio con D.a Josefa Longino [illegible] Melgar y debiendo acreditar los requisitos necesarios promuevo información de testigos, á fin de que los que presente expresen el tiempo que hace me conocen, y si les consta que soy natural de la ciudad de Santa Cruz, Isla de Tenerife, hijo de D. Antonio [illegible] Savane, de treinta y ocho años de edad; mi pretendida es natural de San Juan y Martínez, hija legítima de D. [illegible] y D.a [illegible] Rodríguez, de diez y siete años de edad como se vé de su partida de bautismo que acompaño; de ser solteros, cristianos, católicos, apostólicos y romanos, sin parentesco ni otro

tificas que de la expta.
te aparece que le fué presentada por primera
te mes y año p. Dn. Genaro Sainz, alcalde
de barrio de Sn. Juan, y está marcada con el
número seiscientos ochenta de orden. En cum
plimiento de lo dispuesto pongo la presente y
devuelvo la cédula al interesado. Pinar del
Río, fha. ut supra.

Fern.do Flores

En Pinar del Río en diez y siete de Mayo de
mil ochocientos ochenta, ante el Señor Vicario y de
mí el Notario auxiliar compareció el pretendiente
de quien se recibió juramto. que hizo según derecho,
bajo el cual ofreció decir verdad, y examinado en
forma ordinaria dijo: Que se llama Dn. Domingo
García Navarro, según y como aparece del ex
pediente que precede, cuyo contenido es cierto y verdad
y explicados los impedimtos. para el matrimonio, se ra
tificó en su dicho. Que lo declarado es la verdad so
cargo en su juramto. se le leyó y conforme firmó con
el Señor Vicario doy fe.

Domingo García

Nuñez

Ante mí
Fern.do Flores

En Pinar del Río en diez y siete de Mayo de
mil ochocientos ochenta para la información matrimonial se presentó como testigo ante
el Señor Vicario y de mi el Notario auxiliar
a Dn. José Mendoza, natural de la Ciudad de
Santa Cruz, Isla de Tenerife vecino de Sn. Juan
labrador, soltero y mayor de edad a quien doy
fe conozco, y de quien se recibió juramento por Dios
según derecho, bajo de cuyo cargo ofreció decir verdad y
examinado al tenor del escrito que precede dijo:
Que hace mas de diez años conoce a los novios,
y por esta razón le consta que el contenido de dicho escrito es cierto y verdadero y explicándole
los impedimentos para el matrimonio se ratificó
en su dicho. Que lo declarado es la verdad so pre-
cidad en su juramento de la ley y conforme firma
con el Señor Vicario doy fe

Vicario [signature] José Mendoza

Ante mí
Hermdo. Flores

En Pinar del Río en diez y siete de Mayo
de mil ochocientos ochenta, para la misma información se presentó como testigo ante el Señor Vicario
y de mi el Notario auxiliar a Dn. Antonio Ma-
rín natural y vecino de este partido, labrador

Soltero y mayor de

y de quien se recibió j

derecho, bajo el cual

nas al tenor del cuen

hace tres años conoc

con la certeza que el

cierto y verdadero; y

para el matrimonio

lo declarado es la ver

de la ley, expresó esta

que dijo no saber es

cario doy fe

En Pinar del Río

mil ochocientos ochenta

ción, se presentó como

y de mí el Notario

mismo nombre, vecino de este partido, labrador, Casado y mayor de edad, á quien doy fe conozco, y de quien se recibió juramto que prestó segun derecho, bajo el cual ofreció decir verdad, y exa-minado al tenor del escrito que precede dijo: Que hace diez años conoce á los novios, y por es-ta razon le consta que el contenido de dicho es-crito es cierto y verdadero: y explicandole los im-pedimentos para el matrimonio se ratificó en su dicho. Que lo declarado es la verdad ofrecida en su juramento, se le leyó expresó estar con-forme, no firmó p. que dijo no saber escri-bir, hizolo el Señor Vicario doy fe ——

Nuño

Ante mi
Bernardo Flores

Pinar del Rio Mayo diez y siete de 1880-

Dirijanse estas diligencias al Señor Provisor y Vica-rio General del Obispado de la Habana, á fin de que en su vista se sirva disponer lo que fuere de su Sup. agrado ——

Eugenio Nuño

Bernardo Flores

Dos orbs. y quatro l. orn pagaron con diez fret. ps. en billetes del Banco español

Flores Ha

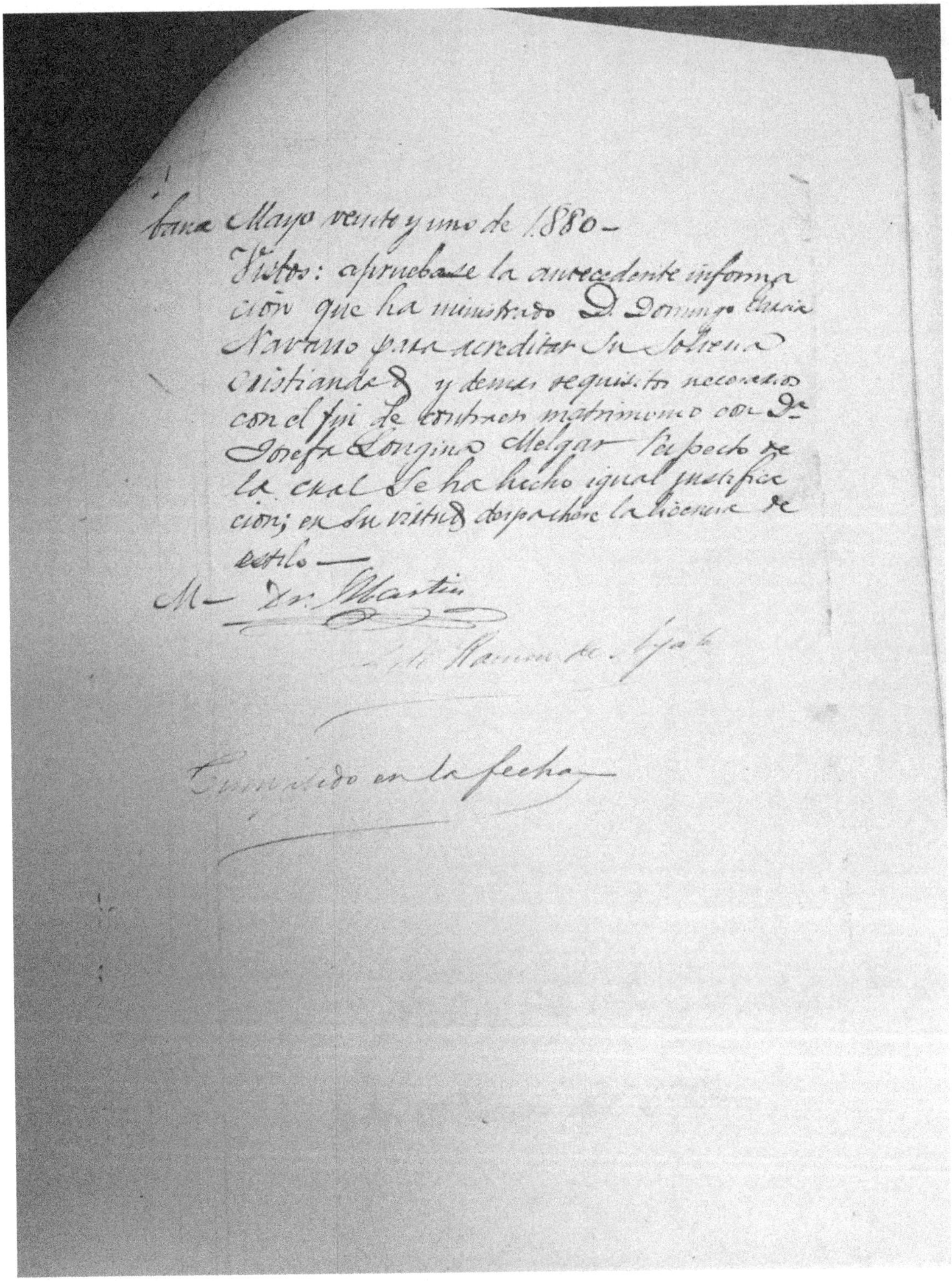

Habana Mayo veinte y uno de 1880 —
Vistos: apruébase la antecedente informa
ción que ha ministrado D. Domingo [illegible]
Navarro para acreditar su soltería
cristiandad y demas requisitos necesarios
con el fin de contraer matrimonio con Da.
Josefa Longino Melgar respecto de
la cual se ha hecho igual justifica
ción; en su virtud despáchese la licencia de
estilo —

M — Dr. Martin

[illegible] Ramon de Ayala

Cumplido en la fecha

6. **Luis Menendez** was born (nacio)about 1860 in Pinar del Rio,Cuba. He died in San Juan y Martinez. Cecilia Rodriguez and Luis Menendez were married (casaron)on 15 May 1884 in San Juan y Martinez.—vecinos de esta feligresa.

7. **Cecilia Rodriguez** was born (Nacio)about 1860 in San Juan y Martinez. She died in San Juan y Martinez. Cecilia I was told had to raise her kids mostly on her own.

Luis Menendez and Cecilia Rodriguez had the following child:

3 i. **Paula del Carmen Menendez Rodriguez**, (nacio)born 20 Jan 1893, San Luis,Pinar del Rio Cuba.

Fourth Generation

9. **Antonia Garcia Navarro** was born(nacio) in Jun 1807 in La Gomera- Vallehermoso- Ntra.Sra. de Candelaria. She was christened(bautisada) in Jun 1807 in La Gomera- Vallehermoso- Ntra.Sra. de Candelaria.
Bautismo de Antonia Navarro
En la iglesia parroquial de nuestra señora de Candelaria en este lugar de Chipude, isla de La Gomera, en el mes de junio de 1807, ignoran los días del nacimiento y bautismo, bautizo el Beneficiado cura que fue de dicha iglesia Don Alonso Fernández a una niña a quien puso por nombre Antonia María de las Mercedes, hija de Ambrosio Manuel Magdalena de la Barrera y García, por haber este reconociéndola por tal al tiempo de su bautismo y de Josefa Navarro. Nieta paterna de Diego Magdalena García y María de la Barrera. Abuelos maternos, José Navarro y Josefa Navarro. Fue su padrino Antonio Navarro. Todos naturales y vecinos de este referido lugar, según consta y declara y bastantemente de una información que tengotienda con tres testigos contestos por comiendo del Señor Beneficiado Vicario Juez .ende esta isla de cuyo mandato doy abierto a esta partida en este ante dicho lugar de Chipude a 10 de octubre de 1829 años. Todo lo que certifico y firmo. Juan de armas Manrique.
Libro 4 folio 126v de bautismos de chipude. Esta partida debería de estar en el libro 3 de bautismo en el cual se encuentra una nota al margen del folio 206v que nos lleva al libro 4.

Antonia Garcia Navarro had the following child:

4 i. **Domingo Garcia Navarro**,(nacio) born 8 Dec 1841, Santa Cruz de Tenerife; died(muere en) Cuba.

10. **Luis Melgar Bravo--(muere)** died in 1880 ? in Cuba- San Juan y Martinez. He was born(nacio en) in Malaga. Luis Melgar was born in Malaga and he came to Cuba at age 22 in 1850.He was baptized in La Iglesia de los Santos Martires ,Ciriaco y Paula in Malaga,Spain in 1828.He got married in 1855 when he was 27 years old.---there is a Luis Melgar Bravo in the year 1855 in an index of the archives of Segovia (un expediente –a file) –it is likely him and that should be his marriage file. Perhaps in the future I can proceed with this line.
Expediente
2 de Julio de 1855 en San Juan y Martinez
Luis Melgar con Maria del Rosario Panfila Rodriguez--Luis Melgar –natural de Malaga de 27 anos
Hijo de Alonso Melgar y Isabel de Bravo
Bautizado—en el 1828 en la Iglesia de los Santos Martires Ciriaco y Paula—
Esta en Cuba hace 5 anos

L7-F3-#84 Maria del Rosario Panfila Rodriguez ,inscrita el 6 de febrero de 1851----nacio— 1834.
Padres –Antonio Jose Jorge Rodriguez y Maria Gertrudis Troche
Ab-pat-Andres Rodriguez e Ines Blanco—
Ab-mat- Jose Troche y Josefa Ramos
Padrinos—Domingo Troche e Ines Blanco.

---

11. **Panfila"maria del rosario" Rodriguez** died after 1880 in Cuba-?- San Juan y Martinez. She was born in Cuba- San Juan y Martinez. Godparents appear as Domingo Troche and Ines Blanco.

Luis Melgar Bravo and Panfila"maria del rosario" Rodriguez had the following child:
Note---1896 a reinscription from a granddaughter of Luis and Panfila –she was the daughter of Hermidio Melgar—their son.---

5 i. **Josefa "Pepilla" Melgar Longina**, --nacio--born 15 Mar 1863, Cuba- San Juan y Martinez.

12. **Luis Menendez Gonzalez** was born(nacio alrededor de) about 1823 in Ciudad de Oviedo,Asturias,Espana. Luis arrived in Cuba in 1842 and he was about 19-20 years old.He was 26 when he got married in 1849.He worked as an escogedor de Tabacos. Lutgarda de los Santos Mateu Casas and Luis Menendez Gonzalez were married in 1849 in Cuba.

13. **Lutgarda de los Santos Mateu Casas** was born(nacio)on 1 Sep 1829 in Habana,Cuba. Lutgarda was baptized in La Iglesia de Jesus Maria December 1 ,1829.Her godfather was Francisco de Casas .

Luis Menendez Gonzalez and Lutgarda de los Santos Mateu Casas had the following child:

6 i. **Luis Menendez**, born (nacio abt)abt 1860, Pinar del Rio,Cuba; died San Juan y Martinez.

14. **Filomeno Rodriguez** was born (nacio)abt 1830-40s in Bejucal,Habana. I found a baptism for a Filomeno en Quivican,Habana.Bejucal at the time of his birth or so used to be part of Quivican since Bejucal was not founded until later .The Baptism lists Rafael Filomeno as being born in Quivican in July 5,1843.Baptized July 13 ,1843.His parents were Don Esteban Andres Rodriguez (natural de San Pedro de Quivican) and Maria Ines Castaneda (natural de Wajay)Both residents of San Pedro de Quivican.Godfather was D.Angel Tejada.Paternal grandparents were D.Eduardo Rodriguez and Dona Maria Micaela Rodriguez.Maternal grandparents were Don Jose Juan Castaneda and Dona Marcelina Carillo.Book no.8(blancos) folio 46,no.166.----This could be him but I have not been able to prove it for sure yet.

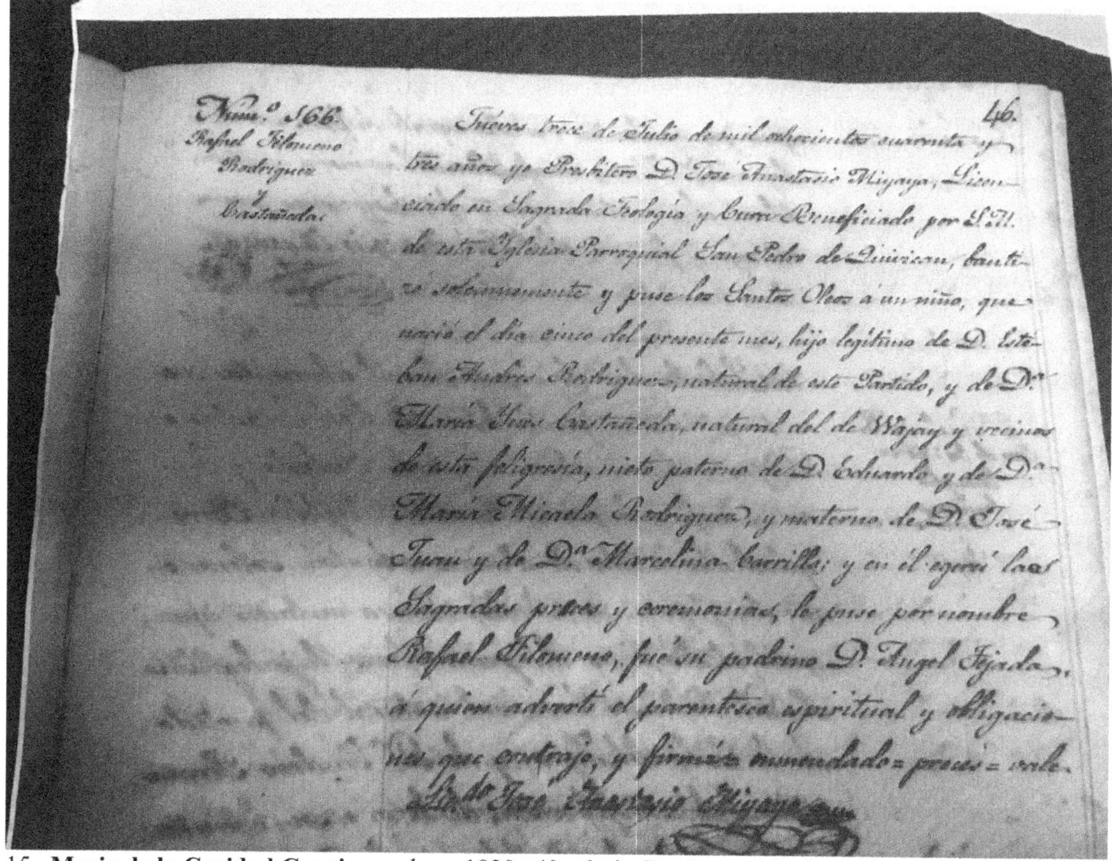

Num.º 166. Rafael Filomeno Rodriguez Castañeda

46.

Jueves trece de Julio de mil ochocientos cuarenta y tres años yo Presbítero D. José Anastasio Mijaya, Licenciado en Sagrada Teología y Cura Beneficiado por S.M. de esta Iglesia Parroquial San Pedro de Quivicán, bauticé solemnemente y puse los Santos Oleos a un niño, que nació el día cinco del presente mes, hijo legítimo de D. Esteban Andrés Rodríguez, natural de este Partido, y de Dª María Josefa Castañeda, natural del de Wajay y vecinos de esta feligresía, nieto paterno de D. Eduardo y de Dª María Micaela Rodríguez, y materno de D. José Juan y de Dª Marcelina Carrillo; y en él ejercí las sagradas preces y ceremonias, le puse por nombre Rafael Filomeno, fue su padrino D. Angel Tejeda, a quien advertí el parentesco espiritual y obligaciones que contrajo, y firmé. enmendado = preces = vale.

Ldo. José Anastasio Mijaya

15. **Maria de la Caridad Cancio** was born 1830s-40s abt in San Juan y Martinez,Pinar del rio ,Cuba.

Filomeno Rodriguez and Maria de la Caridad Cancio had the following child:

7 i. **Cecilia Rodriguez**, born abt 1860, San Juan y Martinez; died San Juan y Martinez.

Fifth Generation

18. **Ambrosio Garcia** was born(nacio) in Aug 1779 in La Gomera- Vallehermoso- Ntra.Sra. de Candelaria. He was christened on 7 Aug 1779 in La Gomera- Vallehermoso- Ntra.Sra. de Candelaria. Matrimonio de Ambrosio García con Josefa Navarro
El nueve días del mes de septiembre de 1808 años, y veló Don Antonio Fernández, difunto, beneficiado cura que fue de esta iglesia parroquial de Nuestra Señora de Candelaria en este lugar de Chipude en La Gomera a Ambrosio García, hijo legítimo de Diego García y María de la Barrera, difuntos, con Josefa Navarro, hija legítima de José Navarro, difunto, y Josefa Navarro, naturales y vecinos de este lugar. Fucron dispensados en tercer y cuarto grados de consanguinidad, según se acredita por la información que al folio 14 y su vuelta de expediente que tengo formado por del Ilustrísimo Señor Dona Luis ….dignísimo obispo de esta..de sus ministros como consta al folio 88 y otro de este libro y dedato del dicho Ilustrísimo Señor , doy asiento de esta partida que firmo en este ante dicho lugar a diez de junio de 1834.
Libro 2 folio 96v de matrimonios de Nuestra Señora de Candelaria, Chipude- Vallehermoso, La Gomera.

El aparece en el bautismo de su hija antonia como Ambrosio Manuel Magdalena de la Barrera y Garcia.

Bautismo de Ambrosio García
En la iglesia parroquial de Nuestra Señora de Candelaria de este lugar de Chipude, isla de La Gomera, a X del mes de agosto de 1779, yo don Ignacio …presbítero, …dicha parroquia, bauticé….el santo oleo,…a un niño que

dije que nació el día 7 de dicho mes y año. Al cual puse por nombre Ambrosio Manuel del Rosario, hijo legítimo de Diego García Navarrete y de su legítima mujer María del Rosario de la Barrera. Nieto paterno de Diego García de la Paz y de Magdalena Navarrete, y maternos, Ambrosio Barrera y de María de la Concepción Chinea. Fue su padrino, …Padrón, según advertí espiritual y son los dos vecinos de este lugar.
Libro 2 folio 199 de bautismos de Nuestra Señora de Candelaria en Chipude, Vallehermoso, La Gomera.
Josefa Navarro and Ambrosio Garcia were married on 9 Sep 1808 in La Gomera- Vallehermoso- Ntra.Sra. de Candelaria.

19. **Josefa Navarro** was born (nacio)in 1789 in La Gomera- Vallehermoso. She was christened in La Gomera-Vallehermoso.

Ambrosio Garcia and Josefa Navarro had the following child:

9 i. **Antonia Garcia Navarro**, born Jun 1807, La Gomera- Vallehermoso- Ntra.Sra. de Candelaria.

20. **Alonso Melgar** was born (nacio en)in Malaga.

21. **Isabel de Bravo** was born(nacio en) in Malaga.

Alonso Melgar and Isabel de Bravo had the following child:

10 i. **Luis Melgar Bravo**, born(nacio en) Malaga; died 1880 ?, Cuba- San Juan y Martinez.

22. **Antonio Rodriguez** was born(nacio) in Cuba- San Juan y Martinez. Antonio Jose Jorge Rodriguez.

23. **Andrea Gertrudis Troche** was born(nacio) in Cuba- San Juan y Martinez. Andrea Maria Gertrudis Troche.

Antonio Rodriguez and Andrea Gertrudis Troche had the following child:

11 i. **Panfila"maria del rosario" Rodriguez**, born(nacio) Cuba- San Juan y Martinez; died aft 1880 ?, Cuba- San Juan y Martinez.

24. **Francisco Menendez** was (nacio)born in Spain. Teresa Gonzalez del Valle and Francisco Menendez were married about 1820.

25. **Teresa Gonzalez del Valle** was (nacio)born in Spain.

Francisco Menendez and Teresa Gonzalez del Valle had the following child:

12 i. **Luis Menendez Gonzalez**, born (nacio)abt 1823, Ciudad de Oviedo,Asturias,Espana.

ARCHIVO DIOCESANO DE OVIEDO

Búsqueda del bautismo de Luis Menéndez, hijo de Francisco Menéndez y Teresa González del Valle, en la ciudad de Oviedo hacia 1823.

Parroquias consultadas:

1. 39.15.6. Oviedo, San Tirso, Bautismos, 1804-1838. Tiene índice manuscrito. Consultados también los matrimonios (39.15.15, 1763-1822).
2. 39.18.3-4. Oviedo, Santa María la Real de Corte, 1803-1830. Tiene índice. Consultados también los matrimonios (39.18.17, 1807-1847).
3. 39.20.3. San Pedro de los Arcos, 1805-1831. Tiene índice.
4. 39.19.4. San Julián de los Prados, 1821-1842.
5. 39.1.2. Santiago de Agüeria, 1763-1824.
6. 39.3.3. San Julián de Box, 1800-1864.
7. 39.4.3. San Juan de Caces, 1784-1830.
8. 39.4a.1bis. San Pelayo de Puerto, 1783-1849. En el folio 157 aparece el bautismo de Luis Menéndez, hijo de Julián Menéndez e Ignacia Muñiz, y nieto de Francisco Menéndez y Javiera Álvarez. ¿Quizá sea pariente de nuestro Luis Menéndez? Luis es un nombre poco común en todos los libros consultados por lo que la repetición de los nombres familiares (Luis y Francisco) me hace pensar que quizá fuesen primos.
9. 39.5.4. Santa Eulalia de Colloto, 1806-1849.
10. 39.7.2. San Pedro de Ferreras, 1792-1857.
11. 39.7a.3. San Martín de Pereda, 1797-1859.
12. 39.8.3. Santo Tomás de Latores, 1808-1862. Tiene índice mecanografiado. Todos los Menéndez bautizados son hijos del mismo matrimonio, Francisco Menéndez e Isabel Suárez.
13. 39.9.5. Santa María de Limanes, 1814-1860.

Parroquias cuyos libros sacramentales comienzan más tarde, hay saltos o no se pueden consultar:

1. San Juan de Priorio. Bautismos desde 1861.
2. Santa María de Bendones. Bautismos desde 1853.
3. Santa Esteban de las Cruces. Bautismos desde 1851.
4. Santa María del Naranco. Los bautismos saltan de 1812 a 1858.
5. San Pelayo de Olloniego. Los bautismos saltan de 1773 a 1834.
6. Santiago de Manjoya. Los bautismos saltan de 1777 a 1853. Aunque el inventario dice que libros pendientes de catalogación, se confirma que no hay más libros de bautismos.

Parroquias cuyos archivos parroquiales se conservan en sus respectivas parroquias:

1. San Isidoro de Oviedo.
2. San Juan de Oviedo.
3. San Claudio.
4. San Miguel de Liño.
5. Santa María de Loriana.
6. Santa Eulalia de Manzaneda.

Parroquias cuyos libros se han perdido; no se conservan ni en sus parroquias ni en el Archivo Diocesano, independientemente de la creación de las mismas y las fechas sus libros sacramentales:

1. Santa Marina de Piedramuelle.
2. San Esteban de Sograndio.
3. San Tirso de los Godos.
4. San Pedro de Nava.
5. San Cipriano de Pando.

Gracias a Fernando Hidalgio Lerdo de Tejada

26. **Juan Mateu** was(nacio) born in 1798 in Barcelona,Cataluna,Spain. He was 25 when he married and he had been in Cuba for six or seven years. he arrived in Cuba in 1816-17. Rosa Casas and Juan Mateu were married in

May 1823 at Iglesia de la Guadalupe in Habana,Cuba.

27. **Rosa Casas** was born9Nacio) in Habana,Cuba.

Juan Mateu and Rosa Casas had the following child:

13 i. **Lutgarda de los Santos Mateu Casas**, born(nacio) 1 Sep 1829, Habana,Cuba.

Sixth Generation

36. **Diego Magdalena Garcia Navarrete (de la paz)** was (nacio)born in 1759 in La Gomera- Vallehermoso- Ntra.Sra. de Candelaria. El caso como Diego Garcia de la Paz.
en el libro 2 de bautismos de chipude no esta.(Nuestra señora de Candelaria). (1751-1789)

Matrimonio de Diego García con María de la Barreda
En el lugar de Nuestra Señora de Candelaria de dicho lugar de Chipude el teniente de cura de esta dicha iglesia, vele in facie cecleve y según lo dispuesto por el santo concilio de Trento y habiendo precedido las amonestaciones y no resultando impedimento que haya llegado.en 21 de octubre de 1776 años a Diego García de la Paz, hijo legitimo de Diego García de la Paz y de su legitima mujer Magdalena Navarrete, con María del Rosario, hija legitima de Ambrosio de la Barrera y de su mujer Maria de la Concepción Chinea y los. fueron examinados en la doctrina cristina y puestos en la confesión y comunión. Siendo testigos Manuel Cabeza Padrón, Domingo de la Barrera y muchos que se hallaron presentes y sentados en este lugar y en fe de verdad lo firme. Sebastián..
Libro 1, folio (no lo pone) de matrimonios Nuestra Señora de Candelaria en Chipude en Vallehermoso, La Gomera.
Maria del Rosario de la Barrera and Diego Magdalena Garcia Navarrete (de la paz) were married on 21 Oct 1776 in La Gomera- Vallehermoso- Chipude.

37. **Maria del Rosario de la Barrera** was (nacio)born in 1759 in La Gomera- Vallehermoso- Ntra.Sra. de Candelaria.

Diego Magdalena Garcia Navarrete (de la paz) and Maria del Rosario de la Barrera had the following child:

18 i. **Ambrosio Garcia**, born (nacio)Aug 1779, La Gomera- Vallehermoso- Ntra.Sra. de Candelaria.

38. **Jose Navarro** was born(nacio) in 1763 in La Gomera- Vallehermoso- Ntra.Sra. de Candelaria.

39. **Josefa Navarro** died(muere) in 1834 ?. She was born in La Gomera- Vallehermoso- Ntra.Sra. de Candelaria.

Jose Navarro and Josefa Navarro had the following children:

i. **Jose de la Caridad Navarro** was born (nacio)on 26 May 1783 in La Gomera- Vallehermoso. He was christened on 3 Jun 1783 in La Gomera- Vallehermoso. Bautismo de un hermano de Josefa Navarro
El 3 días del mes de junio de 1783 .beneficiado cura de la parroquia de nuestra señora de Candelaria de este lugar de Chipude, bautice solemnemente a un niño que dicen nació a 26 de mayo de este presente año y le puse José de la Caridad, hijo legitimo de José Navarro y Josefa Navarro. Nieto paterno de Salvador Navarro y María Sebastiana. Maternos, Vicente

Navarro y Josefa Oropesa. Fue su madrina Merencia Francisca, hija de los abuelos paternos, a quien advierte se obligay cognación espiritual. Todos vecinos que son y fueren de este dicho lugar y los abuelos maternos de Agulo. Doy fe de lo cual lo firmo: Ignacio Marechal y Salazar.
Libro 2, folio ¿? de bautismos de Nuestra Señora de Candelaria en Chipude, Vallehermoso en La Gomera.

19 ii. **Josefa Navarro**, born (nacio)1789, La Gomera- Vallehermoso.

44. **Andres Rodriguez** was born (nacio)about 1780. Ines Blanco and Andres Rodriguez were married about 1810.

45. **Ines Blanco** was born (nacio)about 1780.

Andres Rodriguez and Ines Blanco had the following child:

22 i. **Antonio Rodriguez**, born (nacio)Cuba- San Juan y Martinez.

46. **Jose Troche** was born(nacio)about 1780. Josefa Ramon and Jose Troche were married about 1810.

47. **Josefa Ramon** was born(nacio) about 1780.

Jose Troche and Josefa Ramon had the following child:

23 i. **Andrea Gertrudis Troche**, born(nacio) Cuba- San Juan y Martinez.

52. **Antonio Mateu** was born(nacio) (date unknown). Rosa Cendras or Sendras and Antonio Mateu were married about 1795–1800.

53. **Rosa Cendras or Sendras** was (nacio)born (date unknown).

Antonio Mateu and Rosa Cendras or Sendras had the following child:

26 i. **Juan Mateu**, born (nacio)1798, Barcelona,Cataluna,Spain.

54. **Francisco de Casas** was(nacio) born (date unknown). Manuela Rivera and Francisco de Casas were married about 1795–1800.

55. **Manuela Rivera** was born(nacio) (date unknown).

Francisco de Casas and Manuela Rivera had the following child:

27 i. **Rosa Casas**, born Habana,Cuba.

Seventh Generation

72. **Diego Garcia de la Paz (Magdaleno)** was (nacio)born in 1716 in La Gomera- Vallehermoso- Ntra.Sra. de Candelaria. Matrimonio de Diego García con Magdalena Navarrete.
El veinte de agosto de este año de 1736 años, yo Domingodina, cura de esta Parroquia de Nuestra Señora de Candelaria de este lugar de Chipude, case y vele a Diego García de la Paz, hijo legitimo de Mateo García y de su mujer, Magdalena ¿Pta?, con Magdalena Navarrete del Castillo, hija legitima de Vicente Navarrete y de su legitima mujer María Magdalena ¿haras? y Chinea, todos naturales de este dicho lugar y el Vicente Navarrete, natural de la isla. .. en Santiago, habiendo precedido las tres administraciones siendoimpedimento alguno fuera de el dispensado por el Provisor Manuel Dávila y Cárdenas que fueron testigos Luis de Mendoza, Francisco Morales, Francisco García y otros y lo firme. Libro 1 folio ¿? de matrimonios de Nuestra Señora de Candelaria en Vallehermoso, La Gomera.
Magdalena Navarrete del Castillo (Navarro) and Diego Garcia de la Paz (Magdaleno) were married on 20 Aug 1736 in La Gomera- Vallehermoso- Ntra. Sra. de Candelaria.

73. **Magdalena Navarrete del Castillo (Navarro)** (nacio)was born in 1716 in La Gomera- Vallehermoso- Ntra.Sra. de Candelaria.

Diego Garcia de la Paz (Magdaleno) and Magdalena Navarrete del Castillo (Navarro) had the following children:

i. **Manuel Garcia de la Paz** was (nacio)born 21-3-1752 (L.2 F.4v) in La Gomera- Vallehermoso- Ntra.Sra. de Candelaria. Pone algo de agulo.

36 ii. **Diego Magdalena Garcia Navarrete (de la paz)**, born(nacio) 1759, La Gomera- Vallehermoso- Ntra.Sra. de Candelaria;

74. **Ambrosio de la Barrera Coello** was born(nacio) in 1726 in La Gomera- Vallehermoso- Ntra.Sra. de Candelaria. Matrimonio de Ambrosio de la Barrera con Maria de la Concepcion

En 2 de enero de 1746, yo Jose Fernandez Prieto, Teniente cura de esta parroquia case y di las manos a Ambrosio de la Barrera Coello, hijo de Domingo de la Barrera y Francisca Coello de la Paz, ya difunta, con Maria de la Concepcion, hija de Juan de Chinea y Maria de la Concepcion, vecinos que son y fueron de este lugar. Padrinos; ilegible.

Libro 1, folio ¿? de matrimonios de Nuestra Señora de Candelaria en Chipude en Vallehermoso, La Gomera.
Maria de la Concepcion Chinea and Ambrosio de la Barrera Coello were married on 2 Jan 1746 in La Gomera- Vallehermoso- Chipude.

75. **Maria de la Concepcion Chinea** was(nacio) born in 1726 in La Gomera- Vallehermoso- Ntra.Sra. de Candelaria.

Ambrosio de la Barrera Coello and Maria de la Concepcion Chinea had the following children:

i. **Matias de la Barrera** was (nacio)born 1753 (L.2 F.9v) in La Gomera- Vallehermoso- Ntra.Sra. de Candelaria.

37 ii. **Maria del Rosario de la Barrera**, (Nacio)born 1759, La Gomera- Vallehermoso- Ntra.Sra. de Candelaria.

76. **Salvador Navarro del Castillo** was born (nacio)in 1717 in La Gomera- Chipude. Matrimonio de Salvador Navarrete con María Sebastiana
En 27 de julio de 1737 años, yo Domingo cura de esta Parroquial de Nuestra Señora de Candelaria de este lugar

de Chipude, casé a Salvador Navarrete de el Castillo, hijo legitimo de Pablo Jacinto.de la Villa de Santiago en Tenerife y de su legítima mujer Marcelina de.de esta dicho lugar y todos vecinos de él, con María Sebastiana Hernández, hija del sargento Domingo Hernández Magdaleno, ya difunto, y de su legítima mujer.diana, todos vecinos y naturales de Chipude. Testigos el alcalde y Diego García de la Paz. Libro 1 folio ¿? De matrimonios de Nuestra Señora de Candelaria en Vallehermoso, La Gomera. El microfilm está en muy mal estado al igual que el libro, por lo que hay muchas palabras que no se pueden leer.
Maria Sebastiana Hernandez and Salvador Navarro del Castillo were married on 27 Jul 1737 in La Gomera- Vallehermoso- Ntra. Sra. de Candelaria.

77. **Maria Sebastiana Hernandez** was (nacio)born in 1717 in La Gomera- Chipude.

Salvador Navarro del Castillo and Maria Sebastiana Hernandez had the following children:

38 i. **Jose Navarro**, born(nacio) 1763, La Gomera- Vallehermoso- Ntra.Sra. de Candelaria.
ii. **Merenciana Francisca Navarro** (muere)died in 1783. She was born in La Gomera- Vallehermoso.

78. **Vicente Antonio Navarro (Navarrete)** was born(nacio) in 1730 in La Gomera- Chipude. Matrimonio de Vicente Navarro con Josefa Oropesa
El 13 de septiembre de 1750 case a Vicente Antonio Navarrete, hijo de Vicente Navarrete y María Niebla, naturales de Chipude, con Josefa María Oropesa Trujillo, hija de Bernabé Antonio Oropesa y María Trujillo Castillo.
Libro 1 folio 44 de matrimonios de Agulo, La Gomera.
Josefa Maria Oropesa Trujillo and Vicente Antonio Navarro (Navarrete) were married on 13 Sep 1750 in La Gomera- Agulo.

79. **Josefa Maria Oropesa Trujillo** was born(nacio) in 1730 in La Gomera- Agulo.

Vicente Antonio Navarro (Navarrete) and Josefa Maria Oropesa Trujillo had the following child:

39 i. **Josefa Navarro**, born(nacio) La Gomera- Vallehermoso- Ntra.Sra. de Candelaria.

Eighth Generation

144. **Mateo Garcia** was born(nacio) in La Gomera- Vallehermoso- Ntra. Sra. de Candelaria.

145. **Magdalena ¿?** was born (nacio)in La Gomera- Vallehermoso- Ntra. Sra. de Candelaria.

Mateo Garcia and Magdalena ¿? had the following child:

72 i. **Diego Garcia de la Paz (Magdaleno)**,(nacio) born 1716, La Gomera- Vallehermoso- Ntra.Sra. de Candelaria.

146. **Vicente Navarrete** was(nacio) born in Tenerife- Valle de Santiago.

147. **Maria Magdalena ¿Haras? Chinea** was(nacio) born in La Gomera- Vallehermoso- Ntra. Sra. de Candelaria.

Vicente Navarrete and Maria Magdalena ¿Haras? Chinea had the following child:

73 i. **Magdalena Navarrete del Castillo (Navarro)**, (nacio)born 1716, La Gomera- Vallehermoso- Ntra.Sra. de Candelaria.

148. **Domingo de la Barrera** was born(nacio0 in La Gomera- Vallehermoso- Chipude.

149. **Francisca Coello de la Paz** . She was born in La Gomera- Vallehermoso- Chipude.

Domingo de la Barrera and Francisca Coello de la Paz had the following child:

74 i. **Ambrosio de la Barrera Coello**, born (nacio)1726, La Gomera- Vallehermoso- Ntra.Sra. de Candelaria.

150. **Juan de Chinea** was born (nacio)in La Gomera- Vallehermoso- Chipude.

151. **Maria de la Concepcion** was (nacio)born in La Gomera- Vallehermoso- Chipude.

Matrimonio de Juan de Chinea con María de la concepción

El seis de noviembre de 1713 años, yo Doménigo Manrique cura de la parroquial de nuestra señora de Candelaria, casé a Juan de Chinea con María de la Concepción, hijo legitimo el dicho de Juan de Chinea Medina y María de la Concepción Barrios, vecinos de este lugar y la dicha del sargento Antonio González Melo y María de la Concepción, su legitima mujer y muy de haber sucedido por sus amonestaciones que dispone el derecho y no haber resultando impedimento alguno de que fueron María Francisca de Morales y Bartolomé Rodríguez Paz , Leonor Rodríguez, Diego González …que se hallaron presentes todos. Libro 1, folio ¿? De matrimonios de la Iglesia de Nuestra Señora de Candelaria en Vallehermoso, La Gomera.

Matrimonio de Vicente Navarrete con María Magdalena

El 17 de septiembre de 1703 años yo el licenciado Felipe de…lector de filosofía con licencia del venerable cura de esta parroquial de nuestra señora de Candelaria de este lugar de Chipude case a Vicente Navarrete del Castillo, vecino de Tenerife y asistente..del valle de umchegijo con María magdalena, vecina de este lugar de Chipude, habiéndose amonestado en la isla de Tenerife en la villa de Santiago en tres días festivos como lo dispone el santo concilio….de la villa de Santiago e licenciado…González de Jesús, su fecha en veinticuatro de agosto de setecientos y tres……..(la letra es muy pequeña y no se entiende)……siendo testigos que se hallaron en las…..padrinos, Mateo González y Lázaro de Nieblas. Libro 1 folio ¿? De matrimonios de Chipude, La Gomera.

Juan de Chinea and Maria de la Concepcion had the following child:

75 i. **Maria de la Concepcion Chinea**, born(nacio) 1726, La Gomera- Vallehermoso- Ntra.Sra. de Candelaria.

152. **Pablo Jacinto** was born (nacio)in Tenerife- Valle de Santiago. - Vallehermoso- Ntra. Sra. de Candelaria.

153. **Marcelina** was born in La Gomera- Vallehermoso- Ntra. Sra. de Candelaria. .

Pablo Jacinto and Marcelina had the following child:

76 i. **Salvador Navarro del Castillo**, born(nacio0 1717, La Gomera- Chipude.

154. **Sargento Domingo Hernandez Magdaleno** . He was born in La Gomera- Vallehermoso- Ntra. Sra. de Candelaria.

155. **xxxx diana** was born in La Gomera- Vallehermoso- Ntra. Sra. de Candelaria. .

Domingo Hernandez Magdaleno and xxxx diana had the following child:

77 i. **Maria Sebastiana Hernandez**, born (nacio)1717, La Gomera- Chipude.

156. **Vicente Navarrete** was(nacio) born in La Gomera- Chipude.

157. **Maria Niebla** was (nacio)born in La Gomera- Chipude.

Vicente Navarrete and Maria Niebla had the following child:

78 i. **Vicente Antonio Navarro (Navarrete)**, born (nacio)1730, La Gomera- Chipude.

158. **Bernabe Antonio Oropesa** was born(nacio) in La Gomera- Agulo.

159. **Maria Trujillo Castillo** was born(nacio) in La Gomera- Agulo.

Bernabe Antonio Oropesa and Maria Trujillo Castillo had the following child:

79 i. **Josefa Maria Oropesa Trujillo**, born (nacio)1730, La Gomera- Agulo.

Informe Genealógico De

DOMINGO GARCIA NAVARRO

1. ASCENDENCIA MATERNA

- **Antonia Garcia Navarro[14]**
  - Ambrosio Garcia[15]
    - Diego Magdalena Garcia Navarrete (de la paz)[18]
      - Diego Garcia de la Paz (Magdaleno)[25]
        - Mateo Garcia[33]
        - Magdalena ¿?[34]
      - Magdalena Navarrete del Castillo (Navarro)[26]
        - Vicente Navarrete[35]
        - Maria Magdalena ¿Jaras? Chinea[36]
    - Maria del Rosario de la Barrera[19]
      - Ambrosio de la Barrera Coello[27]
        - Domingo de la Barrera[37]
        - Francisca Coello de la Paz[38]
      - Maria de la Concepcion Chinea[28]
        - Juan de Chinea[39]
        - Maria de la Concepcion Desconocido[40]
  - Josefa Navarro[16]
    - Jose Navarro[20]
      - Salvador Navarro del Castillo[29]
        - Pablo Jacinto Desconocido[41]
        - Marcelina Desconocido[42]
      - Maria Sebastiana Hernandez[30]
        - Domingo Hernandez Magdaleno[43]
        - xxxx diana Desconocido[44]
    - Josefa Navarro[21]
      - Vicente Antonio Navarro (Navarrete)[31]
        - Vicente Navarrete[35]
        - Maria de Niebla[45]
      - Josefa Maria Oropesa Trujillo[32]
        - Bernabe Antonio Oropesa[47]
        - Maria Trujillo Castillo[48]

Misma Generación

12. DOMINGO GARCIA NAVARRO (La persona protagonista de este informe) nació el 8 de diciembre de 1841, en Santa Cruz de Tenerife, hijo de Antonia Garcia Navarro[14]. Fue bautizado el 9 de diciembre de 1841, en Santa Cruz de Tenerife. Domingo murió en Cuba.
Nota:

Bautismo de Domingo Garcia Navarro

El 12 de septiembre de 1841 bautice a Domingo de la Concepcion del Santisimo Sacramento, que nacio el 8 del corriente. Hijo natural de Antonia Garcia Navarro, natural de la Villa de La Gomera. Abuelos maternos, Ambrosio Garcia y Josefa Navarro. Fue su madrina Maria de la Concepcion del Castillo, natural de esta capital y aquellos tambien de La Gomera.

Libro 20 folio 154v de bautismo de la Iglesia de la Concepcion de Santa Cruz.

13. JOSEFA LONGINA MELGAR (Esposa de Domingo) nació el 15 de marzo de 1863, en Cuba- San Juan y Martinez, hija de Luis Melgar y de Panfila Rodriguez. Fue bautizada el 8 de abril de 1863, en Cuba- San Juan y Martinez.

Domingo Garcia Navarro[12], con 38 años, se casó con Josefa Longina Melgar, con 17 años, el 21 de mayo de 1880 en Cuba- San Juan y Martinez. Tuvieron cuatro hijos:

Vicente Garcia Melgar[7] en 1885
Florencio Librado Garcia Melgar[9]
en 1899 Panfila Garcia[10]
Carmelo Garcia[11]

Generación de Padres

14. ANTONIA GARCIA NAVARRO (Madre de Domingo) nació en junio de 1807, en La Gomera-Vallehermoso- Ntra.Sra. de Candelaria, hija de Ambrosio Garcia[15] y de Josefa Navarro[16]. Fue bautizada en junio de 1807, en La Gomera-Vallehermoso- Ntra.Sra. de Candelaria.

Nota: *Bautismo de Antonia Navarro*

<p>En la iglesia parroquial de nuestra señora de Candelaria en este lugar de Chipude, isla de La Gomera, en el mes de junio de 1807, ignoran los días del nacimiento y bautismo, bautizo el Beneficiado cura que fue de dicha iglesia Don Alonso Fernández a una niña a quien puso por nombre Antonia María de las Mercedes, hija de Ambrosio Manuel Magdalena de la Barrera y García, por haber este reconociéndola por tal al tiempo de su bautismo y de Josefa Navarro. Nieta paterna de Diego Magdalena García y María de la Barrera. Abuelos maternos, José Navarro y Josefa Navarro. Fue su padrino Antonio Navarro. Todos naturales y vecinos de este referido lugar, según consta y declara y bastantemente de una información que tengo tienda con tres testigos contestos por comiendo del Señor Beneficiado Vicario Juez .ende esta isla de cuyo mandato doy abierto a esta partida en este ante dicho lugar de Chipude a 10 de octubre de 1829 años. Todo lo que certifico y firmo. Juan de armas Manrique.

<p>Libro 4 folio 126v de bautismos de chipude. Esta partida debería de estar en el libro 3 de bautismo en el cual se encuentra una nota al margen del folio 206v que nos lleva al libro 4.

Antonia dio a luz a un hijo:

Domingo Garcia Navarro[12] en 1841

Generación de Abuelos

15. AMBROSIO GARCIA (Abuelo de Domingo) nació en agosto de 1779, en La Gomera-Vallehermoso- Ntra.Sra. de Candelaria, hijo de Diego Magdalena Garcia Navarrete (de la paz)[18] y de Maria del Rosario de la Barrera[19]. Fue bautizado el 7 de agosto de 1779, en La Gomera-Vallehermoso- Ntra.Sra. de Candelaria.

Nota: *Matrimonio de Ambrosio García con Josefa Navarro*

El nueve días del mes de septiembre de 1808 años, y veló Don Antonio Fernández, difunto, beneficiado cura que fue de esta iglesia parroquial de Nuestra Señora de Candelaria en este lugar de Chipude en La Gomera a Ambrosio García, hijo legítimo de Diego García y María de la Barrera, difuntos, con Josefa Navarro, hija legítima de José Navarro, difunto, y Josefa Navarro, naturales y vecinos de este lugar. Fueron dispensados en tercer y cuarto grados de consanguinidad, según se acredita por la información que al folio 14 y su vuelta de expediente que tengo formado
por del Ilustrísimo Señor Dona Luis .dignísimo obispo de esta..de sus ministros como consta al folio 88 y otro de este libro y de dato del dicho Ilustrísimo Señor , doy asiento de esta partida que firmo en este ante dicho lugar a diez de junio de 1834.

Libro 2 folio 96v de matrimonios de Nuestra Señora de Candelaria, Chipude- Vallehermoso, La Gomera.

El aparece en el bautismo de su hija antonia como Ambrosio Manuel Magdalena de la Barrera y Garcia.

Bautismo de Ambrosio García

En la iglesia parroquial de Nuestra Señora de Candelaria de este lugar de Chipude, isla de La Gomera, a X del mes de agosto de 1779, yo don Ignacio presbítero, dicha parroquia, bauticé .el santo oleo, a un niño que dije que nació el día 7 de dicho mes y año. Al cual puse por nombre Ambrosio Manuel del Rosario, hijo legítimo de Diego García Navarrete y de su legítima mujer

María del Rosario de la Barrera. Nieto paterno de Diego García de la Paz y de Magdalena Navarrete, y maternos, Ambrosio Barrera y de María de la Concepción Chinea. Fue su padrino, Padrón, según advertí espiritual y son los dos vecinos de este lugar.

Libro 2 folio 199 de bautismos de Nuestra Señora de Candelaria en Chipude, Vallehermoso, La Gomera.

16. JOSEFA NAVARRO (Abuela de Domingo) nació en 1789, en La Gomera- Vallehermoso, hija de Jose Navarro[20] y de Josefa Navarro[21]. Fue bautizada en La Gomera- Vallehermoso.

Ambrosio Garcia[15], con 29 años, se casó con Josefa Navarro, cerca de los 19 años, el 9 de septiembre de 1808 en La Gomera- Vallehermoso- Ntra.Sra. de Candelaria. Tuvieron una hija:

Antonia Garcia Navarro[14] en 1807

17. JOSE DE LA CARIDAD NAVARRO (Tío Abuelo de Domingo) nació el 26 de mayo de 1783, en La Gomera-

Vallehermoso, hijo de Jose Navarro[20] y de Josefa Navarro[21]. Fue bautizado el 3 de junio de 1783, en La Gomera-Vallehermoso.

Nota: *Bautismo de un hermano de Josefa Navarro*

<p>El 3 días del mes de junio de 1783 .beneficiado cura de la parroquia de nuestra señora de Candelaria de este lugar de Chipude, bautice solemnemente a un niño que dicen nació a 26 de mayo de este presente año y le puse José de la Caridad, hijo legitimo de José Navarro y Josefa Navarro. Nieto paterno de Salvador Navarro y María Sebastiana. Maternos, Vicente Navarro y Josefa Oropesa. Fue su madrina Merencia Francisca, hija de los abuelos paternos, a quien advierte se obliga y cognación espiritual. Todos vecinos que son y fueren de este dicho lugar y los abuelos maternos de Agulo. Doy fe de lo cual lo firmo: Ignacio Marechal y Salazar.

<p>Libro 2, folio ¿? de bautismos de Nuestra Señora de Candelaria en Chipude, Vallehermoso en La Gomera.

Generación de Bisabuelos

18. DIEGO MAGDALENA GARCIA NAVARRETE (DE LA PAZ) (Bisabuelo de Domingo) nació en 1759, en La Gomera-Vallehermoso- Ntra.Sra. de Candelaria, hijo de Diego Garcia de la Paz (Magdaleno)[25] y de Magdalena Navarrete del Castillo (Navarro)[26].

Nota: *El caso como Diego Garcia de la Paz.*

en el libro 2 de bautismos de chipude no esta.(Nuestra señora de Candelaria). (1751-1789)

Matrimonio de Diego García con María de la Barreda

En el lugar de Nuestra Señora de Candelaria de dicho lugar de Chipude el teniente de cura de esta dicha iglesia, vele in facie cecleve y según lo dispuesto por el santo concilio de Trento y habiendo precedido las amonestaciones y no resultando impedimento que haya llegado .en 21 de octubre de 1776 años a Diego García de la Paz, hijo legitimo de Diego García de la Paz y de su legitima mujer Magdalena Navarrete, con María del Rosario, hija legitima de Ambrosio de la Barrera y de su mujer Maria de la Concepción Chinea y los . fueron examinados en la doctrina cristina y puestos en la confesión y comunión. Siendo testigos Manuel Cabeza Padrón, Domingo de la Barrera y muchos que se hallaron presentes y sentados en este lugar y en fe de verdad lo firme. Sebastián ..

Libro 1, folio (no lo pone) de matrimonios Nuestra Señora de Candelaria en Chipude en Vallehermoso, La Gomera.

19. MARIA DEL ROSARIO DE LA BARRERA (Bisabuela de Domingo) nació en 1759, en La Gomera- Vallehermoso-Ntra.Sra. de Candelaria, hija de Ambrosio de la Barrera Coello[27] y de Maria de la Concepcion Chinea[28].

Diego Magdalena Garcia Navarrete (de la paz)[18], cerca de los 17 años, se casó con Maria del Rosario de la Barrera, cerca de los 17 años, el 21 de octubre de 1776 en La Gomera-Vallehermoso- Chipude. Tuvieron un hijo:

Ambrosio Garcia[15] en 1779

20. JOSE NAVARRO (Bisabuelo de Domingo) nació en 1763, en La Gomera- Vallehermoso-Ntra.Sra. de Candelaria, hijo de Salvador Navarro del Castillo[29] y de Maria Sebastiana Hernandez[30].

21. JOSEFA NAVARRO (Bisabuela de Domingo) nació en La Gomera- Vallehermoso- Ntra.Sra. de Candelaria hija de Vicente Antonio Navarro (Navarrete)[31] y de Josefa Maria Oropesa Trujillo[32].

Jose Navarro[20] se casó con Josefa Navarro. Tuvieron dos hijos: Jose de la Caridad Navarro[17] en 1783

Josefa Navarro[16] en 1789

22. MANUEL GARCIA DE LA PAZ (Tío Bisabuelo de Domingo) nació el 21 de marzo de 1752, en La Gomera-Vallehermoso- Ntra.Sra. de Candelaria, hijo de Diego Garcia de la Paz (Magdaleno)[25] y de Magdalena Navarrete del Castillo (Navarro)[26].

Nota: *Pone algo de agulo.*

23. MATIAS DE LA BARRERA (Tío Bisabuelo de Domingo) nació en 1753, en La Gomera-Vallehermoso- Ntra.Sra. de Candelaria, hijo de Ambrosio de la Barrera Coello[27] y de Maria de la Concepcion Chinea[28].

24. MERENCIANA FRANCISCA NAVARRO (Tía Bisabuela de Domingo) nació en La Gomera-Vallehermoso hija de Salvador Navarro del Castillo[29] y de Maria Sebastiana Hernandez[30].

?Merenciana murió cerca de ?1783.

Página 4

Generación de Tatarabuelos

25. DIEGO GARCIA DE LA PAZ (MAGDALENO) (Tatarabuelo de Domingo) nació en 1716, en La Gomera- Vallehermoso-Ntra.Sra. de Candelaria, hijo de Mateo Garcia[33] y de Magdalena ¿?[34].
Nota: *Matrimonio de Diego García con Magdalena Navarrete.*
<p>El veinte de agosto de este año de 1736 años, yo Domingo dina, cura de esta Parroquia de Nuestra Señora de Candelaria de este lugar de Chipude, case y vele a Diego García de la Paz, hijo legitimo de Mateo García y de su mujer, Magdalena ¿Pta?, con Magdalena Navarrete del Castillo, hija legitima de Vicente Navarrete y de su legitima mujer María Magdalena ¿haras? y Chinea, todos naturales de este dicho lugar y el Vicente Navarrete, natural de la isla . .. en Santiago, habiendo precedido las tres administraciones siendo impedimento alguno fuera de el dispensado por el Provisor Manuel Dávila y Cárdenas que fueron testigos Luis de Mendoza, Francisco Morales, Francisco García y otros y lo firme. Libro 1 folio ¿? de matrimonios de Nuestra Señora de Candelaria en Vallehermoso, La Gomera.

26. MAGDALENA NAVARRETE DEL CASTILLO (NAVARRO) (Tatarabuela de Domingo) nació en 1716, en La Gomera-Vallehermoso- Ntra.Sra. de Candelaria, hija de Vicente Navarrete[35] y de Maria Magdalena ¿Jaras? Chinea[36].
Diego Garcia de la Paz (Magdaleno)[25], cerca de los 20 años, se casó con Magdalena Navarrete del Castillo (Navarro), cerca de los 20 años, el 20 de agosto de 1736 en La Gomera- Vallehermoso- Ntra. Sra. de Candelaria. Tuvieron dos hijos:
Manuel Garcia de la Paz[22] en 1752
Diego Magdalena Garcia Navarrete (de la paz)[18] en 1759

27. AMBROSIO DE LA BARRERA COELLO (Tatarabuelo de Domingo) nació en 1726, en La Gomera- Vallehermoso-Ntra.Sra. de Candelaria, hijo de Domingo de la Barrera[37] y de Francisca Coello de la Paz[38].
Nota: *Matrimonio de Ambrosio de la Barrera con Maria de la Concepcion*

En 2 de enero de 1746, yo Jose Fernandez Prieto, Teniente cura de esta parroquia case y di las manos a Ambrosio de la Barrera Coello, hijo de Domingo de la Barrera y Francisca Coello de la Paz, ya difunta, con Maria de la Concepcion, hija de Juan de Chinea y Maria de la Concepcion, vecinos que son y fueron de este lugar. Padrinos; ilegible.

Libro 1, folio ¿? de matrimonios de Nuestra Señora de Candelaria en Chipude en Vallehermoso, La Gomera.

28. MARIA DE LA CONCEPCION CHINEA (Tatarabuela de Domingo) nació en 1726, en La Gomera- Vallehermoso-Ntra.Sra. de Candelaria, hija de Juan de Chinea[39] y de Maria de la Concepcion Desconocido[40].
Ambrosio de la Barrera Coello[27], cerca de los 19 años, se casó con Maria de la Concepcion Chinea, cerca de los 19 años, el 2 de enero de 1746 en La Gomera- Vallehermoso- Chipude. Tuvieron dos hijos:
Matias de la Barrera[23] en 1753
Maria del Rosario de la Barrera[19] en 1759

29. SALVADOR NAVARRO DEL CASTILLO (Tatarabuelo de Domingo) nació en 1717, en La Gomera- Chipude, hijo de Pablo Jacinto Desconocido[41] y de Marcelina Desconocido[42].
Nota: *Matrimonio de Salvador Navarrete con María Sebastiana*
<p>En 27 de julio de 1737 años, yo Domingo cura de esta Parroquial de Nuestra Señora de Candelaria de este lugar de Chipude, casé a Salvador Navarrete de el Castillo, hijo legitimo de Pablo Jacinto .de la Villa de Santiago en Tenerife y de su legítima mujer Marcelina de .de esta dicho lugar y todos vecinos de él, con María Sebastiana Hernández, hija del sargento Domingo Hernández Magdaleno, ya difunto, y de su legítima mujer .diana, todos vecinos y naturales de Chipude. Testigos el alcalde y Diego García de la Paz. Libro 1 folio ¿? De matrimonios de Nuestra Señora de Candelaria en Vallehermoso, La Gomera. El microfilm está en muy mal estado al igual que el libro, por lo que hay muchas palabras que no se pueden leer.

30. MARIA SEBASTIANA HERNANDEZ (Tatarabuela de Domingo) nació en 1717, en La Gomera- Chipude, hija de Domingo Hernandez Magdaleno[43] y de xxxx diana Desconocido[44].
Salvador Navarro del Castillo[29], cerca de los 20 años, se casó con Maria Sebastiana Hernandez, cerca de los 20 años, el 27 de julio de 1737 en La Gomera- Vallehermoso- Ntra. Sra. de Candelaria. Tuvieron dos hijos:
Jose Navarro[20] en 1763
Merenciana Francisca
Navarro[24]

31. VICENTE ANTONIO NAVARRO (NAVARRETE) (Tatarabuelo de Domingo) nació en 1730, en La Gomera- Chipude, hijo de Vicente Navarrete[35] y de Maria de Niebla[45].
Nota: *Matrimonio de Vicente Navarro con Josefa Oropesa*
El 13 de septiembre de 1750 case a Vicente Antonio Navarrete, hijo de Vicente Navarrete y María Niebla, naturales de Chipude, con Josefa María Oropesa Trujillo, hija de Bernabé Antonio Oropesa y María Trujillo Castillo.
Libro 1 folio 44 de matrimonios de Agulo, La Gomera.

32. JOSEFA MARIA OROPESA TRUJILLO (Tatarabuela de Domingo) nació en 1730, en La Gomera-Agulo, hija de Bernabe Antonio Oropesa[47] y de Maria Trujillo Castillo[48].

Vicente Antonio Navarro (Navarrete)[31], cerca de los 20 años, se casó con Josefa Maria Oropesa Trujillo, cerca de los
20 años, el 13 de septiembre de 1750 en La Gomera- Agulo. Tuvieron una hija:
Josefa Navarro[21]

Generación de Trastatarabuelos

33. MATEO GARCIA (Trastatarabuelo de Domingo) nació en La Gomera- Vallehermoso- Ntra. Sra. de Candelaria.

34. MAGDALENA ¿? (Trastatarabuela de Domingo) nació en La Gomera- Vallehermoso- Ntra. Sra. de Candelaria. Mateo Garcia[33] se casó con Magdalena ¿?. Tuvieron un hijo:
Diego Garcia de la Paz (Magdaleno)[25] en 1716

35. VICENTE NAVARRETE (Trastatarabuelo de Domingo) nació en Tenerife- Valle de Santiago. Vicente murió cerca de 1722 en La Gomera- Vallehermoso- Nuestra Señora de Candela. Vicente se casó dos veces. Estaba casado con Maria de Niebla[45] y con Maria Magdalena ¿Jaras? Chinea[36]. Nota:
Matrimonio de Vicente Navarrete con María Niebla.
En cinco de julio de 1722 años, Yo Domingo García de Medina, Cura de la Parroquial de Nuestra Señora de Candelaria de este lugar de Chipude, case y di las manos a Vicente Navarrete, viudo de Madalena de ¿Jara?, con María de Niebla, viuda de Pedro de ¿vienara?, vecinos todos de este lugar y parroquianos de esta parroquia, después de haber precedido las tres amonestaciones acostumbradas y no haber resultado impedimento alguno de que fueron testigos el Sargento Domingo Hernández y Bartolomé Rodríguez y Paz, todos vecinos de esta lugar. Y lo firme Domingo García de Medina. Libro 1, folio ¿? De matrimonios de Nuestra Señora de Candelaria en Vallehermoso, La Gomera.

36. MARIA MAGDALENA ¿JARAS? CHINEA (Trastatarabuela de Domingo) nació en La Gomera- Vallehermoso- Ntra. Sra. de Candelaria. Maria murió después de 1722 en La Gomera- Vallehermoso- Nuestra Señora de Candela.
Vicente Navarrete[35] se casó con Maria Magdalena ¿Jaras? Chinea.
Tuvieron una hija: Magdalena Navarrete del Castillo (Navarro)[26] en 1716

37. DOMINGO DE LA BARRERA (Trastatarabuelo de Domingo) nació en La Gomera- Vallehermoso- Chipude.

38. FRANCISCA COELLO DE LA PAZ (Trastatarabuela de Domingo) nació en La Gomera- Vallehermoso- Chipude.
Domingo de la Barrera[37] se casó con Francisca Coello de la Paz.
Tuvieron un hijo: Ambrosio de la Barrera Coello[27] en 1726

39. JUAN DE CHINEA (Trastatarabuelo de Domingo) nació en La Gomera- Vallehermoso- Chipude.

40. MARIA DE LA CONCEPCION DESCONOCIDO (Trastatarabuela de Domingo) nació en La Gomera- Vallehermoso-Chipude.
Juan de Chinea[39] se casó con Maria de la Concepcion Desconocido.
Tuvieron una hija: Maria de la Concepcion Chinea[28] en 1726

41. PABLO JACINTO DESCONOCIDO (Trastatarabuelo de Domingo) nació en Tenerife- Valle de Santiago.

42. MARCELINA DESCONOCIDO (Trastatarabuela de Domingo) nació en La Gomera- Vallehermoso- Ntra. Sra. de Candelaria.
Pablo Jacinto Desconocido[41] se casó con Marcelina Desconocido.
Tuvieron un hijo: Salvador Navarro del Castillo[29] en 1717

43. SARGENTO DOMINGO HERNANDEZ MAGDALENO (Trastatarabuelo de Domingo) nació en La Gomera-Vallehermoso- Ntra. Sra. de Candelaria.

44. XXXX DIANA DESCONOCIDO (Trastatarabuela de Domingo) nació en La Gomera- Vallehermoso- Ntra. Sra. de Candelaria.
Domingo Hernandez Magdaleno[43] se casó con xxxx diana Desconocido.
Tuvieron una hija: Maria Sebastiana Hernandez[30] en 1717

45. MARIA DE NIEBLA (Trastatarabuela de Domingo) nació en La Gomera- Chipude. Maria murió cerca de 1722 en La Gomera- Vallehermoso- Nuestra Señora de Candela.
Maria se casó dos veces. Estaba casada con Vicente Navarrete[35] y con Pedro de ¿vienara?[46].

Vicente Navarrete[35] se casó con Maria de Niebla el 5 de julio de 1722 en La Gomera-Vallehermoso- Nuestra Señora de Candelaria. Tuvieron un hijo:

Vicente Antonio Navarro (Navarrete)[31] en 1730

46. PEDRO DE ¿VIENARA? (Esposo de Trastatarabuela de Domingo). Pedro murió después de 1722 en La Gomera-Vallehermoso- Ntra. Sra. de Candelaria.

Pedro de ¿vienara? se casó con Maria de Niebla[45].

47. BERNABE ANTONIO OROPESA (Trastatarabuelo de Domingo) nació en La Gomera- Agulo.

48. MARIA TRUJILLO CASTILLO (Trastatarabuela de Domingo) nació en La Gomera- Agulo.

Bernabe Antonio Oropesa[47] se casó con Maria Trujillo Castillo. Tuvieron una hija:

Josefa Maria Oropesa Trujillo[32] en 1730

Página 7

Continuacion de la genealogia –agregos

First Generation

1. **Paula del Carmen Menendez Rodriguez** was born on 20 Jan 1893 in San Luis,Pinar del Rio Cuba. She was baptized on 8 Apr 1893 at San Juaquin Church ,San Luis,Pinar del Rio,Cuba. in San Luis,Pinar del Rio Cuba. Paulina Paula del Carmen"Menendez Rodriguez was baptized by Felipe Beltran Diaz .Book 7,deb.folio 3068.acta 988.Godfather was Andres Cabanzon and Godmother was Margarita Padrino.She died of a heart attack about the year 1968 at the age of 75 in San Luis,Pinar del Rio ,Cuba.Paulina like her mother were very strong willed and had very strong personalities.Paulina lived in Tarabico with her husband Vicente .She was a bit of a jokester.She swore to never again eat ice cream since she had a brain freeze when she first tried it and thought she was dying.Her siblings were Lola(she had a son named Justo),Basilisa,Rosa Abreu(Abreu from her husband.)Rosa I was told had the darkest complexion out of the siblings.Ingrasia (she had a daughter named Ofelia).Eliseo,the only male sibling.Paulinas parents were Luis Menendez(he was heavyset with blondish hair and blue eyes) and Cecilia Rodriguez.Cecilia and Luis divorced and Cecilia raised the children alone.Basilisa had Alfredito ,Tevelio,Raquel and Mina(Minelba).Rosa Abreu married Antonio Abreu and they had Panchito (he had Maritza?),Pedro,Cunia,Rosa and Amparo who lives in the U.S, and I would visit her house and she is a wonderful person.Ingrasia lived in the U.S. and she had Carmen ,Palmira,Dora,Reinaldo and Ofelia.Ingrasia visited my mom in Cuba in the 1970s in San Juan y Martinez (she left for the U.S. in the 1960's)Lastly there was Eliseo.Ingrasia lived by the road to Boca de Galafre and than she moved to Pinar del Rio.Basilisa lived in Vivero. Paula's siblings were Lola,Basilisa,Rosa and Eliseo.

Second Generation

2. **Luis Menendez** was born about 1860 in Pinar del Rio,Cuba. He died in San Juan y Martinez. Natural de Oviedo,Asturias. Cecilia Rodriguez Cancio and Luis Menendez were married on 15 May 1884 in San Juan y Martinez.

3. **Cecilia Rodriguez Cancio** was born about 1860 in San Juan y Martinez. She died in San Juan y Martinez. Cecilia I was told had to raise her kids mostly on her own.
Cecilia Natural de San Juan y Martinez.Hija de Filomeno Rodriguez (natural de Bejucal)y de Maria de la Caridad Cancio.(natural de San Juan y Martinez.

Luis Menendez and Cecilia Rodriguez Cancio had the following child:

1 i. **Paula del Carmen Menendez Rodriguez**, born 20 Jan 1893, San Luis,Pinar del Rio Cuba.

Third Generation

4. **Luis Menendez Gonzalez** was born about 1823 in Ciudad de Oviedo,Asturias,Espana. Luis arrived in Cuba in 1842 and he was about 19-20 years old.He was 26 when he got married in 1849.He worked as an escogedor de Tabacos. Lutgarda de los Santos Mateu Casas and Luis Menendez Gonzalez were married in 1849 in Cuba.

5. **Lutgarda de los Santos Mateu Casas(de las nieves ?)** was born on 1 Sep 1829 in Habana,Cuba. Lutgarda was baptized in La Iglesia de Jesus Maria December 1 ,1829.Her godfather was Francisco de Casas .

Luis Menendez Gonzalez and Lutgarda de los Santos Mateu Casas had the following child:

2 i. **Luis Menendez**, born abt 1860, Pinar del Rio,Cuba; died San Juan y Martinez.

6. **Filomeno Rodriguez** was born abt 1830-40s in Bejucal,Habana. I found a baptism for Filomeno en Quivican,Habana.Bejucal at the time of his birth or so used to be part of Quivican since Bejucal was not founded until later .The Baptism lists Rafael Filomeno as being born in Quivican in July 5,1843.Baptized July 13 ,1843.His parents were Don Esteban Andres Rodriguez (natural de San Pedro de Quivican) and Maria Ines Castaneda (natural de Wajay)Both residents of San Pedro de Quivican.Godfather was D.Angel Tejada.Paternal grandparents were D.Eduardo Rodriguez and Dona Maria Micaela Rodriguez.Maternal grandparents were Don Jose Juan Castaneda and Dona Marcelina Carillo.Book no.8(blancos) folio 46,no.166.

Iglesia parroquial San Pedro de Quivican.

7. **Maria de la Caridad Cancio** was born 1830s-40s abt in San Juan y Martinez,Pinar del rio ,Cuba. Presento unos datos que no se sabe si son de la familia Cancio nuestra pero ya que no era muy comun ese apellido en San Juan y creo que es muy probable que sean familia.
se encontro a :
Josefa Cancio---hija natural de Dominga Cancio Fernandez--1864—o 74
Antonio Malaneo Herminio Cancio --hijo natural de Josefina Cancio--abuela materna--Dominga Cancio--14 de Octubre de 1894-nace 20 de Agosto 1894-padrino Melaneo Bustamante y America Brandi--San Juan Bautista de San Juan y Martinez----1A no---folio 70--acta 137-----------------
en la Habana aparece Antonio Cancio Perdigon --nieto de Dominga Cancio.

Josefa Cancio nacio el 20 de enero de 1874 bautizada por Pbro-D.Ramon Bentin hija de Dominga Cancio y Fernandez (abuelos maternos--Pablo y Rita naturales de Pinar del Rio)padrino--Jose Valdez.y Maria de los Angeles Rodriguez-naturales de Pinar del Rio

Filomeno Rodriguez and Maria de la Caridad Cancio had the following child:

3 i. **Cecilia Rodriguez Cancio**, born abt 1860, San Juan y Martinez; died San Juan y Martinez.

Fourth Generation

8. **Francisco Menendez** was born in Spain. Teresa Gonzalez del Valle and Francisco Menendez were married about 1820.

9. **Teresa Gonzalez del Valle** was born in Spain.

Francisco Menendez and Teresa Gonzalez del Valle had the following child:

4 i. **Luis Menendez Gonzalez**, born abt 1823, Ciudad de Oviedo,Asturias,Espana.

10. **Juan Mateu** was born in 1798 in Barcelona,Cataluna,Spain. He was 25 when he married and he had been in Cuba for six or seven years,since he arrived in Cuba in 1816-17. Rosa Casas Rivera and Juan Mateu were married in May 1823 at Iglesia de la Guadalupe in Habana,Cuba.

11. **Rosa Casas Rivera** was born in Habana,Cuba. Rosa Maria Casas Rivera
nacio: 30 de agosto de 1804—bautizo—1804-11 de septiembre.
hija legitima de Francisco Casas Sanchez (natural de la ciudad de la Habana)
Manuela Rivera Gutierrez (natural de la ciudad de la Habana)
abuelos paternos--Ignacio de Casas y Antonia Sanchez
abuelos maternos--Carlos Rivera y Maria Josefa Gutierrez.
padrino---Manuel Enriquez
archivo de la Iglesia Jesus .Maria y Jose (La Habana)libro de bautizos-(blancos)
no.4,folio 7,no. 32.

Casa con Juan Mateu Sendras en 1823 en la Parroquia de Guadalupe .El era Catalan y nacio en 1798.Existe una fotocopia del expediente matrimonial en el Arzobispo de la Habana.

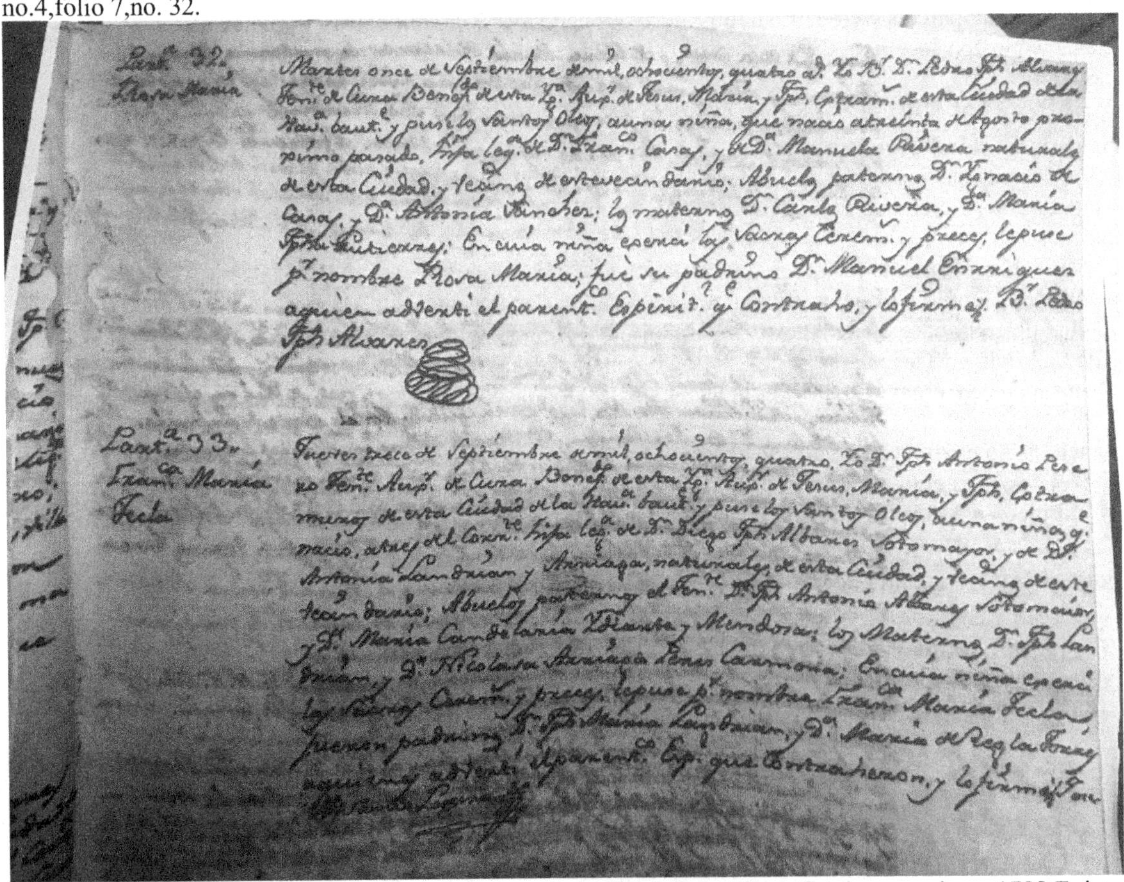

En 1829 Lutgarda Mateu Casas fue bautizada en la Parroquia Jesus ,Maria y Jose.
Juan Mateu y Rosa Casas fueron vecinos del barrio de Guadalupe en 1849.

Juan Mateu and Rosa Casas Rivera had the following child:

5 i. **Lutgarda de los Santos Mateu Casas**, born 1 Sep 1829, Habana,Cuba.

Fifth Generation

20. **Antonio Mateu** was born (date unknown). Rosa Cendras or Sendras and Antonio Mateu were married about 1795–1800.

21. **Rosa Cendras or Sendras** was born (date unknown).

Antonio Mateu and Rosa Cendras or Sendras had the following child:

10 i. **Juan Mateu**, born 1798, Barcelona,Cataluna,Spain.

22. **Francisco de Casas Sanchez** was born (date unknown). En 1804 en Iglesia Jesus,Maria y Jose(en la Habana vieja) bautizaron a sus hijos.(Rosa Casas Rivera 30 de Agosto 1804 --- Jose Maria Casas Rivera 14 Mayo de 1806-Bautizos blancos Iglesia Jesus ,Maria y Jose.La Habana-no.4-folio 236-no.132.-- Juan de la Cruz Francisco Rivera 24 de Noviembre 1802.libro no. 3 no, 2110.---Maria Dolores Balentina(Valentina)Casas Rivera 14 Febrero 1803 libro no. 3 no.844.
Tambien se busco informacion en la Iglesia Nuestra Senora de la Caridad (antigua Guadalupe).Centro Habana.

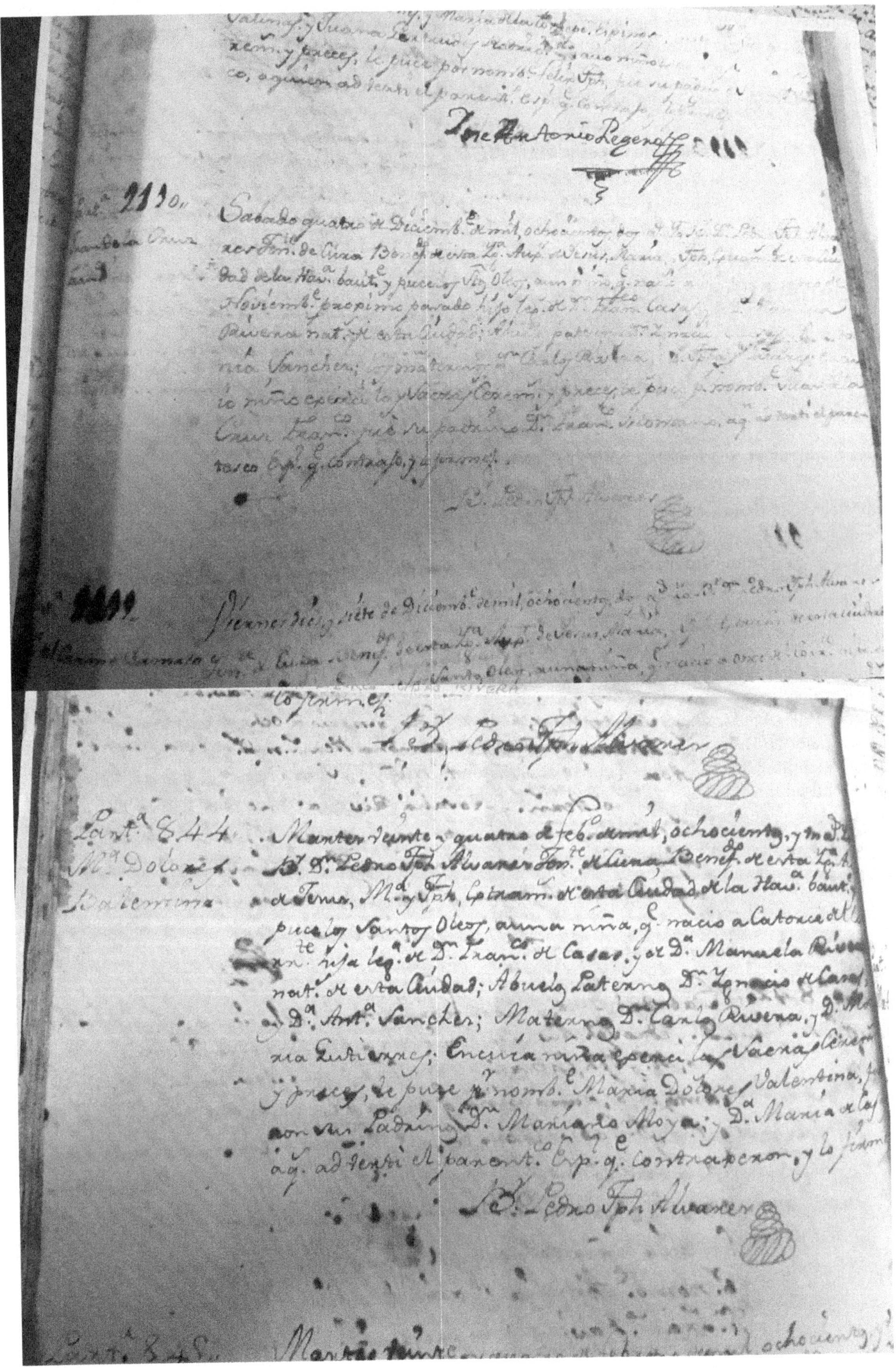

Jose Antonio Regera

2130 Sabado quatro de Diciemb.e de mil, ochocientos ...

2131 Viernes dies y siete de Diciemb.e de mil, ochocientos ...

lo firme

Dr. D. Pedro Jph. Alvarez

Part.a 844 M.a Dolores Valentina — Martes veinte y quatro de feb.o de mil, ochocientos, y ... Yo D.r D. Pedro Jph. Alvarez Ten.te de Cura Benef. de esta Ig.a Aux.r de Jesus, M.a y Jph. extramuros de esta Ciudad de la Hav.a bauti.e y puse los Santos Oleos, a una niña, q. nacio a catorce del pres.te hija leg.a de D.n Fran.co de Casas, y de D.a Manuela Rivera nat.s de esta Ciudad; Abuelos Paternos D.n Ygnacio de Casas y D.a Ant.a Sanchez; Maternos D. Carlos Rivera, y D.a Maria Gutierrez; En cuya niña exerci las Sacras Ceremonias y preces, le puse p.r nomb.e Maria Dolores Valentina, fueron sus Padrinos D.n Mariano Moya, y D.a Maria de Casas a q.s adverti el parent.co esp.l q. contraxeron, y lo firme.

Dr. D. Pedro Jph. Alvarez

Part.a 845 Martes veinte ... ochocientos ...

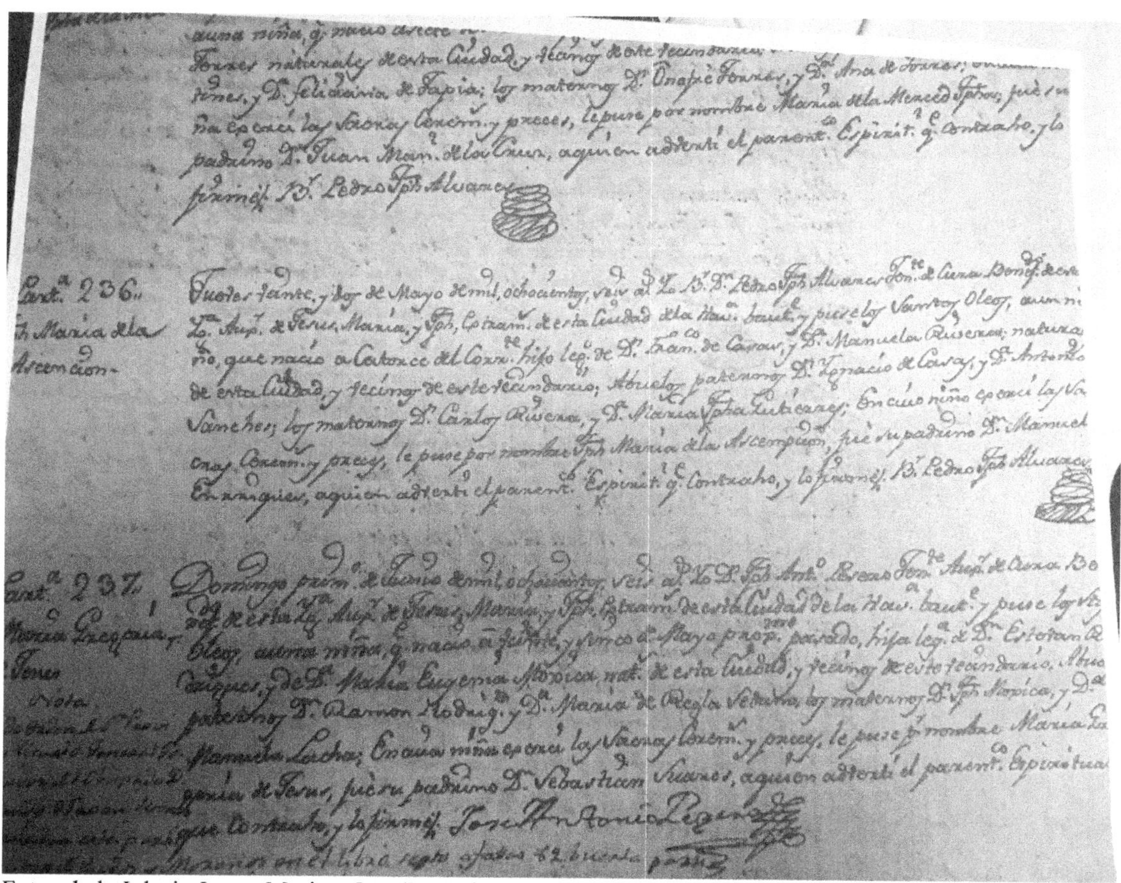

Fotos de la Iglesia Jesus ,Maria y Jose(La Habana)

Su bautismo---Sabado 27 de Julio de 1776
cura-D.Francisco Javier Noriega
nace el 16 de Julio
padrinos--Juan Antonio Eutremen
puso nombre de --Francisco del Carmen Alexo Casas Sanchez
Libro-13
Folio-296
Manuela Rivera Gutierrez and Francisco de Casas Sanchez were married about 1795–1800.

22. **Manuela Rivera Gutierrez** was born (date unknown). Natural de la Habana dice en su documento de enterramiento. 1833.

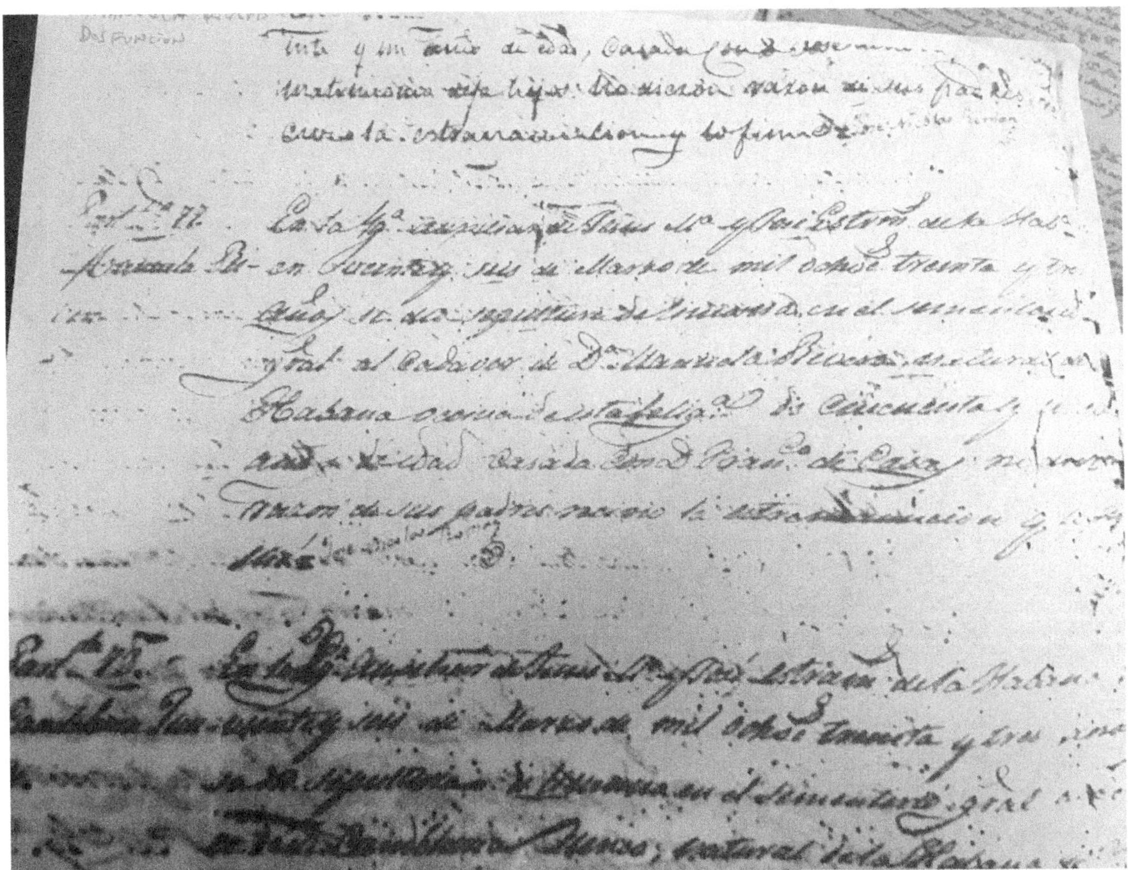

En la Iglesia auxiliar de Jesus ,Maria y Jose extramuro de la Habana el 26 de marzo de 1833 se le dio sepultura de limosna en el Cementerio General al cadaver de Da. Manuela Rivera ,natural de la Habana y vecina de esta felifresa de 55 anos de edad casada con D. Francisco de Casas .firmo--Jose Nicolas Roman.

Francisco de Casas Sanchez and Manuela Rivera Gutierrez had the following child:

11 i. **Rosa Casas Rivera**, born Habana,Cuba.

Sixth Generation

44. **Ignacio de Casas** was born (date unknown). Ignacio de Casas y Antonia Sanchez casaron el 22 de Octubre de 1769 en la ciudad de la Habana. Sus padrinos fueron Dn. Juan Antonio Estremes y Maria de Bechelen Estremes .
Francisco Fernandez Quintana Obispo
Libro 6 Folio 205 numero-135
testigos--Dn.Joseph Fulgencio de Aguilar y Joseph Garcia
Ignacio -natural de esta ciudad.

su bautismo---
libro 10, folio 87v,numero 20
sagrado de la SMI ,Catedral de la Habana

martes 20 de Febrero de 1748
cura--Dn.Lopez Recio de Oquendo
nacio-15 de Febrero
Ignacio Faustino Joseph --nombre puesto
padrino--Dn.Joseph de Penalver

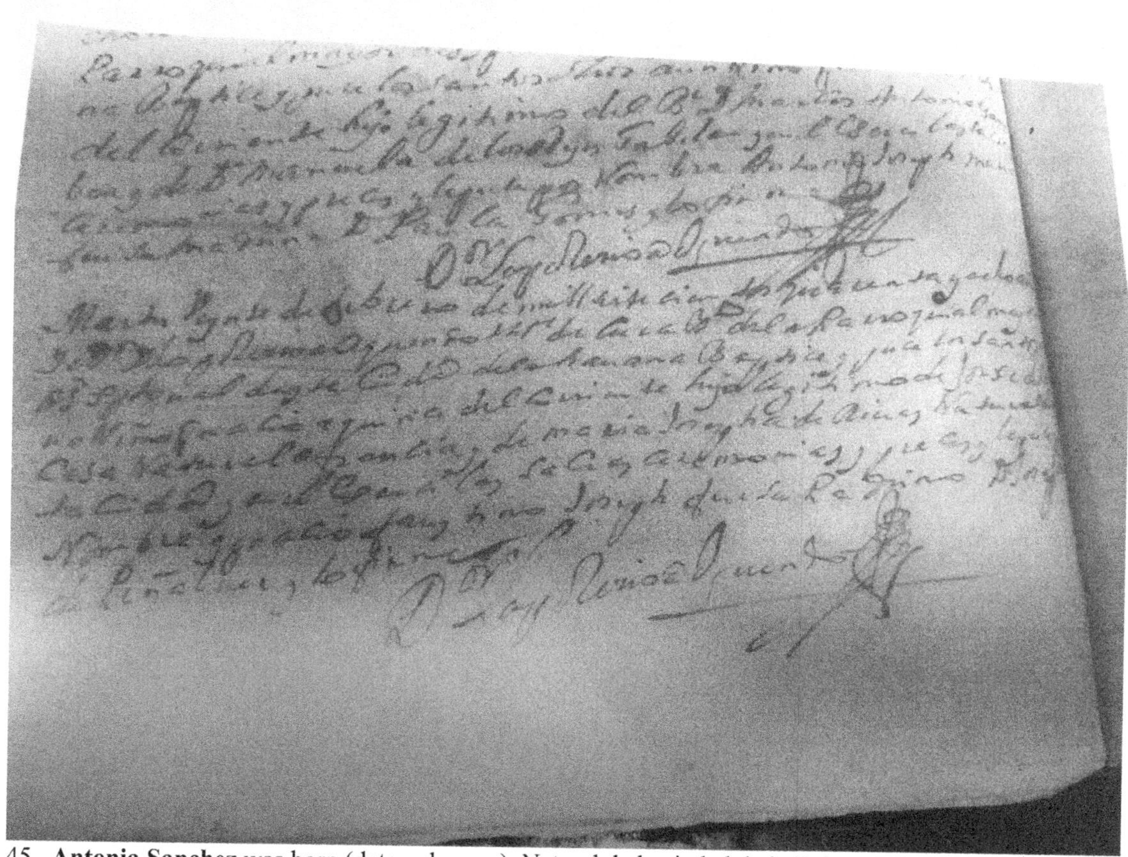

45. **Antonia Sanchez** was born (date unknown). Natural de la ciudad de la Habana.

Ignacio de Casas and Antonia Sanchez had the following child:

22 i. **Francisco de Casas Sanchez**.

46. **Carlos Rivera** was born (date unknown). Juan de la trinidad Rivera Gutierrez.Hijo legitimo de Carlos Rivera y Maria Gutierrez.(naturales de esta ciudad)
libro 12
folio -350

Jueves 29 de Junio de 1769.
cura- Dr. Francisco Gonzalez del Alamo.
nacio el 26 de Junio –madrina—Tomasa de Leon

47. **Maria Josefa Gutierrez** was born (date unknown).

Carlos Rivera and Maria Josefa Gutierrez had the following child:

23 i. **Manuela Rivera Gutierrez.**

ii. Juana Rivera Gutierrez (hermana de Manuela)

Seventh Generation

88. **Jorge de Casas** was born (date unknown). Natural de Francia.

89. **Maria Josepha de Rivas** was born (date unknown). natural de la Ciudad .

Jorge de Casas and Maria Josepha de Rivas had the following child:

44 i. **Ignacio de Casas.**

90. **Diego Sanchez** was born (date unknown).

91. **Rosa del Castillo** was born (date unknown).

Diego Sanchez and Rosa del Castillo had the following child:

45 i. **Antonia Sanchez.**

Dna journey

Before you undertake dna testing you should do some research on how it works. You should also be prepared to accept the results. Sometimes you show ancestry that you were not aware you had and sometimes you discover that you have a sibling etc that nobody told you about. There are times when you may find out that your dad is not your biological dad etc. You should be aware of all these possibilities before you tesst.
Now I believe that you have two sets of family and sometimes they are the same and sometimes they are not. If the dna amatches the paper trail than you have only one family.However if the paper trail and the dna don't match up than you have a dna family and a family that raised you. For your own sake I believe you should embrace both if this happens to you.You can even have two separate genealogy trees. After all your dna family is family but so is the family that raised you and loved you as their own. We're all related if you go back far enough. It's an opportunity to have a bigger family. We are the first generation that can test in this way. In the past you would have never known .Family is much more than just dna and remember all that your ancestors endured and sacrificed for you to be here. This discrepancy in dna is not always the result of deceit. Sometimes it was due to a crime or a mistake I would urge you to walk in love and forgive rather than become angry and bitter. I make a point to discuss this because I have seen it happen and have seen the consequences .
Where the records end dna can take over. There are different tests that you may take.
Ydna is a test that traces back your ancestry from father to father and so forth in a straight line. There are different haplogroups which can be found in different areas of the world. Some are unique to particular groups of people.
Mtdna – This is the same as the Ydna but for the mother.
Autosomal—This test gives your ancestry from all your ancestors for the last 500 years or so. The results are affected by the reference populations that the companu uses. Results often change as new updates are done by the dna testing company. This test is not perfect but it can be very helpful in guiding your research . These tests also give a list of dna relatives which can be very useful in your research. They often include tools with these tests to help you research your ancestry .There are tests that look at specific markers which are unique to specific populations and can also be useful in your research.
Some of the major testing companies are
23 and me
FTDNA
Ancestry Dna
My heritage
GENO 2.0
You can upload your results to a few sites .
Gedmatch is one such site which has a lot of useful tools.

DNA-ADN

Hay varias pruebas de ADN que son utiles para establecer un mejor cuadro de la ancestria de nuestra familia.

Existen pruebas de ydna , mtdna y de autosomal .Hay otras pruebas specificas tambien.Hay ciertos marcadores que se encuentran en algunas poblaciones y no en otras etc.Yo aqui presento las mas usadas para darles una idea de como la historia genealogica y el adn encajan en el cuadro de nuestra familia.

There are several DNA tests that are useful to establish a better picture of our family's ancestry. These tests are ydna, mtdna and autosomal. There are other specific tests as well. There are certain markers that are found in some populations and not in others etc. I here present the DNA tests I used to give you an idea of how genealogical history and DNA fit together.

Ydna-me refiero a su papa
Cheo-G-S2808 padre de Esperanza
Felicia- R-M269 padre de felicia
Juana-R-M269 padre de Juana
Martin- R-L151 padre de Delfin

Mtdna-me refiero a su mama
Cheo-T2b3-C151t madre de cheo
Felicia-L3e2a1b madre de Felicia—(Perhaps Bantu I was told.)
Juana-H7 madre de Delfin (mi papa)
Martin-L1b1a7- el de la madre de Martin—(mende tribe)
Madre de Vicente (el padre de Felicia)L1b2

Nota-ydna es de padre a padre etc
Mtdna –es de madre a madre etc.

Autosomal –Nuestra familia consiste en su mayoria de una descendencia de Iberia.(Portugal y Espana)
Seguimos con una porcion significativa de Africa del norte y el medio oriente(esto se debe en gran parte a la descendencia de los Guanches en las Islas Canarias) –nuestra familia tiene una descendencia grande de Islas Canarias.
Tambien hay ancestria de Africa Sub –Sahara (la cual probablemente viene de esclavos Africanos que trayeron a Cuba y posiblemente a Islas canarias)y de los nativos de las Americas .Hay otros rasgos de la India y otras partes de Europa y de Asia tambien asi como de Judio.

Hay tambien algunos profesores o expertos en esta material que hacen analysis de los resultados de nuestras pruebas.Ellos usan el raw data o la informacion de adn que uno puede bajar de las companioas que hacen estas pruebas.Yo por ejemplo se la mande a el

Dr,Macdonald y el me dio resultados similares aunque me dijo que era 17 % Judio .Hay otras pruebas tambien similares a estas .
Hay muestras de Adn antiguas etc.(mi mama es pariente de una muestra Antigua de Hungaria) .
Hay grupos y estudios asi como uno que me contactaron ya que sospechaba que mi ydna de apellido Fernandez era muy probable que descendia de un rey Irlandes (600 bc)que a la vez descendia de este apellido de Asturias.
Hay muchas opciones interesantes para utilizar nuestro adn aunque tambien debe de tener cuidado a quien le das u informacion genetica.

Autosomal - Our family consists mostly of ancestry from Iberia (Portugal and Spain) We continue with a significant portion of North Africa and the Middle East (this is due in large part to the descendants of the Guanches in the Canary Islands) - our family has a large ancestry from the Canary Islands. There is also ancestry of Sub-Saharan Africa (which probably comes from African slaves that they brought to Cuba and possibly to the Canary Islands) and the natives of the Americas. There are other smaller amounts from India and other parts of Europe and Asia as well as Jewish.

Marcador –el unico alelo que quiero presenter es el de mi abuela que tiene uno asociado con la Resistencia a la malaria y eso se ve en las populaciones Africanas principalmente. Existen otros alelos que se encuentran mas en ciertas populaciones y pueden tener un valor genealogico para los investigadores de este tema.

Your actions can have a profound effect.My father remembers as a child a black gentleman in el Corojo who always treated him very nicely . He was a Christian and my father never forgot his loving nature.My dad would become a Christian as well .

The father of Natividad also was a very nice man and one time my dad lost a dime and was crying .He came and asked what was wrong. He told my dad that he had found the dime and gave one to my dad My dad became so happy . A good deed can have a significant effect on someones life .Your actions matter !!

Below I present some of my views on life and god.
If you wish to know a little bit more about me than read on .

Advice That I Live By

The following views and opinions are meant to provide future generations with a window into my beliefs and how I felt about life.

We are only here in this world for a time , don't ever lose sight of that and what's really important and what is not. Always keep the big picture in mind and don't let the little things steal your joy. Spend time with your loved ones, you never know how long they'll be around. Choose time with those you love instead of more time at work. Delight yourself in your work and study that which you enjoy. There's nothing worse than a career in something you don't like or working in a job you hate. Sometimes, we have to sacrifice and do exactly that but if possible find your path and pursue it. Work to live and don't live to work. Strive to do your best in all things but you'll never be perfect and in the end realize that most things don't really matter. Don't worry about what others think or what they tell you. How important is that test you took 10 years ago? Do you even remember it? Will anybody remember you or anything you did 100 years from now? Stress kills, simplify your life and manage it well when you can't avoid it. Take advantage when you're young and life isn't as complicated to go to school and pursue your career but it's never too late. Not everyone though is made for college or to be a Doctor and there is nothing wrong with that. We all need plumbers and electricians and if it makes you happy, then you're on the right track. Nothing wrong with going to college or being a Doctor either. Learn to live below your means and enjoy the simple things in life. Always be thankful and satisfied with what you have, there is always someone worst off. Smell the flowers along the way, life is really a journey and not a destination. Don't be afraid to be different. Don't be a follower. The only person that I have ever followed is Jesus. Don't worry about what others think. Have balance in your life in all things. Leave your problems to God, they are too many and too big for you to carry. Love and never be jealous for anything. Don't hold a grudge and don't be bitter it only hurts you. Don't be in a hurry to die, slow down. Life is a teacher, be a good student. Enjoy the process of living and enjoy all that you have. Spend time with your family and friends and do what you love, remember we are only here for a time.

Like the Bible says, "Faith without works is dead" and I encourage you to bring your words to life. Words are very powerful but they make wings and fly away. It is through our actions that others see who we really are. Let your words carry weight and let them not be hollow. People hear what you say but they'll be moved by what you do.

One nation under God with Liberty and Justice for all

For America it is my hope that its people will always place god at the helm of their lives and country. This can not be accomplished by force but rather through love and the example that we set forth. If this happens then this country will be forever blessed, protected, and assured of its brightest destiny. I also hope that the citizens of this country always feel that they have an opportunity to better themselves and accomplish their dreams. This ideal will keep this country strong and full of hope going forward. However, if some day this opportunity is only for a few then this great country would be in trouble. People without a vision perish and so will this country without an opportunity for all of its citizens. I hope my grandchildren and theirs can still grow up in a place where their dreams can still come true. Perhaps one day the son or daughter of a descendant of a Cuban immigrant can work hard and become a cashier, a doctor, a business owner, a plumber or even the President of the United States.

.

My Faith

I would like to take this opportunity to share my faith. I am a follower of Christ and I share my faith in the spirit of love with all who read this book. My lord and savior has blessed me with much joy ,peace and freedom .Life can be very hard and it's even harder on your own. It is my prayer that you can experience Gods love in your own life.

These are some of my beliefs and opinions. They are meant to give you some insight into who I am and what I stand for. Whether you agree or disagree with my views at least you know me a little better. To all who read this It is my prayer that God bless you with great health , love and happiness.

Mi fe

Me gustaría aprovechar esta oportunidad para compartir mi fe. Soy un seguidor de Cristo y comparto mi fe en el espíritu de amor con todos los que leen este libro. Mi señor y salvador me ha bendecido con mucha alegría, paz y libertad. La vida puede ser muy difícil y es aún más difícil por su cuenta. Es mi oración que puedas experimentar el amor de Dios en tu propia vida. Estas son algunas de mis creencias y opiniones. Están destinados a darle una idea de quién soy y qué defiendo. Si está de acuerdo o en desacuerdo con mis puntos de vista, al menos me conoce un poco mejor. A todos los que leen esto. Es mi oración que Dios los bendiga con gran salud, amor y felicidad.

Ancestry of Cubans

Cuba And Slavery,a quick review

Cuba was no stranger to the horrible history of slavery.In fact slavery in Cuba begin earlier and ended later than the rest of the Americas and Caribbean.Slaves from Africa were first brought to Cuba in 1521 and it wasn't until 1867 that the slave trade ended in Cuba .Even earlier than 1521 ,Ladinos ,were brought to Cuba.Ladinos were Africans living in Spain and some were brought to Cuba beginning in 1511.From 1521 to 1867 about 1.3 million slaves arrived in Cuba.Most of these slaves were Bantu,followed by Yoruba,Ibo/Ibibio/Ijaw,Ewe and Fon.Many Cubans have sub Saharan African ancestry because of the slave trade .This is the case in my family as well as I will show in the DNA section of this book.Hopefully one day the world will move beyond racism and we will all be treated according to the content of our character instead of the color of our skin as said by MLK.

The Guanches

Guanche is the name given to the original inhabitants of the Canary Islands. Many Cubans ,Venenzuelans ,Puerto Ricans,Dominicans etc have ancestry from the Guanches.The Guanches are believed to have come from the indeginous people of North Africa.The Berbers are likel;y one of the main groups that the Guanches descend from.Both of my parents carry north African dna .They both have ancestry from the canary islands. I have even been able to trace their lines back to the royal Guanche lines of Tenerife and some of the other islands as well. Fortunately there is a great deal of information about the Guanches in many books .A great deal of information is online as well.

Europe

Most Cubans and for that matter most Hispanics or Latinos descend primarily or in part from Spain and Portugal (Iberia) . We get our language ,names ,food,music,customs and even our religion in a large way from the conquistadores and those that followed from Iberia.One discovery that I made about my family is that many of them came from Portugal. Those that have roots in the Canary islands will find this to be true .Most hispanics share ancestry from a lot of the same european countries ..Of course usually Iberia is the main country of ancestry but we also have ancestry from France,Great Britian ,Ireland,Germany ,Italy to name some.

Asian

Many Latinos also have ancestry from Asia.In Cuba many inmmigrants from China came in the 19th century. Many other latin countries also have inmmigration from asia. You will also see Hispanics with ancestry from the middle east,India etc.

Jewish Ancestry

A surprise to some Cubans and latinos is that they have Jewish ancestry. My family too carries such ancestry. At one point there were more jews in Spain than anywhere else in the world.In 1492 many lefty spain or were forced to convert.To this day many Iberians and their descendants carry some level of Jewish dna. Most companies test for Ashkenazi Jewish ancestry so the Jewish ancestry of latinos might be higher since most likely a good deal of their Jewish ancestry is Sephardic.

Native American

I was always intrigued as a child by the sounds made by the Native American flutes.I grew up listening to the sounds of Spanish guitars and African drums .My dad played the guitar and I loved listening to him play. I would put my head on the guitar as he played so I cpuld hear the sounds better. Still the sound of these native flutes always mesmorized me .It was such a beautiful and relaxing sound.I was always told that Cubans had no native American ancestry since they had been all wiped out early on by the conquistadores.Some were killed and many others died as a result of diseases brought over from Europe .To my pleasant surprise ,as it turns out,many Cubans still carry some Native American dna.Cubans called these natives Indios and they referred to them as Tainos or Ciboneys. Ciboneys were mainly in the western part of cuba.They had come to cubas long ago from central and south America and perhaps even from Florida and the Bahamas.My family carries native American dna and many of you will discover this as well. I feel proud to carry the imprint in my dna of the first inhabitants of the new world. It definitely gives me a sense of belongiong.

mi padre

Foto de mis padres el dia que llegamos a Estados Unidos-Day we arrived in the U.S.
Picture of me in High School –Foto mia en la escuela

Yo y mi madre.

Reflections

I look in the mirror and see a young child,
Who like a beautiful flower grows in the wild.
He laughs and plays and often wonders,
Running in the grassy fields, what lies there yonder.

I look again in the mirror and see a young boy,
Who still loves to play and is so full of joy.
He tells his parents about all his dreams,
All is perfect or so it seems.

Once again I look in the mirror and see a young lad,
He's grown strong and confident very much like his dad.
Smart, respectful and so filled with life,
He sets out to conquer the world and perhaps even a beautiful wife.

I look in the mirror one last time and see an old man,
I see dreams that never were and times that will never come again.
I see forgotten faces and fading memories of how things used to be,
Tears fall from his eyes, as he looks in the mirror and sees me.

My poem. Reflections.

Delfin F.

I will always yearn to be home.--------Siempre anorare regresar a mi casa.

Delfin F.

SAN LUIS----------------

San Luis ,hermoso poblado.
Donde el Siboney vivio
Y con su sangre escribio
La historia de aquel pasado.

Estas de plano ubicado
En la region Pinareña,
Y tu geografia enseña
Tus costas meridionales,
Que reciben a raudales
Aguas de la mar sureña.

Tu produccion principal,
Es el tabaco fecundo,
Apreciado en todo el mundo
Por su aroma sin igual.

De fama internacional
Son tus llamados "Habanos",
Fabricados por las manos

De obreros que con talento
Han levantado el portento
De su arte como cubano.

En aquel lugar precioso
Fue que vi mi luz primera
Y comenze mi carrera
En un hogar amoroso.

Me queda el recuerdo honroso
De llamarme Sanluiseño
Conservando el grato sueño
De sus vistas y paisajes,
Que adornan a sus parajes
Como amanecer sedeño.

Delfin Fernandez

Historia de San Luis

Don Nicolas Iglesias,esposo de Doña Juana Romero recibio en la La Habana las escrituras que lo hicieron dueno de las haciendas “San Luis” y “El Tirado” el 15 de Febrero de 1808 . Juana Romero mandó a construir la primera casa en el ano

1827 y pagó para que se edificara una ermita de piedra y tejas en honor a San Joaquín.Juana donó una caballería de tierra en el ano 1831 para el desarollo del pueblo.En el 1834 ella financio la construccion de la iglesia.Se inauguro la iglesia San Joaquin el 16 de Agosto de 1835.San Luis se establecio en municipio a partir del primero de enero de 1879 .Se le llamaria San Luis de los Ríos, San Luis de la Ceiba, entre otros nombres. Originalmente se le puso San Luis de los Pinos por la cantidad de pinos que habian. San Luis colinda con el mar Caribe al sur,con la ciudad de Pinar del Rio al norte y este y al oeste colinda con San Juan y Martinez.

San Luis esta situada en la region más occidental de la isla de Cuba y pertenece a la provincia de Pinar del Rio (antes se conocia como Nueva Filipina).En el presente cuenta con alrededor de 33000 habitantes .Antes de la revolucion los barrios eran Barbacoa,La Coloma,Tirado,San Luis,Rio Seco ,Palizadas ,Barrigonas y Llanadas.Hoy en dia esta dividido el municipio en Palizadas, Rio Feo,Urbano,Santa Fe,El Corojo,El Retiro ,Buenavista y Santa Maria.Desde su comienzo la vida en San Luis giraria alrededor de la siembra del tabaco .En San Luis y San Juan y Martinez se cultiva el mejor tabaco del mundo.

History of San Luis

Don Nicolas Iglesias, husband of Doña Juana Romero, received in Havana the writings that made him the owner of the “San Luis” and “El Tirado” estates on February 15, 1808. Juana Romero ordered the construction of the first house in 1827 and paid to build a shrine of stone and tiles in honor of San Joaquin. Juana donated a caballeria of land in 1831 for the development of the town. In 1834 she financed the construction of the church. The San Joaquin church was inaugurated on August 16, 1835. San Luis was established as a municipality in January 1, 1879. It would be called San Luis de los Ríos, San Luis de la Ceiba, Among other names. Originally it was named San Luis de los Pinos because of the amount of pine trees that existed. San Luis borders the Caribbean Sea to the south, with the city of Pinar del Rio to the north and east and to the west it borders San Juan y Martinez. San Luis is located in the westernmost region of the island of Cuba and belongs to the province of Pinar del Rio (formerly known as Nueva Filipina). At present it has about 33,000 inhabitants. Before the revolution the neighborhoods were Barbacoa , La Coloma, Tirado, San Luis, Rio Seco, Palizados, Barrigonas and Llanadas.Today the municipality is divided into Palizados, Rio Feo, Urbano, Santa Fe, El Corojo, El Retiro, Buenavista and Santa Maria. Life in San Luis has always revolved around tobacco planting. The best tobacco in the world is grown in San Luis and the nearby town of San Juan y Martinez.

Pueblo de San Luis.

Iglesia de San Luis.

OH TIERRA MIA, MI CUBA HERMOSA!
YO PIENSO EN TI TODOS LOS DIAS,
MI CORAZON LATE DE ALEGRIA
MI BELLA CUBA, PRECIOSA ROSA.

UN DIA PARTI YO DE TU LADO,
PARA JAMAS PODER VOLVER
Y UN GRAN DOLOR QUEDÓ EN MI SER
PENA SIN NOMBRE QUE NO HE OLVIDADO.

COMO UN CUCHILLO QUEDO CLAVADO
EN LO PROFUNDO DEL CORAZON,
Y CASI PIERDO YO LA RAZÓN
POR NO PODER ESTAR A TU LADO.

QUE TRISTE INVIERNO, TAN LARGO Y FRIO,
NI EL SOL CALIENTA MI ALMA SIN TI,
TANTOS RECUERDOS QUE YO VIVI
AY! QUE DESTINO TAN CRUEL EL MIO.

DELFIN FERNANDEZ 2.20

30 June 2020

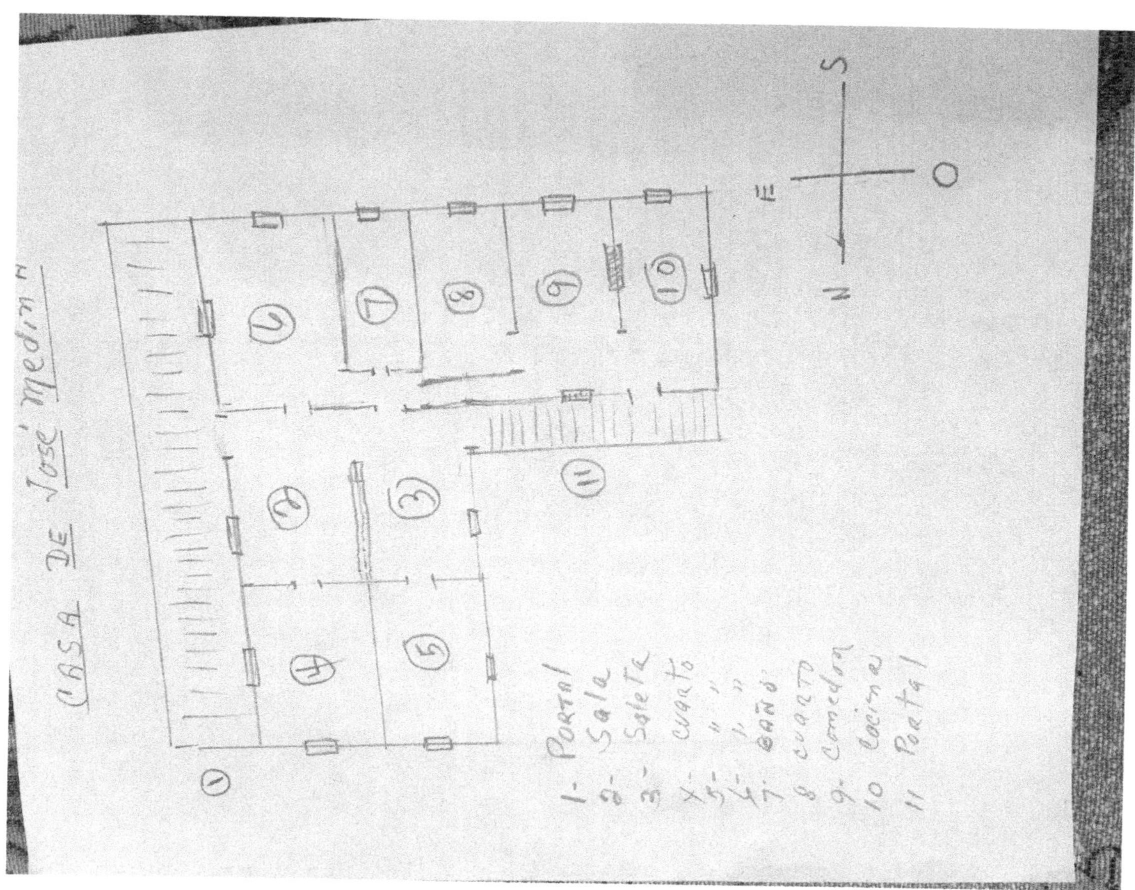

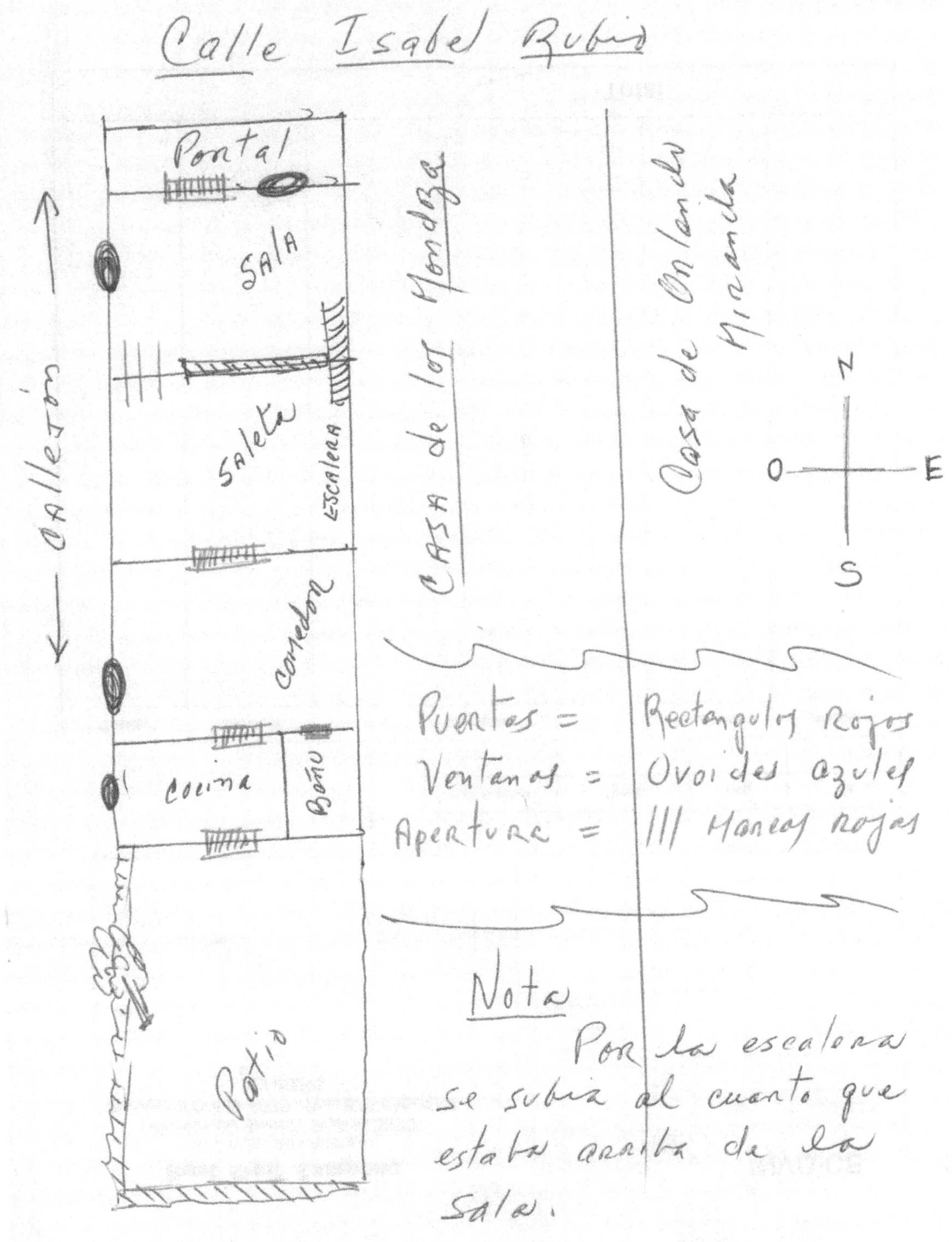
Calle Isabel Rubio
Portal
Sala
Saleta
Escalera
Comedor
Cocina
Baño
Patio
Callejón
Casa de los Mendoza
Casa de Orlando Miranda
N
O
E
S
Puertas = Rectangulos Rojos
Ventanas = Ovoides azules
Apertura = /// Marcas rojas
Nota
Por la escalera se subia al cuarto que estaba arriba de la sala.

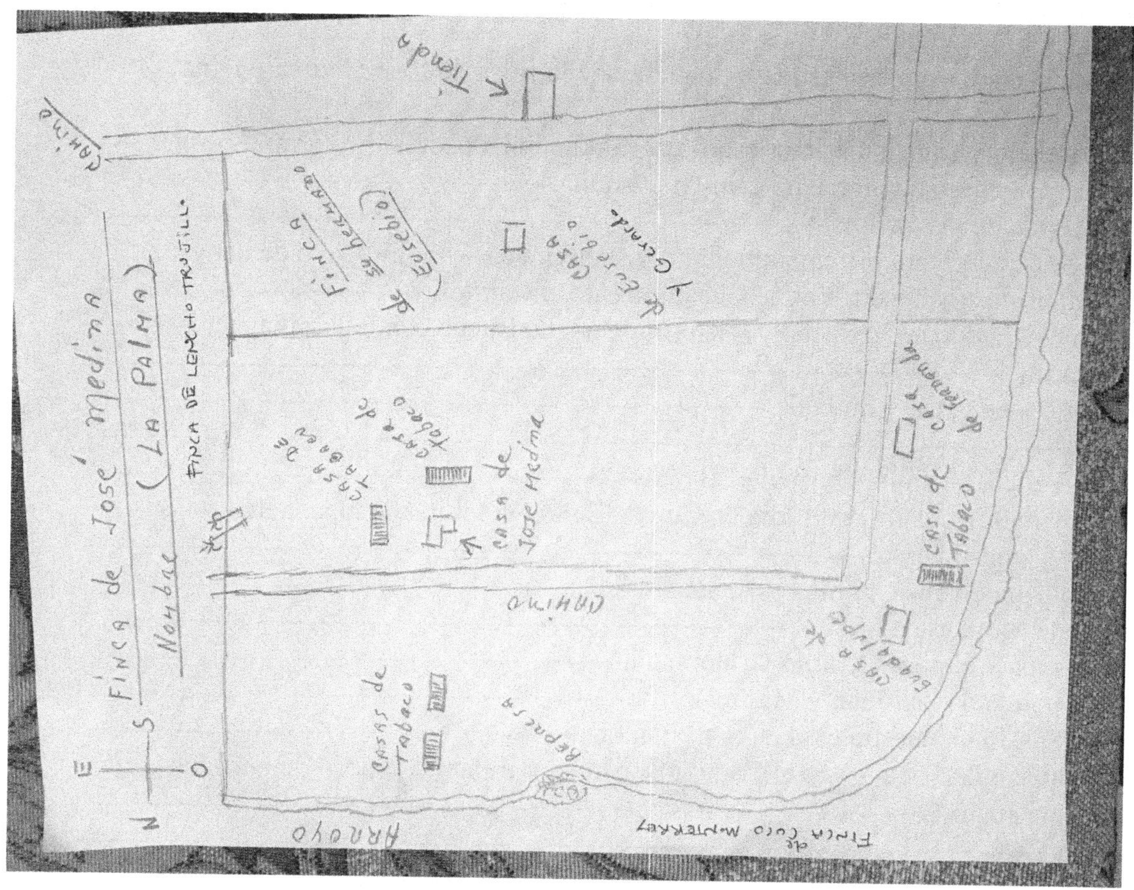

Despues de la pagina que muestra un diagrama de la finca de Jose Medina(pagina previa0.Sigue con--

Foto de Santiago y Aida.(su primer esposa)—tambien mis padres y yo y mi esposa.-----
Mis padres y una foto de mi madre cuando Chiquita.--
Foto de la boda de mis padres.---
Yo y mis padres.Yo y mi primo Santiaguito y su hermana.—mi hija y yo de baby.
Miguel (mi primo)-y nosotros en la Habana(frente al Capitolio)------------------------------
Yo de baby –Ricardo mi hermano y mis primos-noche Buena con la familia etc.------------
Yo y mis primos---
Yo y mi hijo—en Cuba-y mi boda---
Mis padres--
Mi abuela Felicia de ninita –hijos de Felicia---
Mi abuela y mi hija –con Olga Lidia en Cuba – Belkis y Zahilis de ninas -etc.-------------
Monterrey y nuestra casa --
Lugares en Monterrey de familia y vecinos—Etc.--
Mas fotos de Monterrey--
Casa de la nina y el nino-Gerardo y Iluminada--
Campo de pelota de San Juan y Martinez---
Parque de San Juan nuestra casa en San Juan (azul)--
Casa de la playa de Cheo----(en el Portal mis padres y Rafael) –esposo de Fermina-
entrada a San Juan--
La Habana--
Hijas de Pedro Luis---
Pedro Luis--
Cheo y Felicia--
Emerita y mi madre---
Mireya y Felito---
Paulina y Vicente y Pepilla ---
Panfila –madre de Coralia--Eleida y Mongo de baby y Berta Bustio-------------------------
Basilisa—Emerita-Eleida-Minelba-Mario---
Paulina y sus hermanas---
Pedro Pablo y su familia---Coralia-Mis suegros y Santiaguito y su esposa Niurka--Abuela y sus hijos (de Pedro Pablo su hermano)---
-fotos de los viajes de Felicia-etc.---
Pedro luis y mi mama
Cuca y Manuel
Tia Noelia y mi madre y yo -1080 -81
Bobeda de Cheo y Felicia
Mas fotos de la familia y Monterrey
Etc.

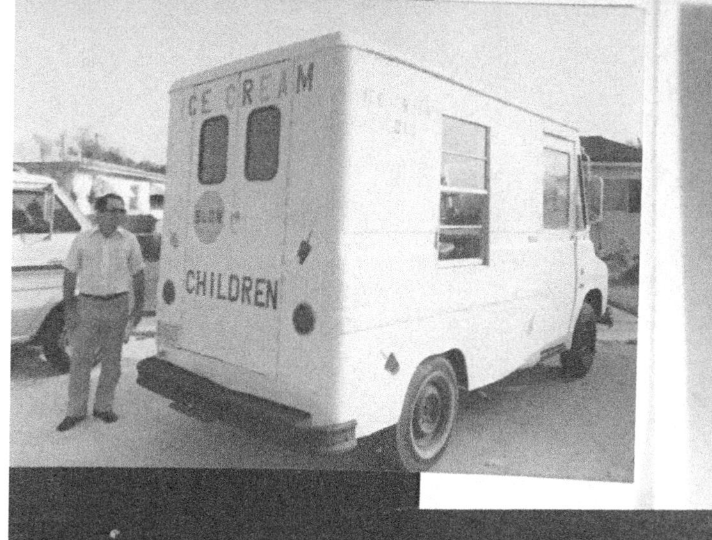
ICE CREAM
CHILDREN

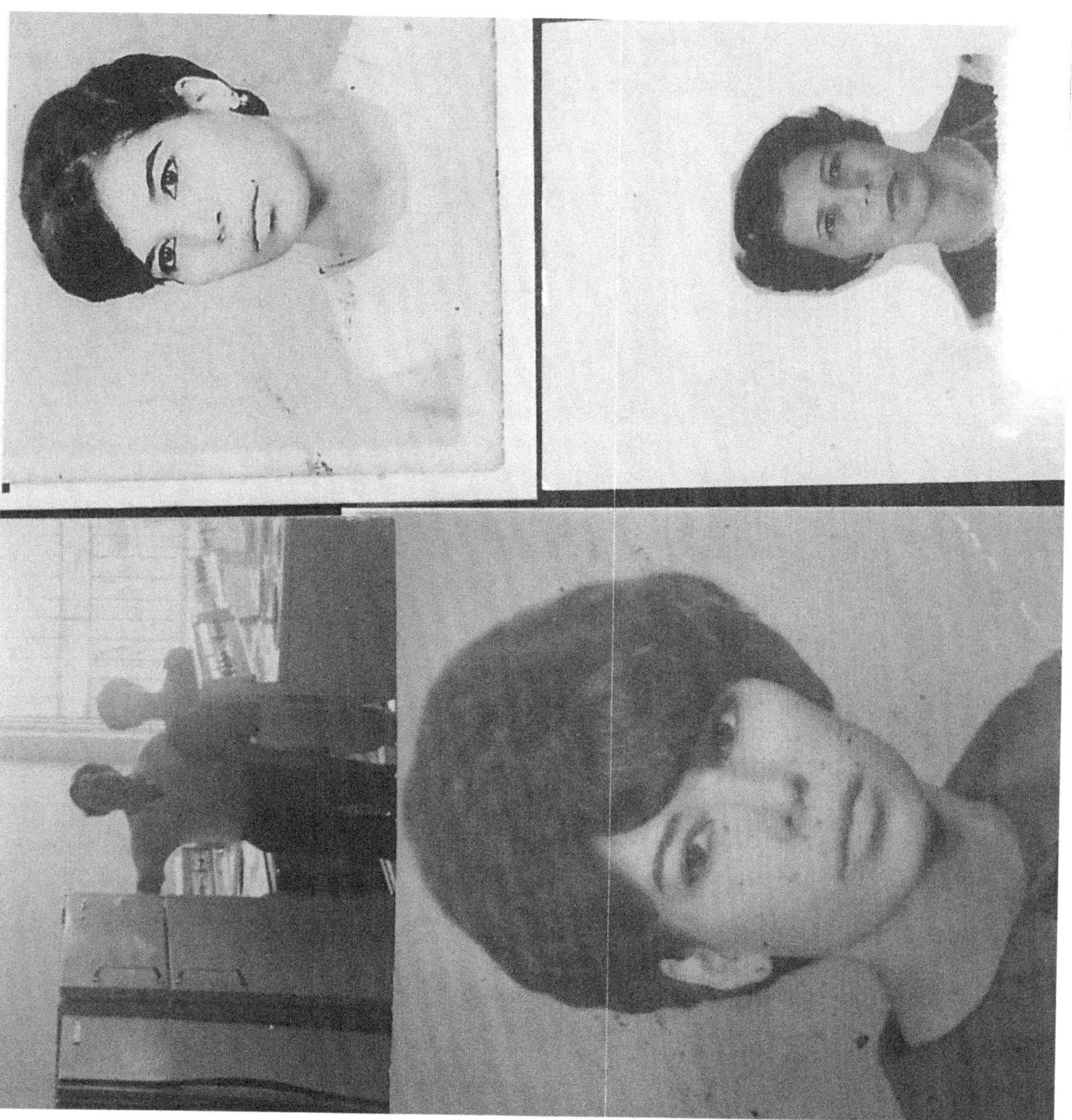

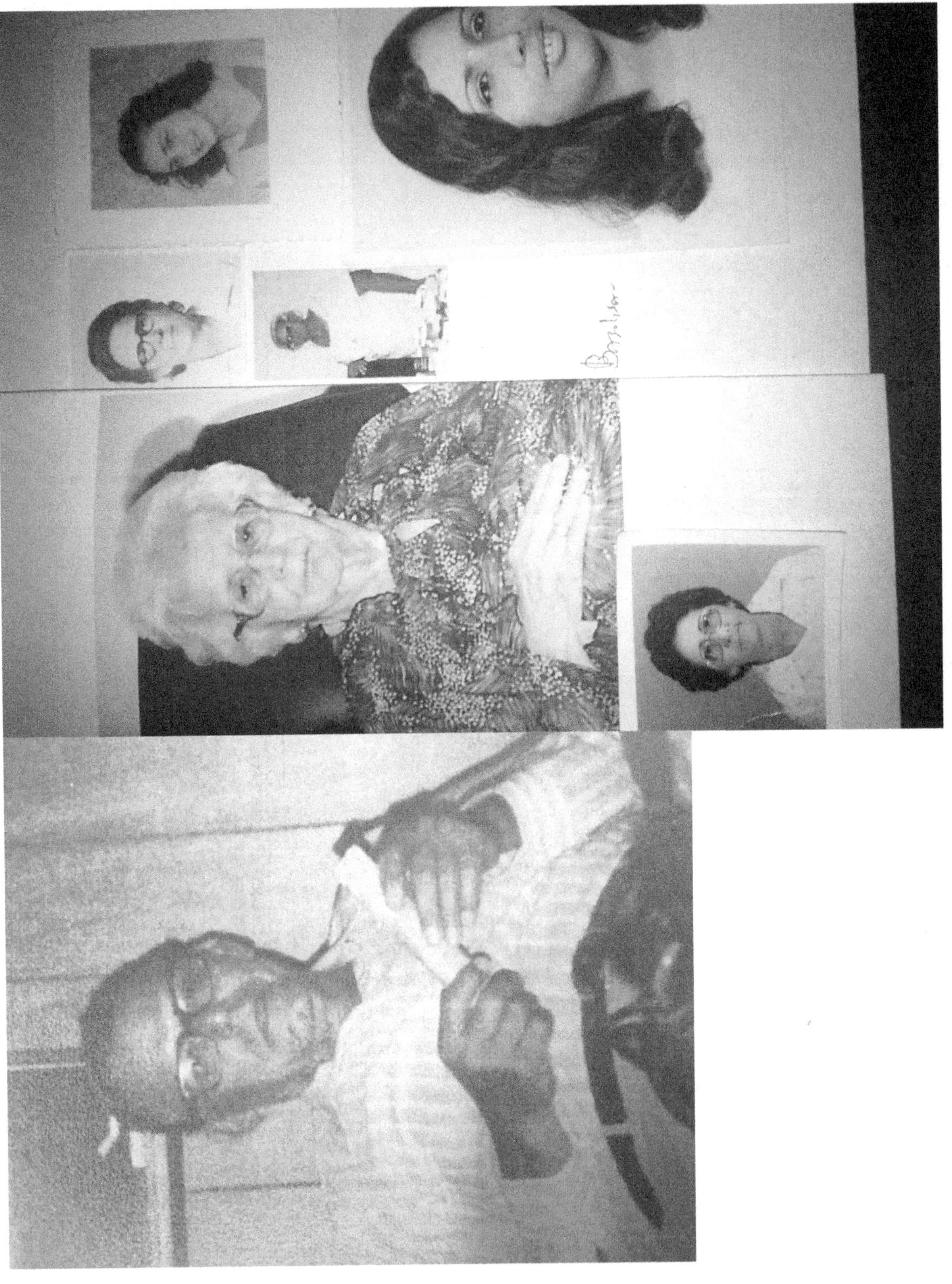

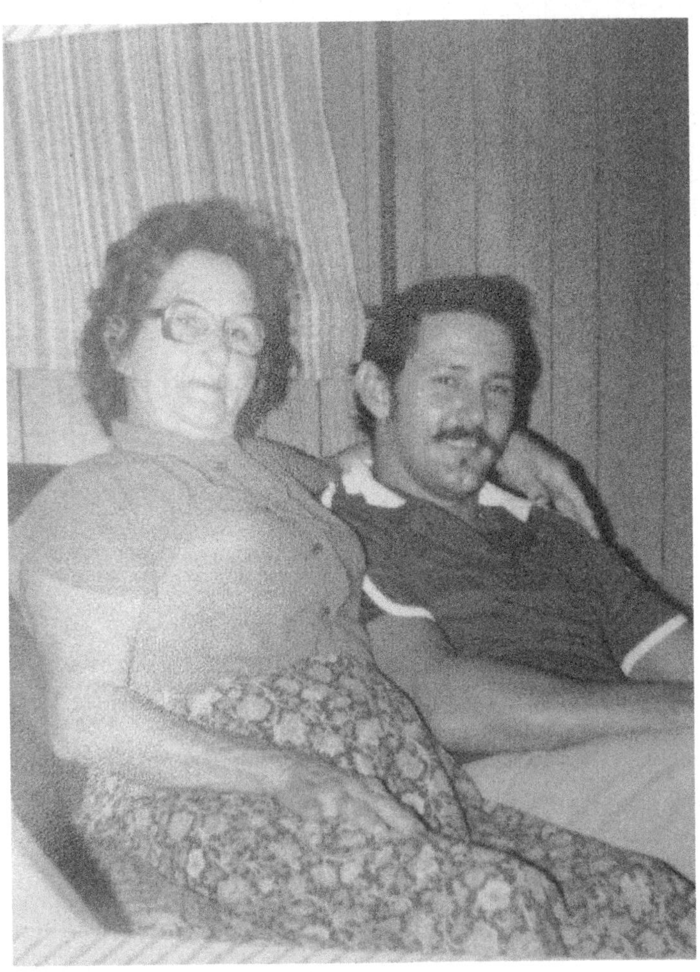

JOSE MEDINA
NUNCA TE OLVIDAREMOS
TU ESPOSA HIJOS Y NIETOS
JULIO 27 1909

Jose Luis.

Dia que llegamos de Cuba.

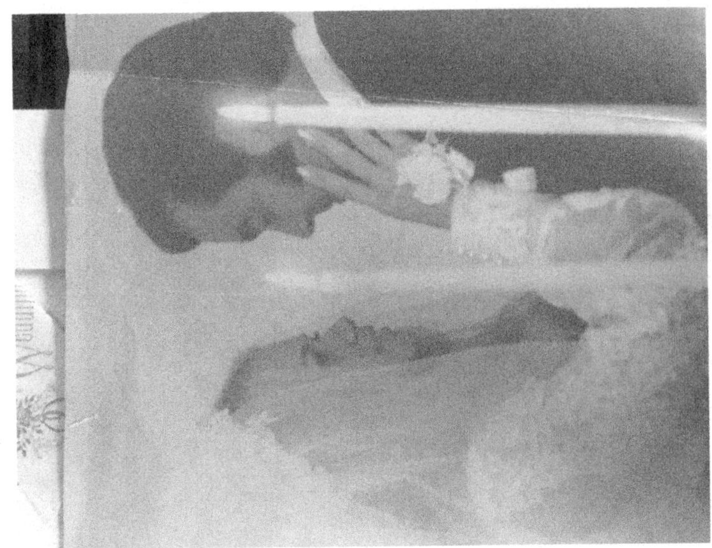

Noelia y Juan.Cheo y Esperanza.

Fincas en Monterrey.

SELLO [illegible] AÑOS DE 1822 Y 23

1823. D. Juan [illegible] vecº de esta ciudad de Bar-
Mayo 26 celona en Cataluña, como mas haya
lugar ante V. parezco y digo: q. tengo
estipulado contraer matrimonio con Dª
Rosa de [illegible] el q. no puedo veri-
ficar p. serme necesario antes hacer
constar en este Tribl. mi soltª Cristiandad y demas requisitos necesarios.
Por tanto
A V. Suplico se sirva mandar se me reciba
informacion de [illegible] p. los q. presentare juramentados en forma declaren al
tenor de este pedimento cuanto les conste y resultando conforme se me despa-
che la licª de estilo cometida al Cura
de Guadalupe extramuros p.q. en tres dias
festivos nos amoneste y no resultando
impedimento nos despose y vele en la fra-
[illegible] p. est.ª Juro &c.

Juan Vateroy

Hab.a y Marzo 26 de 1823
Recibase la información q.e ofrece compa-
rezca con los testigos á ser examinados [illegible]

Abreu
[illegible]

En la Ciudad de la Habana, á veinte y seis de Marzo de mil ochocien-
tos veinte y tres [illegible] D.n Juan [illegible]
para la información q.e tiene ofreci-
da presentó p.r testigo ante su md.
a D. Pedro Coll natural de Cataluña
[illegible] de esta Ciud. y [illegible] en el Comercio
vive calle de [illegible]
se recibió juramento q.e hizo
conforme á dro. ofreció decir verdad y examinado al tenor del
escrito q.e antecede dijo: q.e conoce [illegible] al pretend.te

ante mi el D. Guillermo [illegible]
nat. de Cataluña de estado sol-
y en apareciendo en la Calzada
de Guadalupe [illegible]
juram.to q.e hizo conforme a der.o
ofreció decir verdad y examinado
al tenor del mismo escrito dixo q.e
conoce en su Patria al pretend.te
desde niño de donde salió p.a esta [illegible]
que hace como seis a.s tres an-
tes q.e el exponente por cuya
razon asegura q.e es solt.o y sin
ningun impedim.to p.a el matrimonio
q.e pretende y es legitimo Catolico q.e
habiendolo visto ejercer los actos
de Ntra Sagrada religion q.e
su edad puede ser la de veinte y seis a.s y su ex.o en el Comercio; y responde q.e lo declarado es la verdad so cargo
de su juramento q.e es de

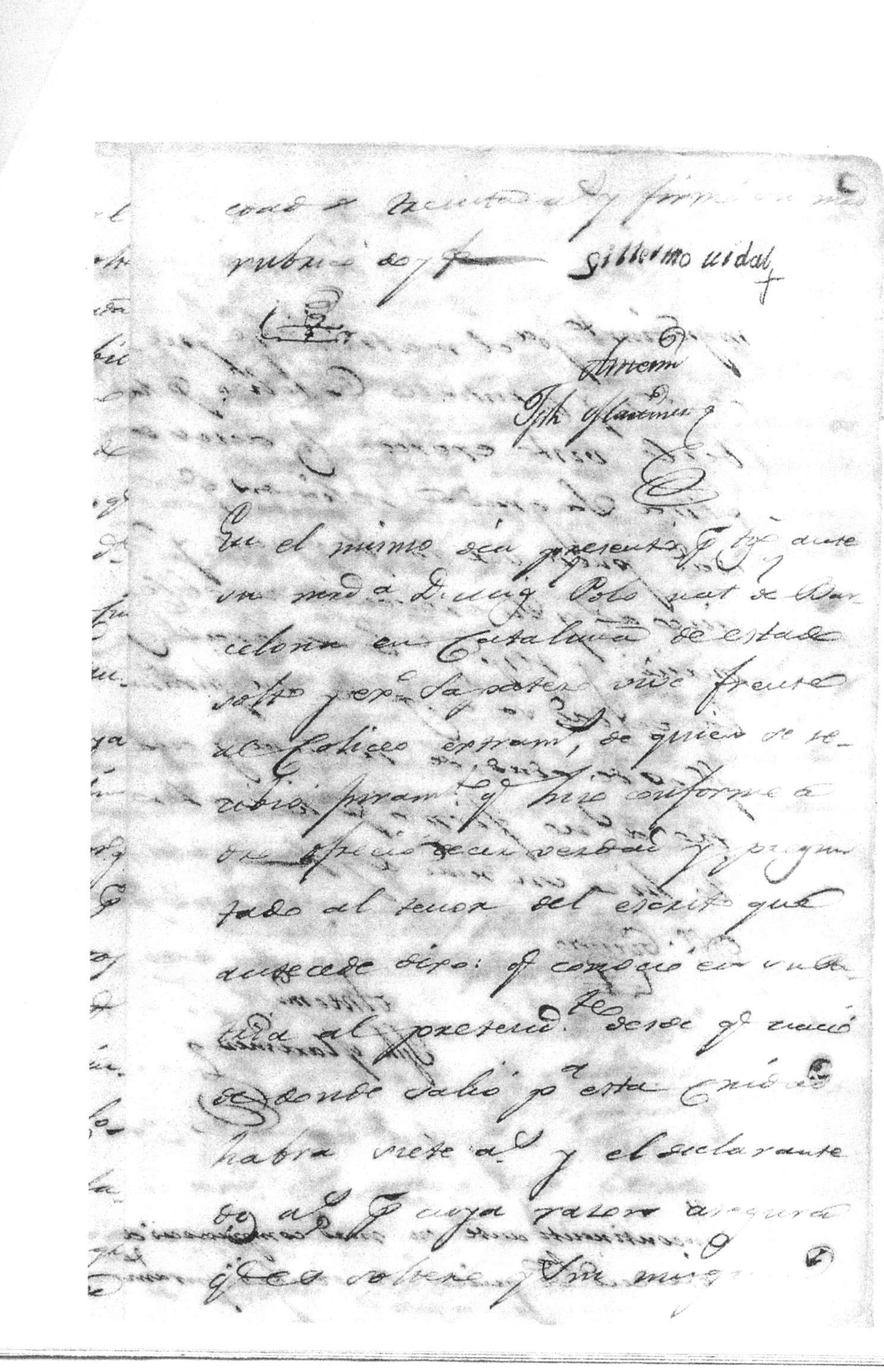

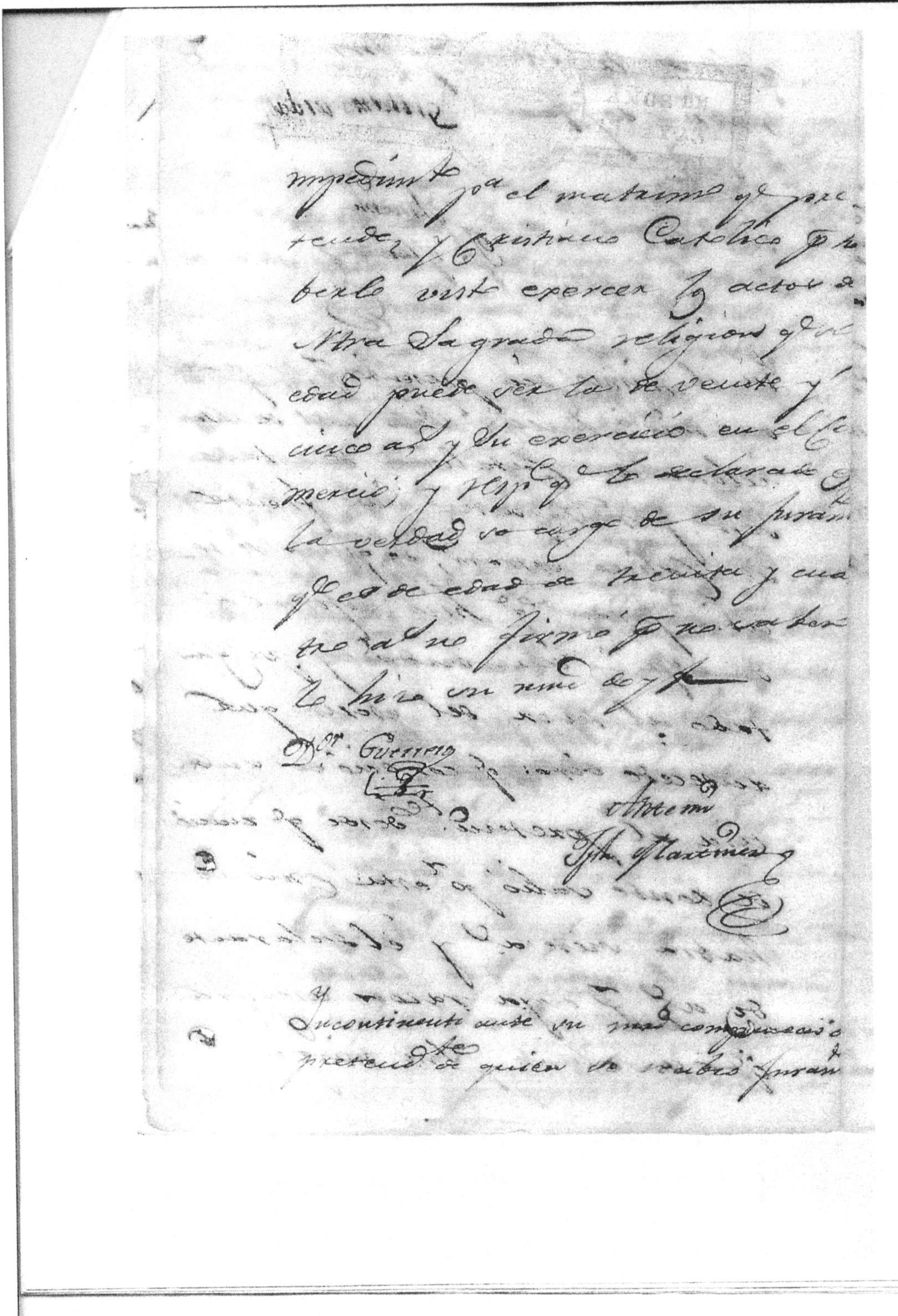

impedim.to p.a el matrim.o q.e pretende, y le tiene p.r Catolico p.r ha-
berle visto exercer los actos de
Ntra Sagrada religion q.e su
edad puede ser la de veinte y
cinco a.s y su exercicio en el co-
mercio; y [illegible] q.e se declarase [illegible]
la verdad so cargo de su juram.to
q.e es de edad de treinta y cuatro a.s no firmó p.r no saber
lo hizo en nomb. de [illegible]

D.r Guerrero

Ante mi

Juan Martinez

Incontinenti [illegible] comparecio
presente [illegible] quien se recibio juram.to

q. [illegible] ofrecio decir verdad
y preg. a la [illegible] dijo: q. se llama
D.n Juan Mateo, nat. de la Ciudad de
Barcelona en Cataluña, hijo leg.mo de D.
Ant.o Mateo y de D.a Maria [illegible], q. es
de edad de veinte y cinco a.s, de estado soltero q. no ha sido casado ni dado palabra a otra persona q. a D.a Rosa [illegible]
[illegible], con quien no tiene parentesco ni
impedim.to q. no ha hecho voto ni inter-
viene violencia, y q. hace seis a.s q. sa-
lio de su Patria p.a esta en la q. ha
permanecido hasta la fha; y q. lo q.
ha declarado es la verdad so cargo
de su juram.to y firmó [illegible] rubricó
de q. fe [illegible] vale

Juan Mateo

[illegible]

En el mismo dia presentó [illegible]
de abono ante mi [illegible] a D. Mig.
Moran nat. y vecino de [illegible]

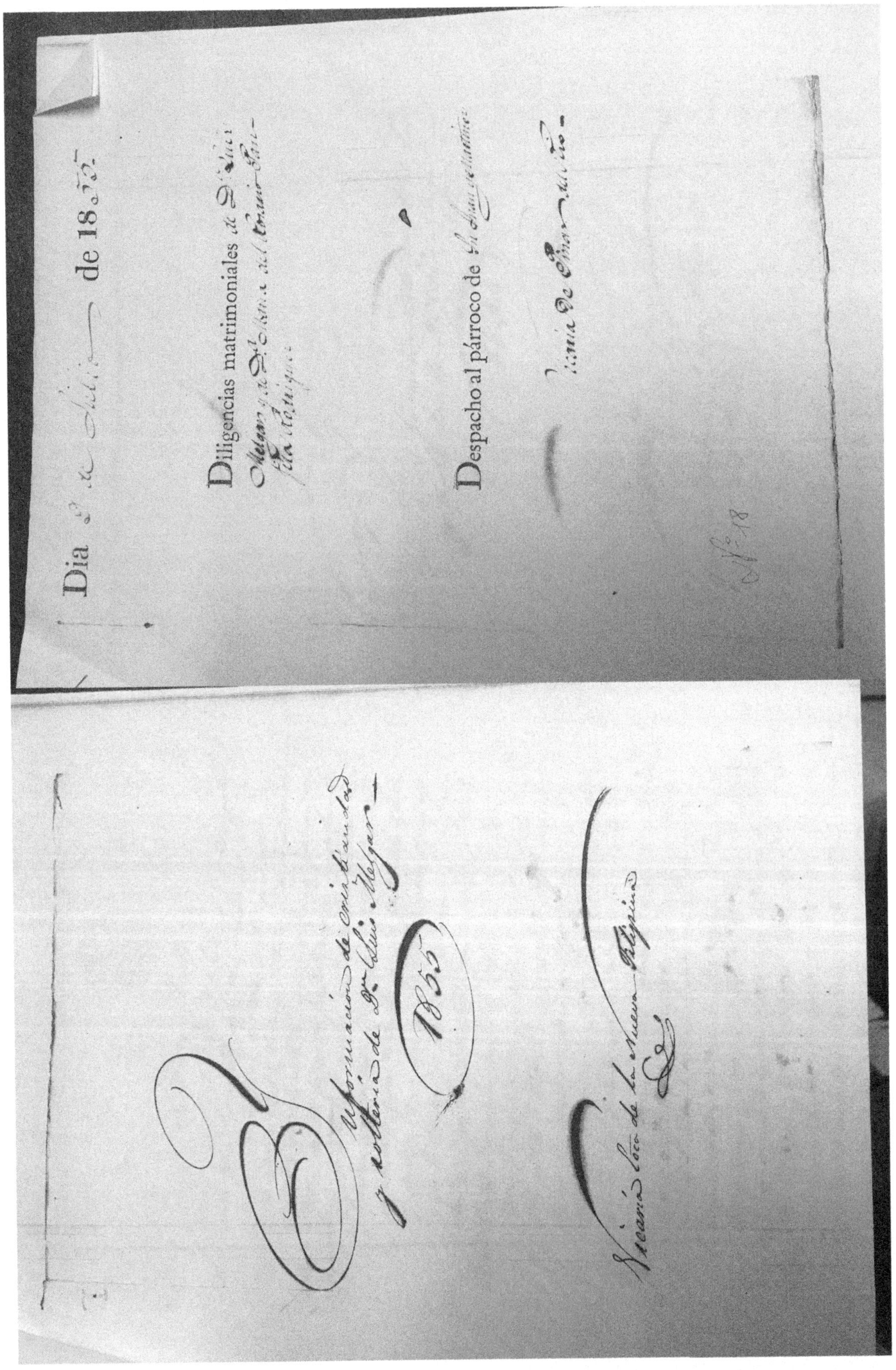

Dia ... de 1855

Diligencias matrimoniales de ...

Despacho al párroco de ...

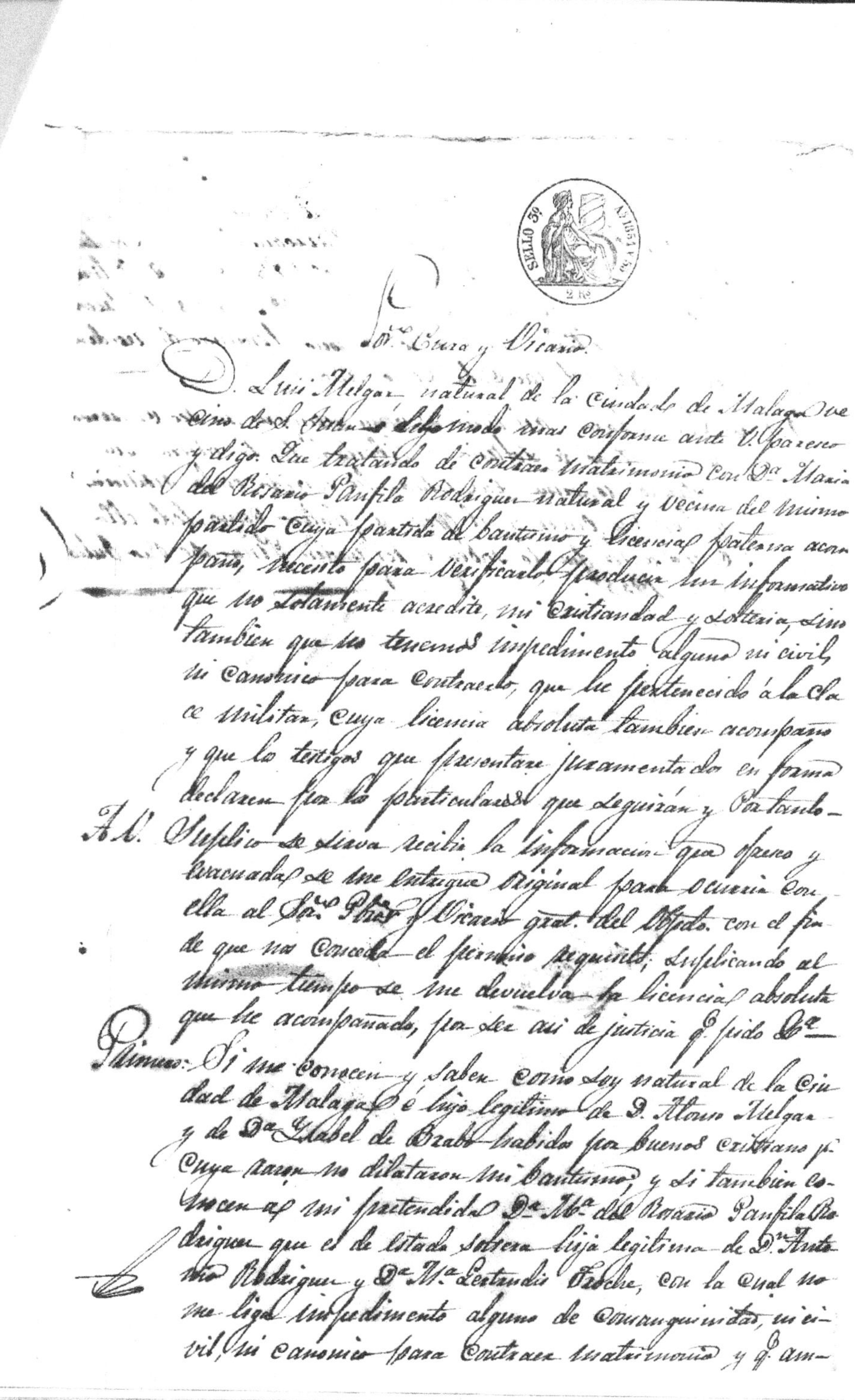

SELLO 3º AÑOS 1854 Y 55 2 Rs

Sor. Cura y Vicario

D. Luis Melgar natural de la Ciudad de Malaga ve
cino de S. [illegible] [illegible] [illegible] ante V. parezco
y digo: Que tratando de contraer matrimonio con Da. Maria
del Rosario Panfila Rodriguez natural y vecina del mismo
partido cuya partida de bautismo y licencia paterna acom
paño, necesito para verificarlo, producir una informacion
que no solamente acredite mi cristiandad y solteria, sino
tambien que no tenemos impedimento alguno ni civil,
ni canonico para contraerlo, que he pertenecido a la cla
se militar, cuya licencia absoluta tambien acompaño
y que los testigos que presentare juramentados en forma
declaren por los particulares que seguiran y Por tanto —

A V. Suplico se sirva recibir la informacion que ofrezco y
evacuadas se me entregue original para ocurrir con
ella al Sor. Provr. y Vicario gral. del Obpdo. con el fin
de que me conceda el permiso siguiente; Suplicando al
mismo tiempo se me devuelva la licencia absoluta
que he acompañado, por ser asi de justicia q. pido &a. —

Primero: Si me conocen y saben como soy natural de la Ciu
dad de Malaga, é hijo legitimo de D. Alonso Melgar
y de Da. Isabel de Prado habidos por buenos cristianos p.
cuya razon no dilataron mi bautismo, y si tambien co
nocen a mi pretendida Da. Ma. del Rosario Panfila Ro
driguez que es de estado soltera hija legitima de D. Anto
nio Rodriguez y Da. Ma. Sertundis [illegible], con la cual no
me liga impedimento alguno de consanguinidad, ni ci
vil, ni canonico para contraer matrimonio y q. am—

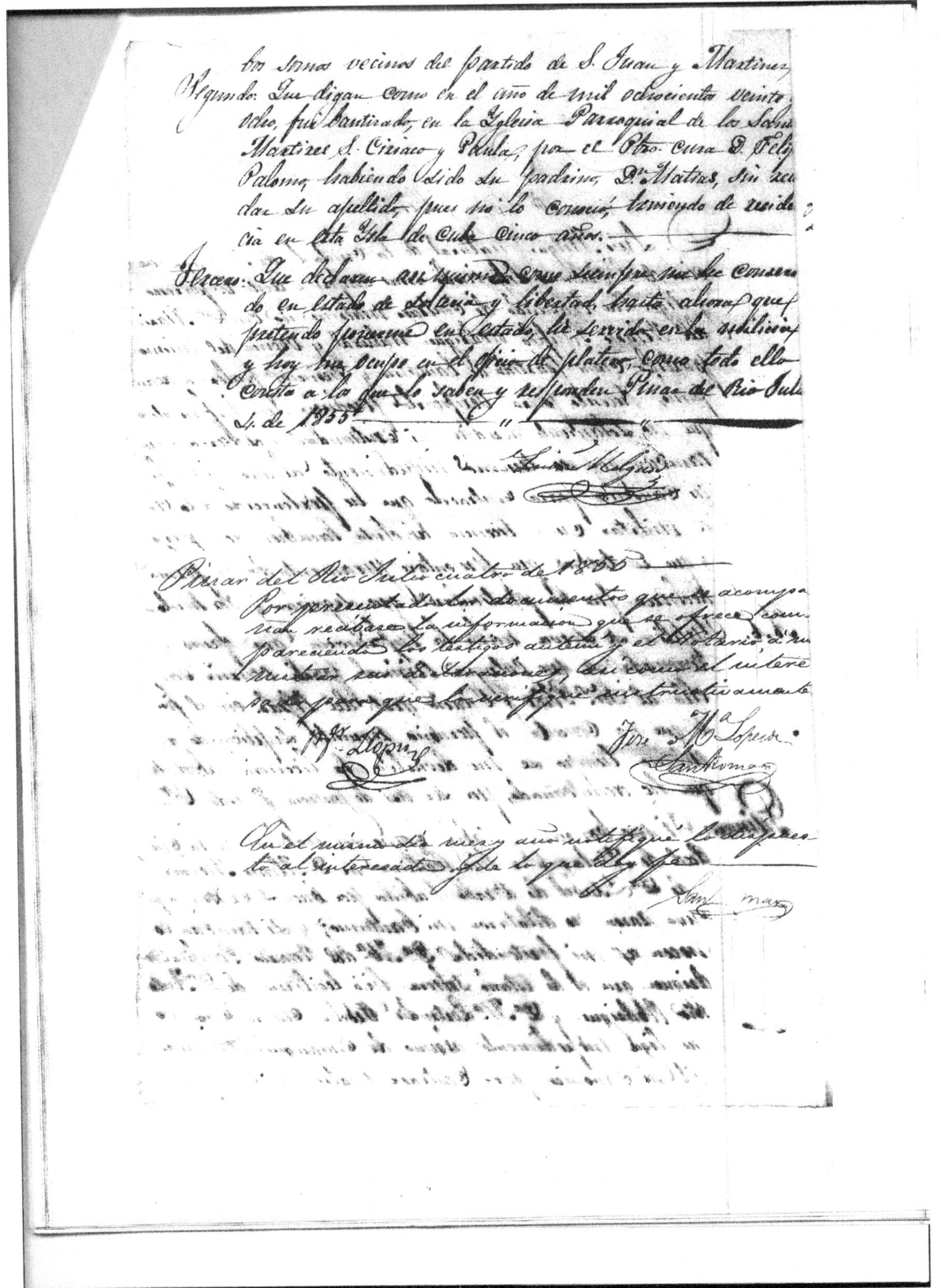

los somos vecinos del partido de S. Juan y Martinez

Segundo: Que digan como en el año de mil ochocientos veinte y ocho, fue bautizado, en la Iglesia Parroquial de los Santos Martires S. Ciriaco y Paula, por el Pbro. Cura D. Felipe Paloma habiendo sido su padrino, Dn. Matias, sin recordar su apellido, pues no lo conoció, teniendo de residencia en esta Isla de Cuba cinco años.

Tercero: Que declaren asimismo como siempre me he conservado en estado de soltería y libertad, hasta ahora que pretendo ponerme en estado, he servido en la milicia y hoy me ocupo en el oficio de platero, como todo ello consta a los que lo saben y responden. Pinar del Río Julio 3. de 1855.

[illegible]

Pinar del Río Julio cuatro de 1855.

Por presentado con los documentos que se acompañan recíbase la información que se ofrece compareciendo los testigos ante mi y el Notario de [illegible] [illegible] y hecho entréguese al interesado para que la verifique instructivamente.

[illegible] Lopez — Jose Ma. Lopez — Santamaria

En el mismo dia mes y año notifiqué lo dispuesto al interesado [illegible] de lo que doy fe.

Santamaria

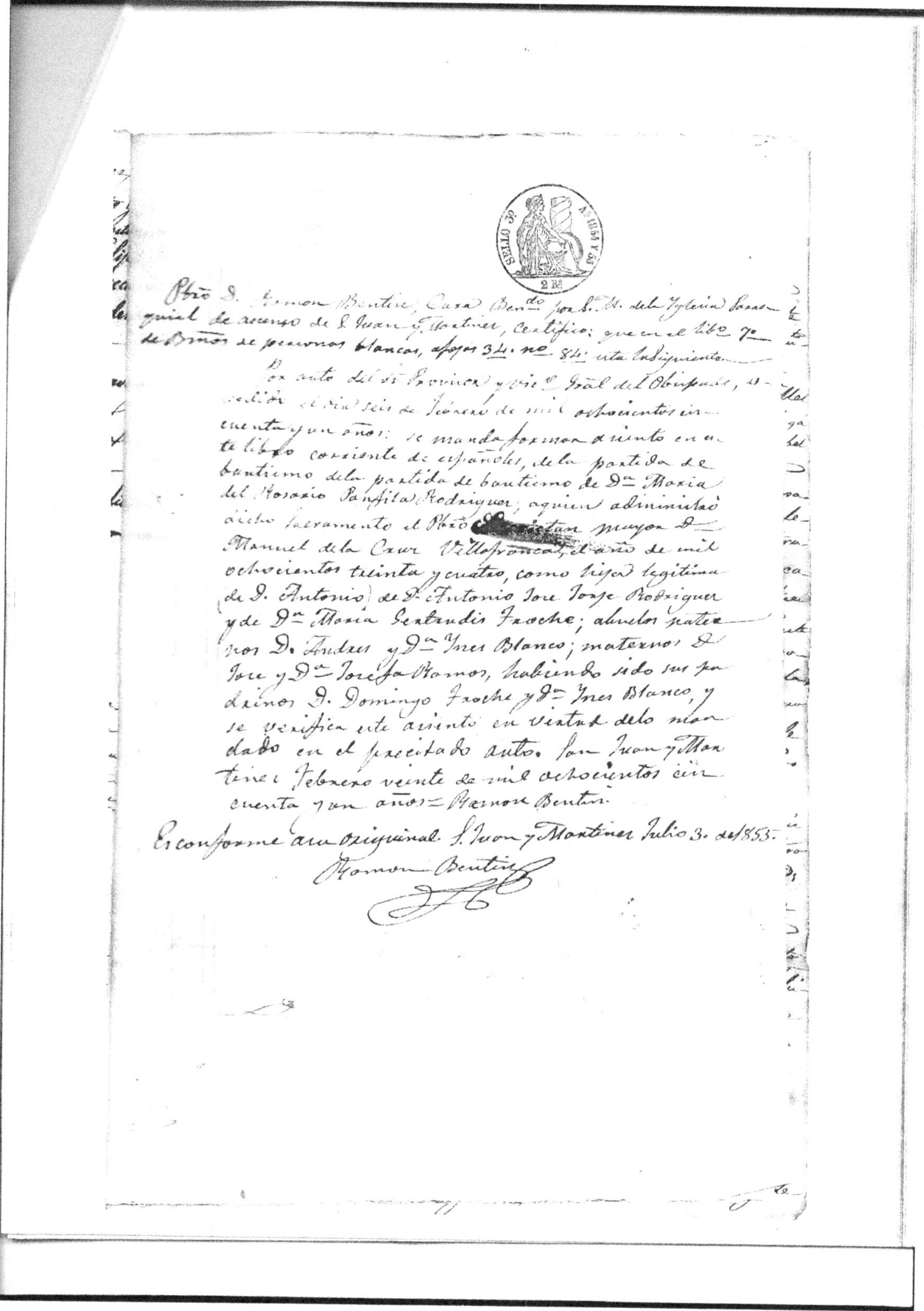

Pbro D. Ramon Bentiz, Cura Ben.do por S. M. dela Yglesia Parroquial de ascenso de S. Juan y Martinez, Certifico: que en el lib.o 7º de Bau.os de personas blancas, a fojas 34. no. 84: esta la siguiente.

Por auto del Sr. Provincr. y vic.o Gral del Obispado, dado el dia seis de Febrero de mil ochocientos cincuenta y un años: se manda formar asiento en este libro corriente de españoles, dela partida de bautismo dela partida de bautismo de Dña Maria del Rosario Panfila Rodriguez; a quien administró dicho sacramento el Pbro [illegible] mayor D. Manuel dela Cruz Villafranca, el año de mil ochocientos treinta y cuatro, como hija legitima de D. Antonio de D. Antonio Jose Jorge Rodriguez y de Dña Maria Gertrudis Froche; abuelos paternos D. Andres y Dña Ines Blanco; maternos D. Jose y Dña Josefa Ramos, habiendo sido sus padrinos D. Domingo Froche y Dña Ines Blanco, y se verifica este asiento en virtud delo mandado en el precitado auto. San Juan y Martinez Febrero veinte de mil ochocientos cincuenta y un años = Ramon Bentiz

Es conforme a su original. S. Juan y Martinez Julio 3. de 1853.

Ramon Bentiz

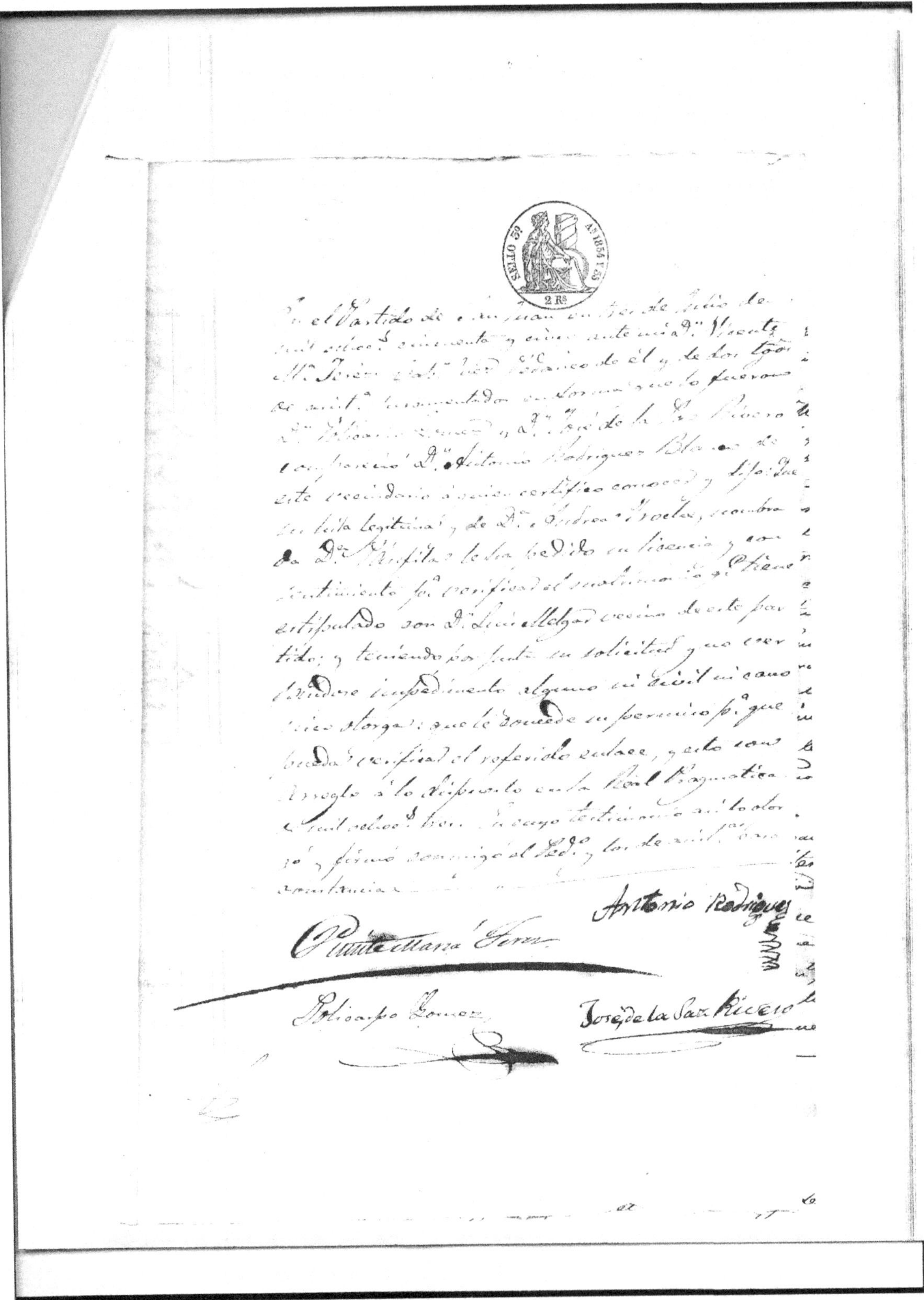

SELLO 5º AÑ 1854 Y 55
2 Rs

Antonio Rodriguez

Policarpo Gomez

José de la Paz Rivero

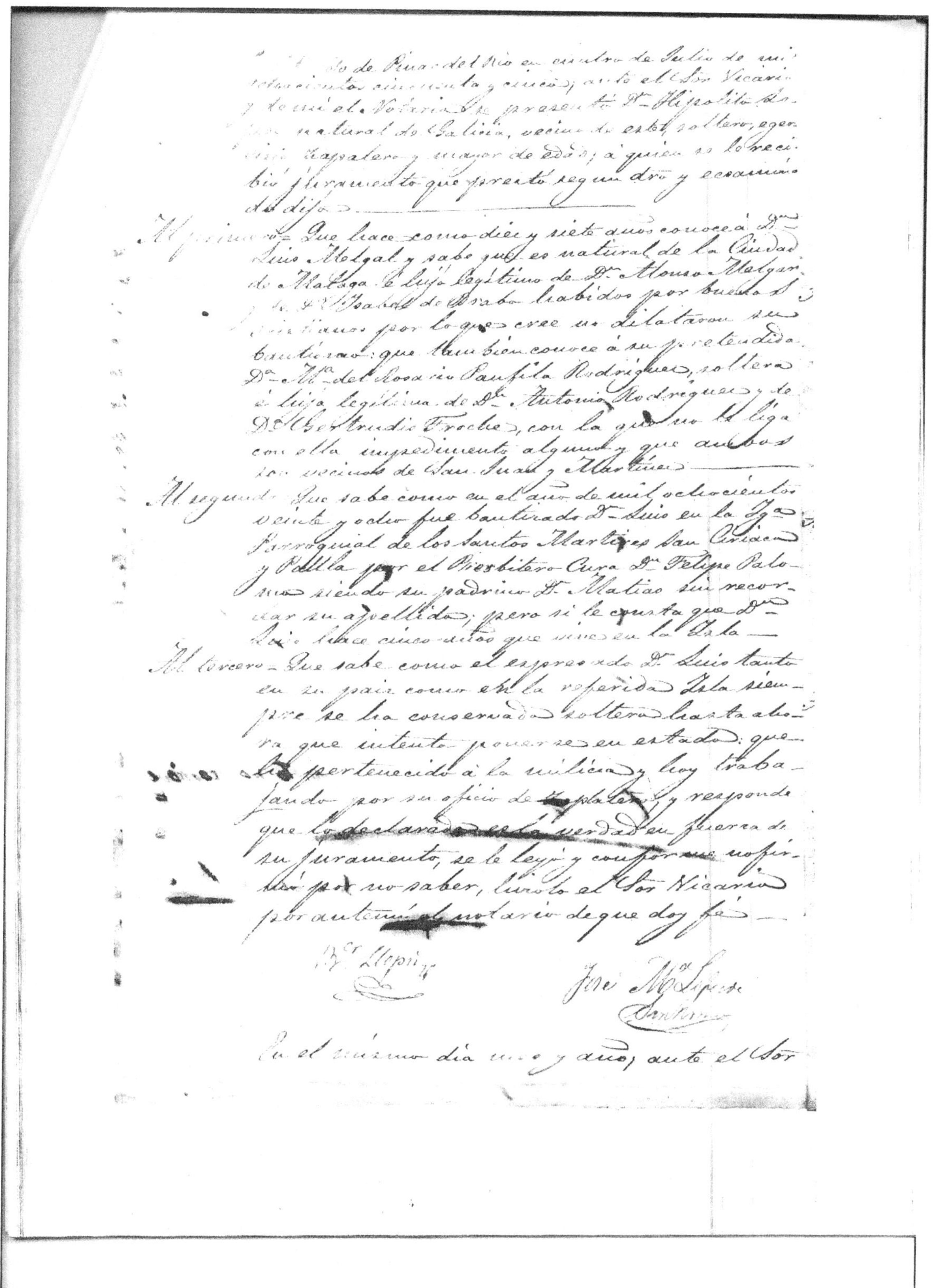

... do de Pinar del Rio en cuatro de Julio de mil
ochocientos cincuenta y cinco; ante el Sor Vicario
y de mi el Notario se presentó D. Hipolito [illegible]
[illegible] natural de Galicia, vecino de esta, soltero, ejercicio zapatero y mayor de edad; á quien se le recibió juramento que prestó segun dro y ecsamina-
do dijo ——

Al primero = Que hace como diez y siete años conoce á D.n
Luis Melgar y sabe que es natural de la Ciudad
de Malaga é hijo legitimo de D. Alonso Melgar
y de D.a Ysabel de [illegible] habidos por buena [illegible]
cristianos por lo que cree no dilataron su
bautismo; que tambien conoce á su pretendida
D.a M.a del Rosario Panfila Rodriguez, soltera
é hija legitima de D. Antonio Rodriguez y de
D.a Gertrudis Troche, con la que no le liga
con ella impedimento alguno y que ambos
son vecinos de San Juan y Martinez ——

Al segundo = Que sabe como en el año de mil ochocientos
veinte y ocho fue bautizado D. Luis en la Yg.a
Parroquial de los Santos Martires San Ciriaco
y Paulla por el Presbitero Cura D. Felipe Palomo siendo su padrino D. Matias sin recordar su apellido; pero si le consta que D.n
Luis hace cinco años que vive en la Ysla ——

Al tercero = Que sabe como el espresado D. Luis tanto
en su pais como en la referida Ysla siempre se ha conservado soltero hasta ahora que intenta ponerse en estado; que
ha pertenecido á la milicia y hoy trabajando por su oficio de zapatero, y responde
que lo declarado es la verdad en fuerza de
su juramento, se le leyó y conformó no firmó por no saber, hizolo el Sor Vicario
por ante mi el notario de que doy fé ——

Br. Llopis

José M.a Lopez
[illegible]

En el mismo dia mes y año, ante el Sor

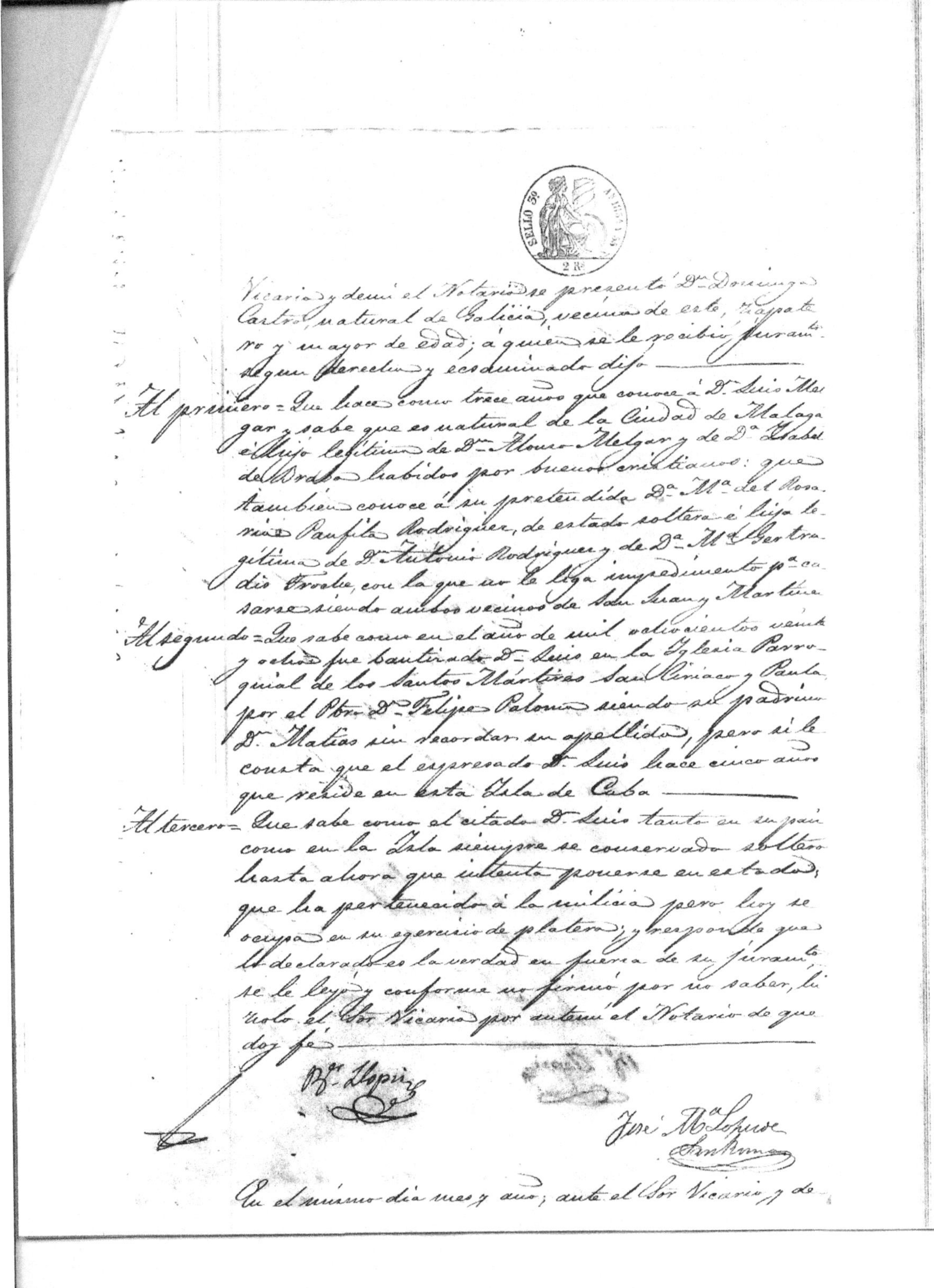

SELLO 5º

2 Rs.

Vicario y de mi el Notario se presentó Dn. Domingo Castro, natural de Galicia, vecino de esta, zapatero y mayor de edad; á quien se le recibió juramto. segun derecho y esaminado dijo ——

Al primero = Que hace como trece años que conoce á D. Luis Melgar y sabe que es natural de la Ciudad de Malaga é hijo legítimo de Dn. Alonso Melgar y de Da. Isabel del Arda habidos por buenos cristianos: que tambien conoce á su pretendida Da. Ma. del Rosario Panfila Rodriguez, de estado soltera é hija legítima de Dn. Antonio Rodriguez y de Da. Ma. Gertrudis Frolie, con la que no le liga impedimento pa. casarse siendo ambos vecinos de San Juan y Martinez

Al segundo = Que sabe como en el año de mil ochocientos veinte y ocho fue bautizado D. Luis en la Yglesia Parroquial de los Santos Mártires San Ciriaco y Paula por el Pbro. D. Felipe Palomo siendo su padrino D. Matias sin recordar su apellido, pero si le consta que el expresado D. Luis hace cinco años que reside en esta Isla de Cuba ——

Al tercero = Que sabe como el citado D. Luis tanto en su pais como en la Isla siempre se conservado soltero hasta ahora que intenta ponerse en estado; que ha pertenecido á la milicia pero hoy se ocupa en su egercicio de platero; y responde que lo declarado es la verdad en fuerza de su juramto. se le leyó y conforme no firmó por no saber, lo hizo el Sor. Vicario por ante mi el Notario de que doy fe.

Bz. Llópiz

José Ma. Lopez [illegible]

En el mismo dia mes y año; ante el Sor. Vicario y demi el Notario se presentó D. Francisco Carranco, natural de Castilla la Vieja, vecino de esta, soltero, labrador y mayor de edad, á quien se recibió juramento que prestó segun dro bajo el que ofreció decir verdad y examinado dijo

Al primero = Que hace como catorce años que conoce á Dn Luis Melgar y sabe que es natural de la Ciudad de Malaga é hijo legítimo de D. Alonso Melgar y de Da Isabel de Brabo habidos por buenos cristianos por lo que cree no dilataron su bautismo: que tambien conoce á su pretendida Da Ma del Rosario Panfila Rodriguez, soltera, é hija legítima de D. Antonio Rodriguez y de Da Gertrudis Frocher, con la que no le liga impedimento para casarse siendo ambos vecinos del partido de San Juan y Martinez

Al segundo = Que sabe como en el año de mil ochocientos veinte y ocho fue bautizado D. Luis en la Iglesia Parroquial de los Santos Martires San Ciriaco y Paula por el Rbro Cura D. Felipe Palomo, habiendo sido su padrino Dn Matias sin recordar su apellido, pero si le consta que el citado D. Luis hace cinco años que recide en la Isla de Cuba

Al tercero = Que sabe como el espresado D. Luis tanto en su pais como en esta siempre se ha conservado soltero hasta ahora que intenta ponerse en estado: que ha pertenecido á la milicia pero hoy se dedica en su oficio de platero; y responde que lo declarado es la verdad en fuerza de su juramento, se le leyó y conformes no firmó por no saber hizolo el Sor Vicario por ante mí el Notario de que doy fé

Bº Llopis

José Ma Lopez Santirma

En el mismo dia mes y año, ante el Sor Vicario y demí el Notario se presentó como testigo de

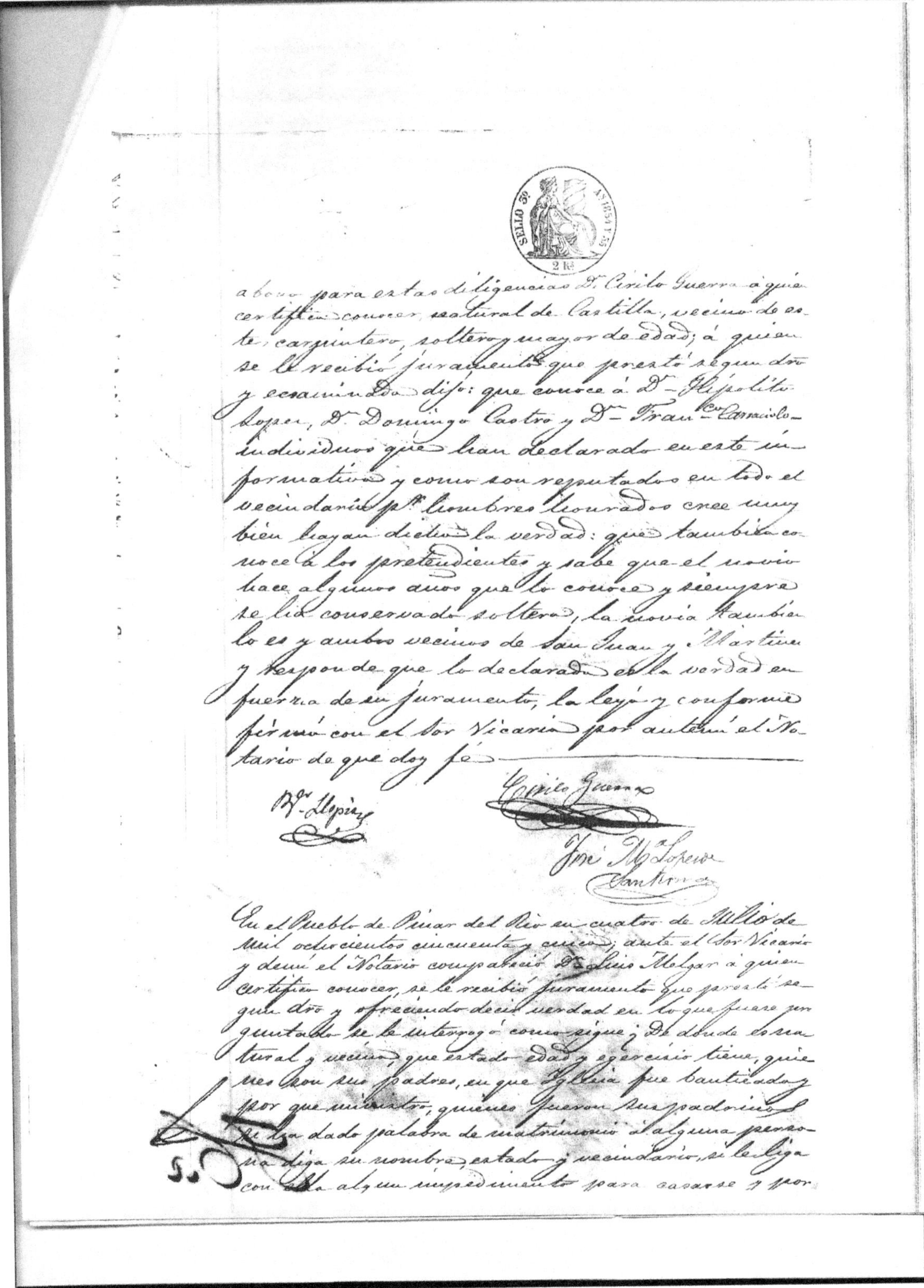

SELLO 3º AÑOS 1854 Y 55 2 Rs

abono para estas diligencias D. Cirilo Guerra á quien
certifico conocer, natural de Castilla, vecino de este, carpintero, soltero y mayor de edad; á quien
se le recibió juramento que prestó segun dro
y examinado dijo: que conoce á D. Hipólito
Lopez, D. Domingo Castro y D. Franco Carmiolo
individuos que han declarado en esta in-
formativa y como son reputados en todo el
vecindario pr. hombres honrados cree muy
bien hayan dicho la verdad: que tambien conoce á los pretendientes y sabe que el novio
hace algunos años que lo conoce y siempre
se ha conservado soltero, la novia tambien
lo es y ambos vecinos de San Juan y Martinez
y responde que lo declarado es la verdad en
fuerza de su juramento, la leyó y conforme
firmó con el Sor Vicario por ante mí el Notario de que doy fé.

Cirilo Guerra

José Mª Lopez

En el Pueblo de Pinar del Rio en cuatro de Julio de
mil ochocientos cincuenta y cinco; ante el Sor Vicario
y de mí el Notario compareció D. Luis Melgar á quien
certifico conocer, se le recibió juramento que prestó segun dro y ofreciendo decir verdad en lo que fuere preguntado se le interrogó como sigue; De donde es natural y vecino, que estado edad y ejercicio tiene, quienes son sus padres, en que Yglesia fue bautizado y
por que ministro, quienes fueron sus padrinos
si ha dado palabra de matrimonio á alguna persona diga su nombre, estado y vecindario, si le liga
con ella algun impedimento para casarse y por

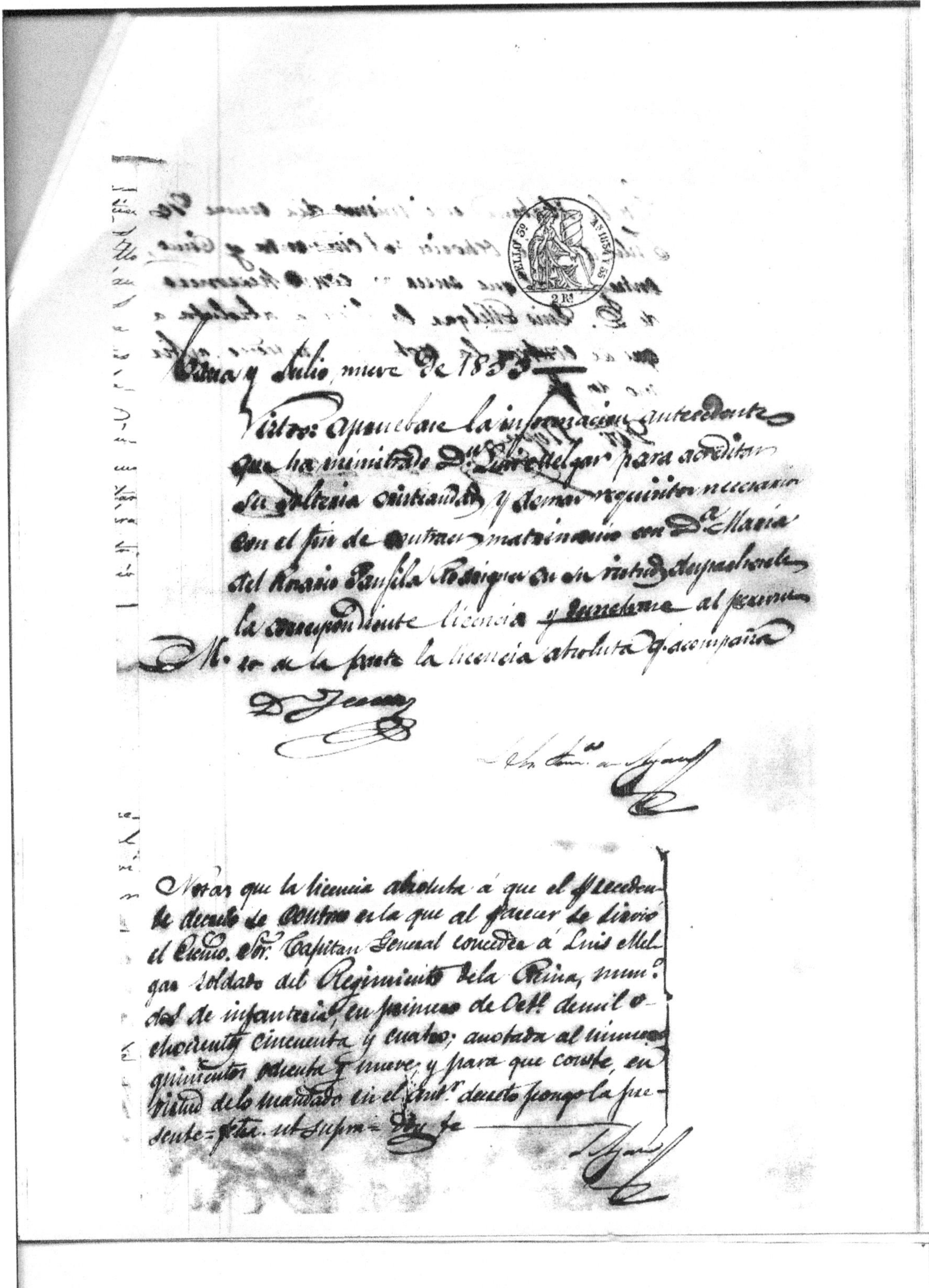

Habana y Julio nueve de 1855

Vistos: apruébase la información antecedente que ha ministrado Dn. Luis Melgar para acreditar su soltería, cristiandad y demás requisitos necesarios con el fin de contraer matrimonio con Da. María del Rosario [illegible] Rodríguez, en su virtud despáchesele la correspondiente licencia y devuélvase al [illegible] de la parte la licencia absoluta q. acompaña

Notas: que la licencia absoluta á que el precedente decreto se contrae es la que al parecer le libró el Excmo. Sor. Capitán General concedida á Luis Melgar soldado del Regimiento de la Reina, núm.° dos de infantería, en primero de Octe. de mil ochocientos cincuenta y cuatro; anotada al número quinientos ochenta y nueve; y para que conste, en virtud de lo mandado en el antr. decreto pongo la presente = Fha. ut supra = Doy fe

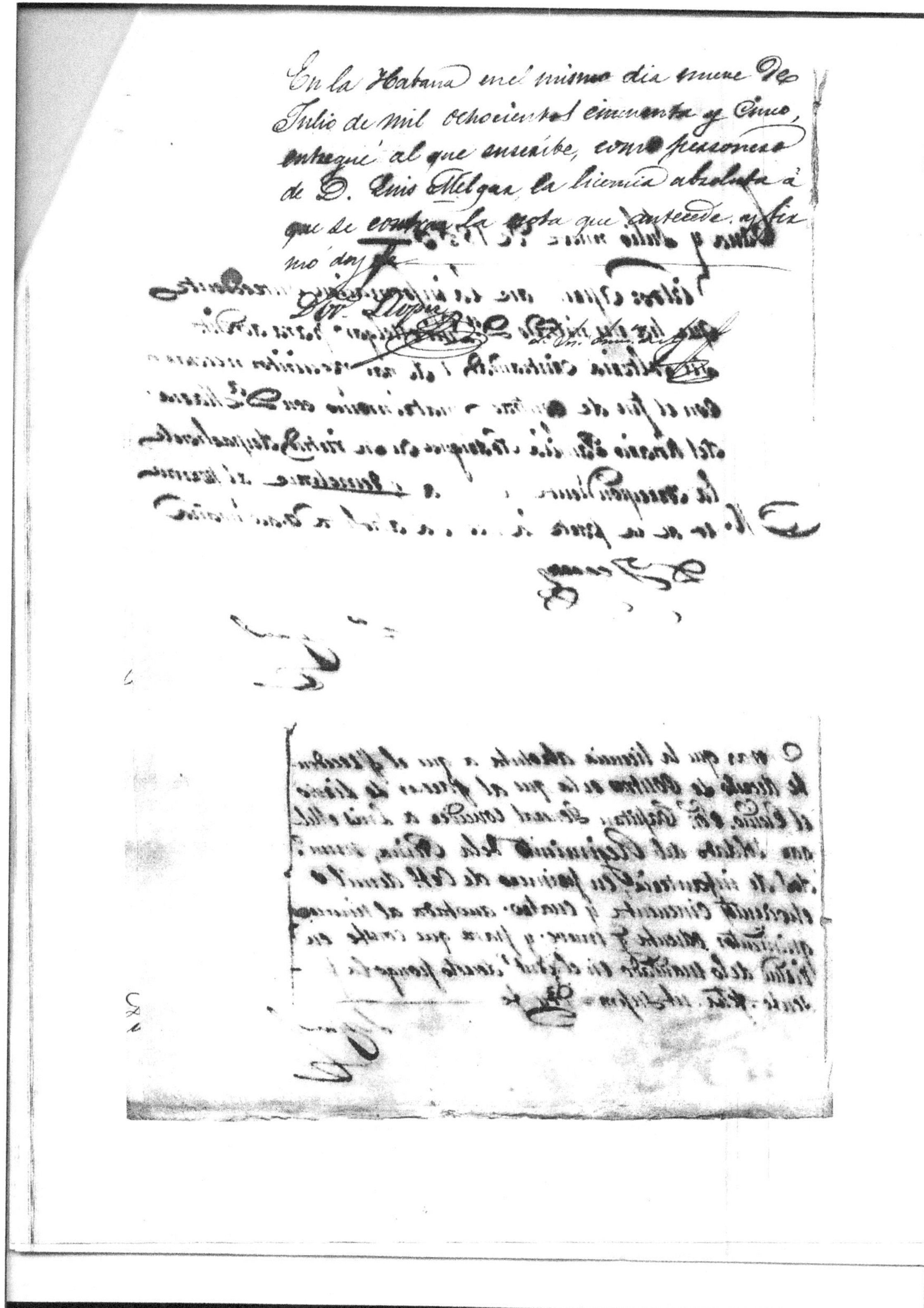

En la Habana en el mismo dia nueve de Julio de mil ochocientos cincuenta y cinco, entregué al que suscribe, como personero de D. Luis Melgar la licencia absoluta á que se contrae la nota que antecede, y firmo doy fe

Lutgarda a continuacion--.Arzobispo de la Habana –expediente matrimonial

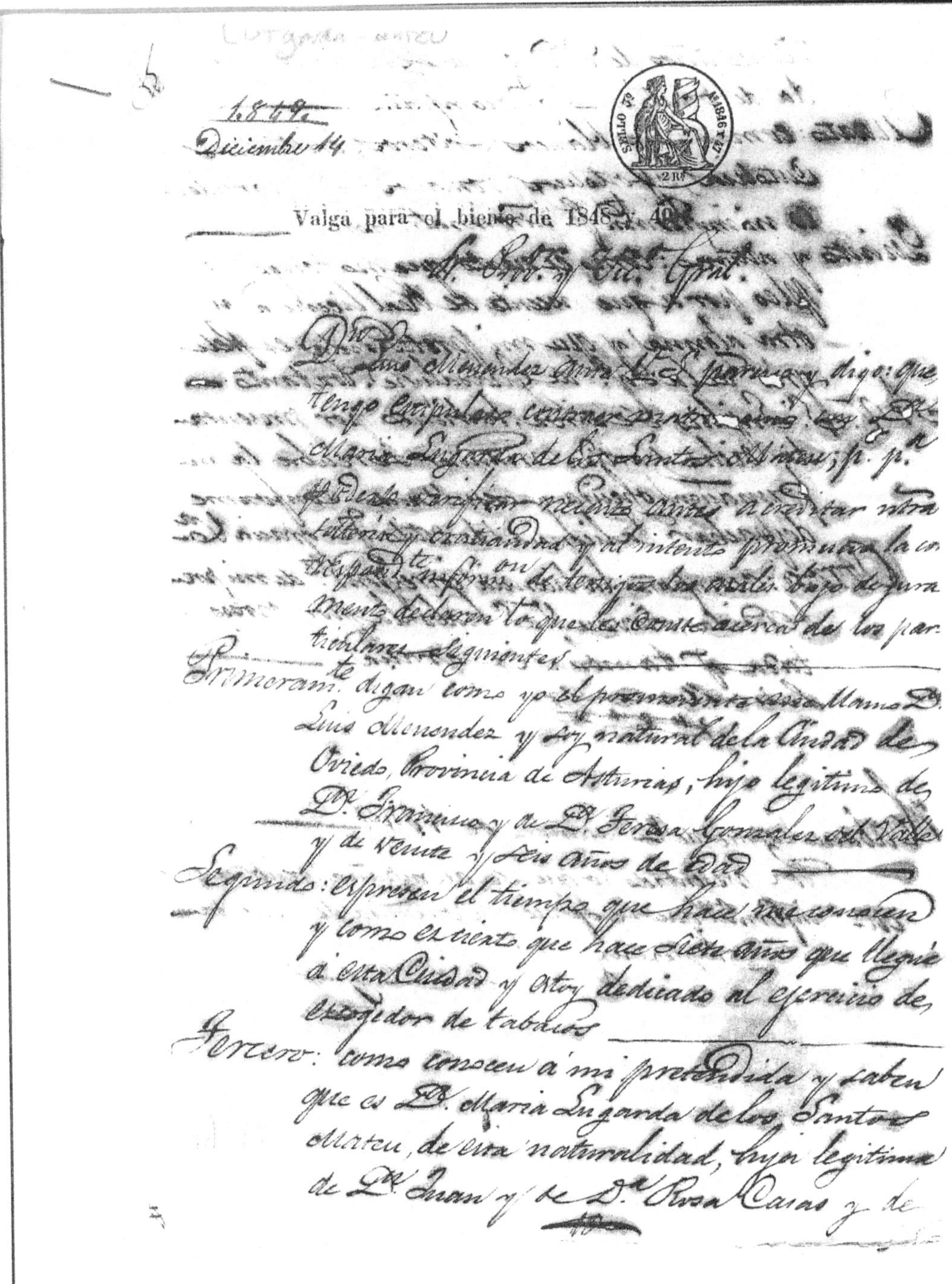

1849
Diciembre 14.

SELLO 3º 1846 Y 47 2 Rs

Valga para el bienio de 1848 y 49.

Sr. Provr. y Vic. Gral.

Dn. Luis Menendez [illegible] parezco y digo: que tengo contratado casamiento [illegible] con Da. Maria Lugarda de los Santos Mateu; [illegible] acreditar ntra. soltería y [illegible] y al intento [illegible] la co[illegible] informacion de testigos los cuales bajo de juramento declaren lo que les conste acerca de los particulares siguientes

Primeramte. digan como yo el pretendiente me llamo Dn. Luis Menendez y soy natural de la Ciudad de Oviedo, Provincia de Asturias, hijo legitimo de Dn. [illegible] y de Da. Teresa Gonzalez del Valle y de veinte y seis años de edad

Segundo: espresen el tiempo que hace me conocen y como es cierto que hace siete años que llegué a esta Ciudad y estoy dedicado al ejercicio de escogedor de tabacos

Tercero: como conocen a mi pretendida y saben que es Da. Maria Lugarda de los Santos Mateu, de esta naturalidad, hija legitima de Dn. Juan y de Da. Rosa Casas y de

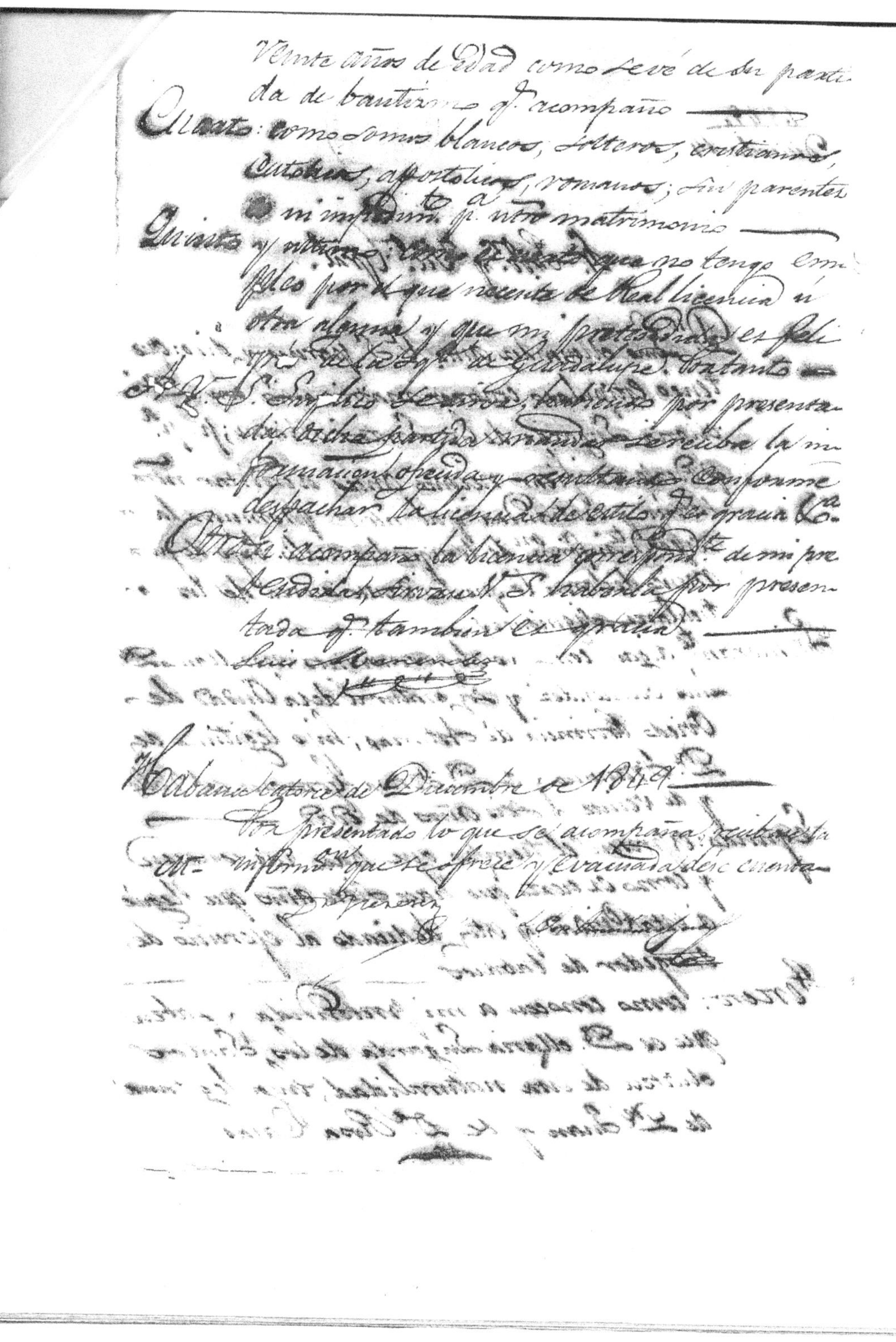

Veinte años de edad como se vé de su partida de bautizmo q. acompaño ——
Cuarto: como somos blancos, solteros, cristianos,
catolicos, apostolicos, romanos; sin parentesco
ni impedimto. p. ntro. matrimonio ——
Quinto: y ultimamente [illegible] que no tengo empleo por el que necesite de Real licencia ú
otra alguna y que mi profesion es [illegible]
[illegible] de Guadalupe. Por tanto
A V. S. suplico se sirva, habiendo por presentada dicha partida [illegible]
[illegible] conforme
despachar la licencia de estilo q. es gracia &c.
Otrosi: acompaño la licencia [illegible] de mi pa-
[illegible] por presen-
tada q. tambien es gracia.
Luis [illegible]

Habana catorce de Diciembre de 184[illegible]
Por presentado lo que se acompaña, recibase la
informn. que se ofrece y evacuada dése cuenta.

Valga para el bienio de 1848 y 49.

cuatro años a la pretendida y por esta razon
sabe y le consta que el contenido de dichos
particulares es cierto y verdadero: y apli
candole los impedim.tos p.a el matrimonio
se ratificó en su dicho. Y responde que lo
declarado es la verdad [illegible] leyó y
por conforme firmó con el Sr. Provisor. doy fe

En dicho dia catorce de Diciembre de mil ochocien
tos cuarenta y nueve p.a la prueba inform.on se
presentó como testigo ante el Sr. Provisor y de mi
el Not.o a D.n José [illegible] natural de la Ciudad
de Oviedo en Asturias, vecino de Santa Maria, escogedor de tabaco, [illegible] y de veinte y ocho años
de edad de [illegible] quien juró que hizo segun
derecho bajo el cual ofreció decir verdad y examinado por los particulares del escrito de foja primera dijo: que desde niño conoce al
que la presenta y cuatro años a la pretendida y por esta razon sabe y le cons-

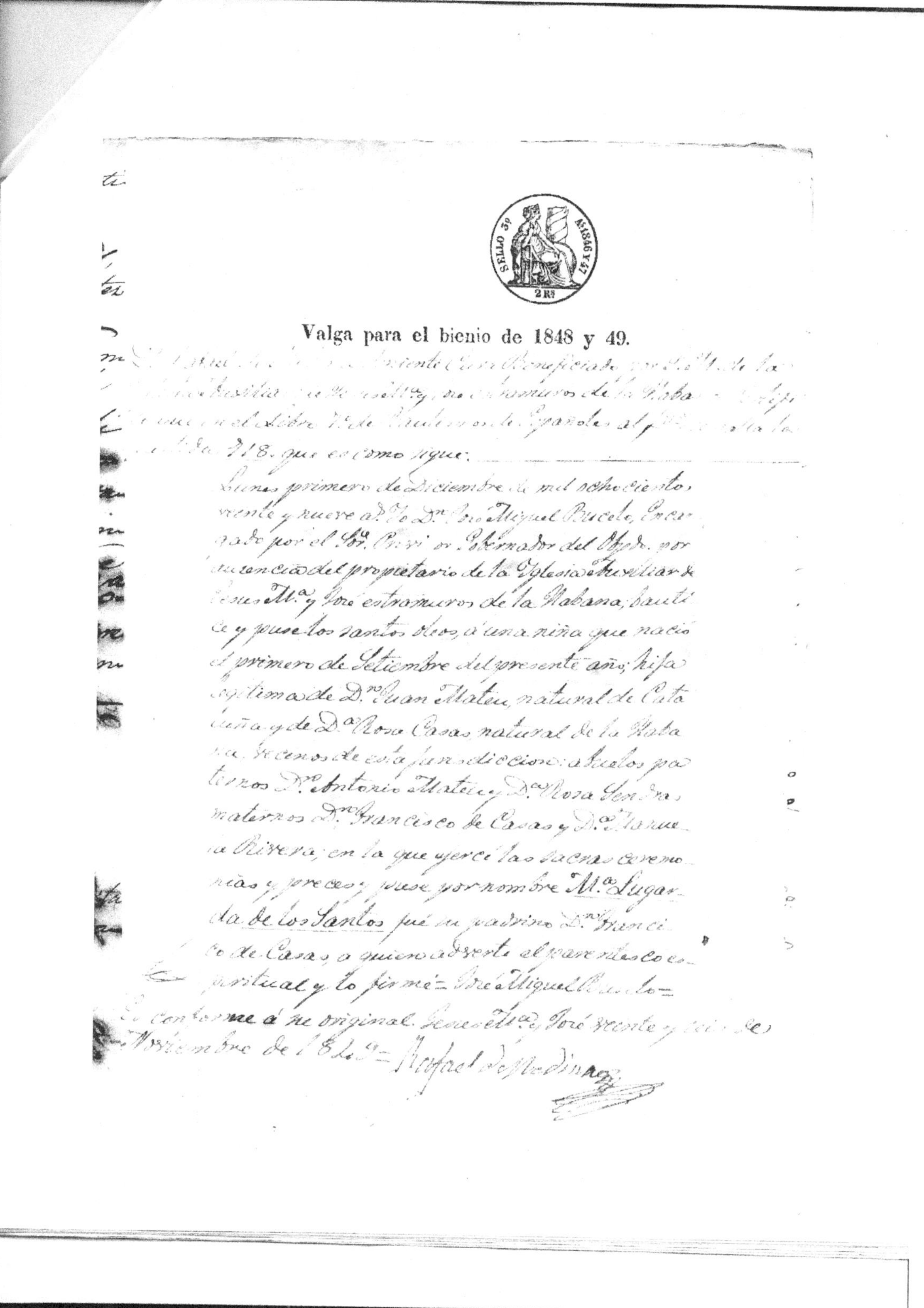

SELLO 3º AÑOS 1846 Y 47 2 Rs

Valga para el bienio de 1848 y 49.

[illegible] Teniente Cura Beneficiado [illegible] de la [illegible] Auxiliar [illegible] extramuros de la Habana [illegible] en el Libro 7 de Bautismos de Españoles al folio [illegible] se halla la partida 918. que es como sigue:

Lunes primero de Diciembre de mil ochocientos veinte y nueve ad. Yo Dn. José Miguel Bucelo, Encargado por el Sor. Provisor Gobernador del Obispado por ausencia del propietario de la Yglesia Auxiliar de Jesús Ma. y José estramuros de la Habana, bauticé y puse los santos óleos, á una niña que nació el primero de Setiembre del presente año, hija legítima de Dn. Juan Mateu, natural de Cataluña y de Da. Rosa Casas natural de la Habana, vecinos de esta jurisdicción: abuelos paternos Dn. Antonio Mateu y Da. Rosa Serra, maternos Dn. Francisco de Casas y Da. Manuela Rivera, en la que ejercí las sacras ceremonias y preces y púsele por nombre Ma. Lugarda de los Santos fué su padrino Dn. Francisco de Casas, á quien advertí el parentesco espiritual y lo firmé = José Miguel Bucelo =

Es conforme á su original. Jesús Ma. y José veinte y [illegible] de Noviembre de 1849 = Rafael de Medina

Valga para el bienio de 1848 y 49.

En el barrio de Guadalupe extramuros de la Habana, en doce de Diciembre de mil ochocientos cuarenta y nueve ante mí el escribano público y testigos D. Juan Mateu de este vecindario á quien doy fe conozco dijo: que su legítima hija y de Dª Rosa Casas, nombrada D. Engracia Mateu y Casas, trata de contraer matrimonio con D. Luis Menendez natural de Oviedo en Asturias, de este vecindario, hijo legítimo de D. Franco. y de Dª Teresa Gonzalez de Valle, y para realizarlo le ha pedido su venia y consentimiento: que no teniendo motivo alguno pª qe oponerse desde luego le concede la venia qe solicita pª qe se efectue dho matrimonio. En fe de lo cual así lo dijo otorgó y firmó [ante] mí siendo testigos D. Ignacio Perez, D. Franco. y D. Antonio de Castañeda, vecinos presentes.

Juan Mateu

Antonio
[illegible]

[illegible] Catorce de Diciembre de mil ochocientos
cuarenta y nueve ante el Sr. Provisor y de mi el
Notario compareció el pretendiente a quien se recibió juramento que hizo segun derecho bajo el cual
ofreció decir verdad, y examinado en la forma
ordinaria dijo: que se llama D. Luis Menendez segun y como aparece del escrito de foja
primera como contrayente [illegible] y [illegible]
[illegible]: y explicadole los impedimentos para
el matrimonio se ratificó en su [illegible]. Y
responde que lo declarado es la verdad so cargo
del juramento y para conformidad firmó con el Sr.
Provisor doy fe

Luis Menendez

[illegible]

En dicho dia Catorce de Diciembre de mil ochocientos cuarenta y nueve para la propia información se presentó como testigo ante el Sr.
Provisor y de mi el Notario a D. Bernardino
Ruiz, natural de la Ciudad de Oviedo en
Asturias, vecino de Guadalupe, casado, [illegible]
[illegible] y treinta y dos años de edad de
quien se recibió juramento que hizo segun
derecho bajo el cual ofreció decir verdad
y examinado con los particulares del escrito de foja primera dijo: que hace doce
años que conoce al que lo presenta [illegible]

ta que el contenido de dichos particular-
es cierto y verdadero: y explicadole los
impedimentos p.a el matrimonio se ratificó en su dicho. Y responde que lo declarado es la verdad ofrecida, se le ley-
y por conforme firmo con el S.or Prov.dor

En dicho dia catorce de Diciembre de mil
ochocientos cuarenta y nueve p.a la prueba ofrecida se presentó como testigo
ante el S.r Prov.or y de mi el Not.o a D.
Domingo Prendes, natural de la Ciudad
de Oviedo en Asturias, vecino de San Maria, vendedor de pan, soltero y de veinte
y siete años de edad de q.n le recibió ju-
ram.to que hizo segun dro. bajo el cual
ofreció decir verdad y examinado por
los particulares del escrito de fojas
primera dijo: que desde niño conoce
al que lo presenta y no tiene a su pretendida y por esa razon sabe y le
consta que el contenido de dichos particulares es cierto y verdadero: y explicandole los impedim.tos p.a el matrimonio
se ratificó en su dicho. Y responde

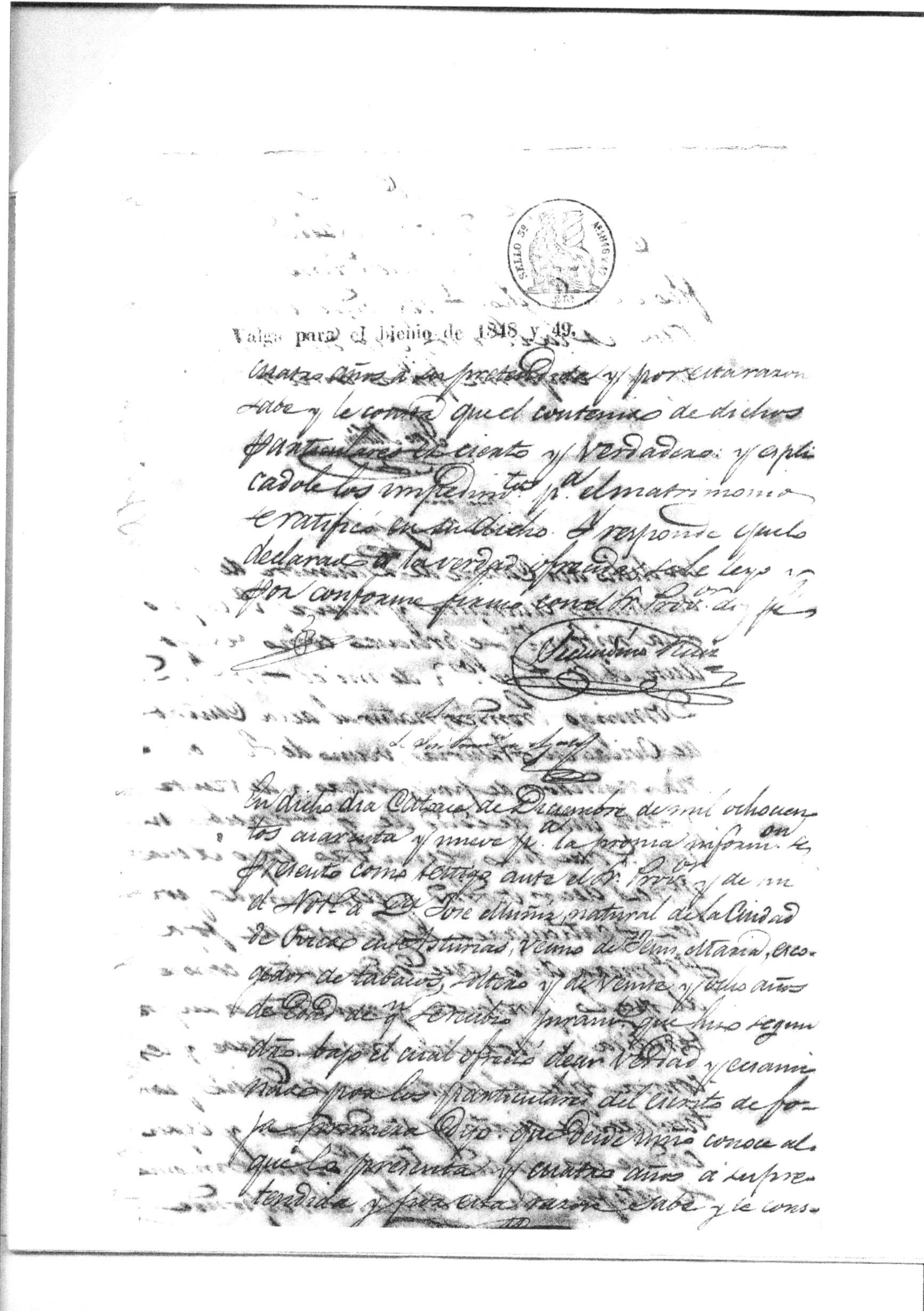

Valga para el bienio de 1848 y 49.

cuatro años a su pretendida y por esta razon
sabe y le consta que el contenido de dichos
particulares es cierto y verdadero: y apli
cadole los impedim.tos p.a el matrimonio
e ratificó en su dicho. Y responde que lo
declarado es la verdad so cargo de [illegible] leyo y
por conforme firmo con el Sr. Prov.or doy fe

[illegible]

En dicho dia Catorce de Diciembre de mil ochocien
tos cuarenta y nueve p.a la prima inform.on
presento como testigo ante el Sr. Prov.or y de mi
el Not.o a D.n Jose Muñiz natural de la Ciudad
de Oviedo en Asturias, vecino de [illegible], reco
gedor de tabaco, soltero y de veinte y ocho años
de edad y recibio juramento que hizo segun
dro. bajo el cual ofrecio decir verdad y exami
nado por los particulares del escrito de fo
ja primera dijo: que desde mero conoce al
que la presenta y cuatro años a su pre
tendida y por esta razon sabe y le cons-

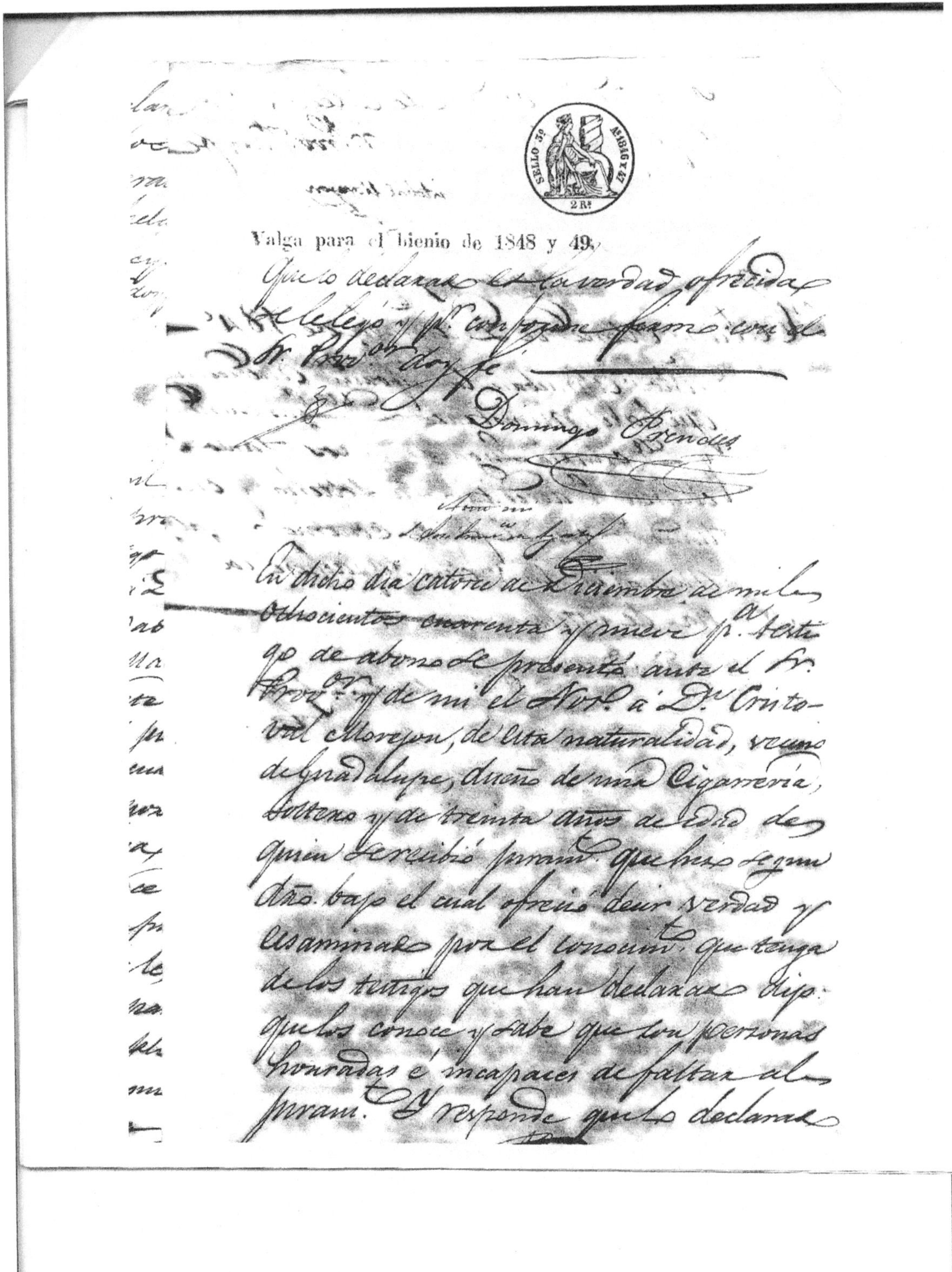

SELLO 3º AÑOS 1846 Y 47 2 Rs

Valga para el bienio de 1848 y 49.

Que lo declarado es la verdad ofrecida [illegible] que se le leyó [illegible] firmó con el Sr. [illegible] doy fe

Domingo Prendes

En dicho dia catorce de Diciembre de mil ochocientos cuarenta y nueve p.a testigo de abono se presentó ante el Sr. Proc.or y de mi el Not.o á D.n Cristoval Morejon, de esta naturalidad, vecino de Guadalupe, dueño de una Cigarrería, soltero y de treinta años de edad de quien se recibió juram.to que hizo segun dro. bajo el cual ofreció decir verdad y examinado por el conocim.to que tenga de los testigos que han declarado dijo: que los conoce y sabe que son personas honradas é incapaces de faltar al juram.to Y responde que lo declarado

es la verdad ofrecida de ley y por conforme firmo con el Sr. Prov. doy fe

Cristobal Monzon

Habana catorce de Diciembre 1849 —

Autos: apruebase la informacion antecedente que han suministrado D. Luis Menendez y Da. Maria Lugarda de los Santos Mateu pa. acreditar su solteria y cristiandad con el fin de contraer matrimonio. En su virtud despachese la licencia de estilo.

Rosa

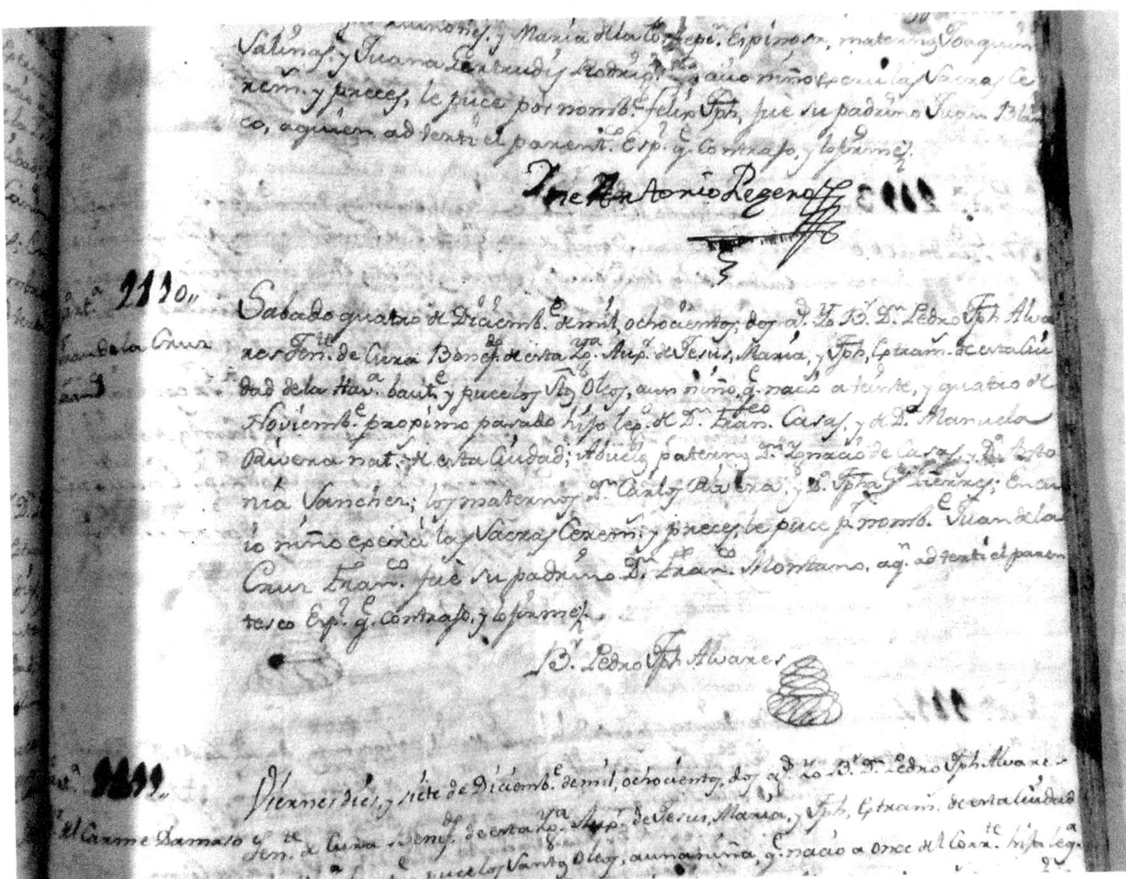

rosa

Informacion genealogica de la familia de Fidel Castro Perez---La casa de Vicente y Paulina era la de Fidel y sus padres originalmente.

1. FIDEL ALEJANDRO CASTRO PEREZ (Hijo de Matías) nació el 24 de abril de 1920, en Cuba?, hijo de Matías Castro
   Hernandez[2] y de Maria Josefa de Jesus Perez Dube[3]. Ya no vive.
   Nota:

2. MATÍAS CASTRO HERNANDEZ nació el 22 de febrero de 1873, en La Palma-Breña Alta, hijo de Matias Castro Martin [7] *y* de Antonia Hernandez Lorenzo[8]. Fue bautizado cristianamente el 27 de febrero de 1873, en La Palma- Breña Alta. Murió el 25 de noviembre de 1958, con 85 años.
   Nota: *Su defuncion esta inscrita en el Registro Civl de San Juan y Martinez en el Tomo 49, folio 442.*

   Se casaron en la Iglesia Parroquial de Nuestra Señora de Consolacion, cuba. Libro 10, folio 241, numero 369. Bautizo de Matías Castro Hernández
   En la Iglesia Parroquial de Señor San Pedro Apóstol del pueblo de Breña Alta, Diócesis de Tenerife, en administración apostólica de La Palma y Provisión de Canarias, a veinte y siete días del mes de febrero de 1873, yo Don Joaquín Pladiva y Colón, cura ecónomo de la Iglesia Parroquial del expresado pueblo, bauticé solemnemente a un niño nacido en el día veinte y dos del corriente, hijo legítimo de Matías Castro Martín, natural de Breña Baja, y de Antonia Lorenzo, abuelos paternos José Antonio de Castro Martin, natural de Garafia, y Jacinta Martin, difunta, natural y vecinos de Breña Baja, maternos María Lorenzo Hernández, natural y vecina de este pueblo, al cual niño puse por nombre Matías, fueron sus padrinos Antonio Rodríguez Afonso y Martina Mercedes Castro, casados, de esta vecindad, a los cuales advertí

el parentesco y demás obligaciones del ritual. Fueron testigos Don Antonio Pombrol y Sebastián Pérez. Libro 10 folio 148 de bautismos de Breña Alta.
En el lateral de la partida pone: llamar al cura ....don Matías castro Martin el 19 julio de 191x...con doña...Josefa del Jesús.

3. MARIA JOSEFA DE JESUS PEREZ DUBE (Esposa de Matías). Ya no vive.de Consolacion del Sur .hija de Benito Perez Crespo y Francisca Dube.
   Matías Castro Hernandez[2], con 46 años, se casó con Maria Josefa de Jesus Perez Dube el 19 de julio de 1919 en
   Cuba- San Juan y Martinez- Pinar del Rio. Tuvieron un hijo:
   Fidel Alejandro Castro Perez[] en 1920

Maria Josefa Perez Dube--
Nuestra senora de la Candelaria—Provincia y Diocesis de Pinar del Rio.—libro 26-folio-49-no.162-
14 de Octubre de 1893 Pbro.D.Alfredo N.Caballero (Consolacion del Sur)
Nacio una nina a las 8 de la noche del dia 14 de Julio ultimo.—Hija legitima de D.Benito Peres ,natural de la Palma,Islas Canarias—Labrador—y de Da.Francisca Dube –natural de esta parroquia y vecinos de esta feligresa.—nombre –Maria Josefa de Jesus.
Ab-pat—Jose Peres Gonzalez y Dionisia Crespo Dias-naturales de la Palma—Islas Canarias—
Ab-mat-Juan Dube y Juli (ya difuntos)y Clara Cros y Dube –naturales de Escala Provincia de Gerona.
Padrinos—Tomas Peres Crespo (natural de la Palma) y Clara Cros y Dube la abuela maternal –ambos casados y vecinos de esta feligresa—

Nota—contrajo matrimonio en esta parroquia con D,Matias Castro y Hernandez en el dia de hoy—C del Sur Julio 19 de 1919 –parroco Reigadas.

Hijo—Fidel Alejandro Castro Perez 24 abril 1920

Francisca Dube
Pbro.William Arley Paredes Alba—Nuestra Senora de la Candelaria –C.del Surlibro-16-folio-344-no.1225
1 de Julio-1874 D.Manuel Sabucedo Varela Teniente –cura bautize a Francisca Juana que nacio el 16 de Junio.Hija legitima de Juan Dube y Clara Cros –naturales de Escala-provincia de Gerona en Cataluna Espana y vecinos de esta feligresa.
Ab-pat-Jose y Josefa Juli
Ab-mat-Miguel y Maxima Dube
Padrinos-Juan Marques y Josefa Morejon-

7. MATIAS CASTRO MARTIN (Padre de Matías) nació en 1845, en La Palma- Breña Alta, hijo de Jose Antonio Castro Perez[9] y de Jacinta Martin Hernandez /[8]. Ya no vive.
   Nota: *El 9 de enero de 1865 case a Mallas Castro Martin, hijo de Jose Antonio Castro y Jacinta Martin, con Antonia Hernandez, hija natural de Maria Hernandez Lorenzo. Libro 4 folio 87 de matrimonios de Bre a Alta en La Palma.*

8. ANTONIA HERNANDEZ LORENZO (Madre de Matías) nació el 13 de octubre de 1844, en La Palma- Breña Alta, hija de
Sr./Sra. Desconocido" y de Maria Hernandez Lorenzo[17]. Fue bautizada cristianamente el 15 de octubre de 1844, en La
Palma- breña Alta. Ya no vive.
Nota:

Bautismo de Antonia Hernández Lorenzo (L. 7 folio 67 de breña alta)
En la iglesia parroquial de Señor San Pedro Apóstol del lugar del Buenavista y Braña alta a quince de octubre de
1844 y con licencia de Don Dionisio Albertos de Miranda, párroco propio y rector de esta dicha iglesia, bautice y
puse oleo y crisma a una niña que nació por el trece de dicho mes, hija natural de María Hernández. Abuelos
paternos no son conocidos, maternos José Hernández y Juana Lorenzo, naturales y vecinos de Breña alta, a la cual
niña puse por nombre Antonia. Fue madrina ¿Ana Abreo? A quien di la instrucción correspondiente y lo firmo. Libro
7, folio 67 de bautismos de Breña Alta, La Palma.
Mafias Castro Martin [7], *cerca* de los 19 años, se casó con Antonia Hernandez Lorenzo, con 20 años, el 9 de enero de
1865 en La Palma- Breña Alta. Tuvieron cuatro hijos:

Matías Castro Hernandez[2] en 1873
Mateo Castro Hernandez[4] en 1874
Gregoria Castro Hernandez[5] en 1879
Manuela Castro Hernandez[6] en 1884

Benito PÉREZ CRESPO nació el 3 de Abril de 1870 en Breña Baja, Isla de La Palma; bautizado el 8 de Abril de 1870 en Breña Baja, Isla de La Palma ---hijo de José Leandro del Rosario PÉREZ GONZÁLEZ y Dionisia CRESPO DÍAZ---- muere en Cuba.

José Leandro del Rosario PÉREZ GONZÁLEZ nació el 16 de Marzo de 1830 en Breña Baja, Isla de La Palma; fue bautizado el 18 de Marzo de 1830 en Breña Baja, Isla de La Palma ----hijo de Juan Antonio Eusebio PÉREZ MÉNDEZ y Bernarda GONZÁLEZ Y GONZÁLEZ.

José casado con Dionisia CRESPO DÍAZ el 22 de Octubre de 1855 en Breña Baja, isla de La Palma. Dionisia ---hija de Nicolás José CRESPO SÁNCHEZ y Petra Josefa DÍAZ MORERA---- nació el 11 de Abril de 1832 en Breña Baja, Isla de La Palma--- fue bautizada el 16 de Abril de 1832 en Breña Baja, Isla de La Palma---

Dionisia CRESPO DÍAZ nació el 11 de Abril de 1832 en Breña Baja, Isla de La Palma---- fue bautizada el 16 de Abril de 1832 en Breña Baja, Isla de La Palma ----

hija de Nicolás José CRESPO SÁNCHEZ y Petra Josefa DÍAZ MORERA---
Hijos:

José Cayetano Antonio PÉREZ CRESPO nació --- 7 de Agosto de 1856 en Breña Baja, Isla de La Palma; fue bautizado el 13 de Agosto de 1856 en Breña Baja, Isla de La Palma----
José Gregorio PÉREZ CRESPO nació el 25 de Junio de 1860 en Breña Baja, Isla de La Palma; fue bautizado el 1 de Julio de 1860 en Breña Baja, Isla de La Palma;
Feliciana Antonia María Marcelina del Sacramento PÉREZ CRESPO nació el 18 de Mayo de 1863 en Breña Baja, Isla de La Palma; fue bautizada el 24 de Mayo de 1863 en Breña Baja, Isla de La Palma.--------
Tomás Nicolás del Sacramento PÉREZ CRESPO nació el 29 de Diciembre de 1864 en Breña Baja, Isla de La Palma; fue bautizado el 2 de Enero de 1865 en Breña Baja, Isla de La Palma; murio en Cuba.

Benito PÉREZ CRESPO nació el 3 de Abril de 1870 en Breña Baja, Isla de La Palma; fue bautizado el 8 de Abril de 1870 en Breña Baja, Isla de La Palma; falleció en en Isla de Cuba.

Eusebio PÉREZ CRESPO nació el 14 de Agosto de 1872 en Breña Baja, Isla de La Palma; fue bautizado en 29 de Agosto de 1872 en Breña Baja, Isla de La Palma—murio en Cuba.
Juana Bautista PÉREZ CRESPO nació el 13 de Febrero de 1873 en Breña Baja, Isla de La Palma; fue bautizada el 19 de Febrero de 1873 en Breña Baja, Isla de La Palma------------
Eusebio Agapito PÉREZ CRESPO nació el 18 de Agosto de 1874 en Breña Baja, Isla de La Palma; fue bautizado el 26 de Agosto de 1874 en Breña Baja, Isla de La Palma.  Hijo de Matias y Josefa.

BIBLIOGRAFIA-BIBLIOGRAPHY

-Fernando Hidalgo Lerdo de Tejada

Archivo Historico Provincial de Asturias

Otros Recursos ---

Wikipedia
http://castilla.maxerco.es
http://www.sologenealogia.com
geneanet
Ancestry.com
Familysearch.org
Familytreedna,23andme,Gedmatch,my Heritage
https://cubangenclub.org/
http://www.cubagenweb.org
Facebook—grupos de Genealogia como Genealogia Cubana creado por Gabriel Garcia

Wiki tree y Geni tree
segeheca.blogspot.com.es

__________Recursos --

Poblamento del Valle de Santiago------Santiago Del Teide
Ernesto Gonzalez –Sotomayor Rodriguez

Linajes del Valle de Santiago Tomo 1 y 2 ---Nelson Diaz Frias

Apuntes Historicos del Pueblo de Buenavista---Nicolas Diaz Dorta

Historia de la Familia Chaves---Jose Luis Machado Carilla

Genealogia y Heraldica de Apellidos del Archipielago---Melchor de Zarate y Cologan

Perfiles Humanos de los Primeros asentamientos realejeros tras la Conquista---Antonio luque Hernandez

Genealogias Habaneras –Rafael Nieto Cortadellas

Las Familias Chaves y Montanez de Tenerife---Antonio Luque Hernandez

Cuaderno Explicativo del Arbol Genealogico de la familia Real Indigena de Tenerife y descendientes de ella que mas se han distiguido—Nicolas Diaz Dorta

Oriundez y Linaje del precursor Francisco de Miranda—Leopoldo de la Rosa Olivera

La Familia Ara ---Un apellido de Origen Canario –Jose Antonio Gonzalez Marrero-Sergio A.Oliva Lopez-Carmen Rosa Escobar Suarez

Heraldica de los Apellidos Canarios---Lino Chaparro D'Acosta

Linajes de San Miguel de Abona --Nelson Diaz Frias

Historia de la Playa de los Cristianos—Nelson Diaz Frias

La Historia de Vilaflor de Chasna—Nelson Diaz Frias

La Burguesia de la Orotava –Adolfo Arbelo Garcia

Francisco de Miranda –Karen Racine

La Historia de Adeje—Nelson Diaz Frias

La Historia de Arona—Carmen Rosa Perez Barrios

Vallehermoso—El Fogueo—Ricardo Garcia Luis y Juan Manuel Torres Vera

Libro del Poblamiento de Tenerife—Jose Luis Machado

The guanches Survivors and their descendants—Jose Luis Concepcion

La Historia de Santa Cruz de la Palma—Miguel Angel Martin Gonzalez

La Victoria—5 Siglos—Alfonso Fernandez Garcia

Elementos de Histia de Cuba—Dr.Rolando EspinosaThe Indegenous people of the Caribbean—Edited by Samuel M.Wilson

The Tainos—Irving Rouse

Historia de los Minicipios de Cuba—Joaquin Freire

Principado de Asturias

Genealogias del Municipio de adeje—Nelson Diaz Frias

The Slave Trade –Hugh Thomas

La Enciclopedia de Cuba –editor Vicente Baez

Libro de Oro de los apellidos Espanoles—Ernesto Vilches y de Marin

Cuba Primitiva—Antonio Bachiller y Morales

Linajes Isoranos –Nelson diaz Frias

Testamentos Aroneros—Nelson Diaz Frias

La Integracion de las islas Canarias en la Corona de Castilla—Coleccion Viera y Clavijo

History of the Canary Islands—Jose M.Castellano Gil—Francisco J.Macias Martin.

How I found my 15 Grandmothers—Genie Milgron

El Censo de 1680 de la Gomera y el Hierro—Julio C.Vera

El Santo Hermano Pedro de Bethencourt y su Familia—Nelson Diaz Frias

Matrimonios de la Parroquia de Nuestra Senora de la Asuncion de la villa de San Sebastian de La Gomera—Nelson Diaz Frias

Las Datas de Tenerife—Francisca Moreno Fuentes

Nobilario de Canarias—Francisco Fernandez Bethencourt
Las iglesias de San Juan y Martinez,San Luis y la Habana .

Fontes Rerum Canariarum - Biblioteca Virtual Viera y Clavijo
www.**iecanvieravirtual.org –Aqui puede encontrar Protocolos,Datas etc.**

Google books
http://geneacanaria.blogspot.com

Historia de Familias Cubanas **Vols 1-9. Francisco Xavier de Santa Cruz y Mallen Conde de San Juan de Jaruco**

Genealogia Rancel-Seral

Todo Hobby La Clave -Alejandro y Alfredo—Libreria en Tenerife

Additional information from Volume 1
Informacion adicional del volumen 1
Genealogia de Juana

1647 Jacinto de Armas con Sebastiana Delgado .Padrinos Lorenzo Diaz Delgado e Isabel Jimenez.Matrimonios de adeje.

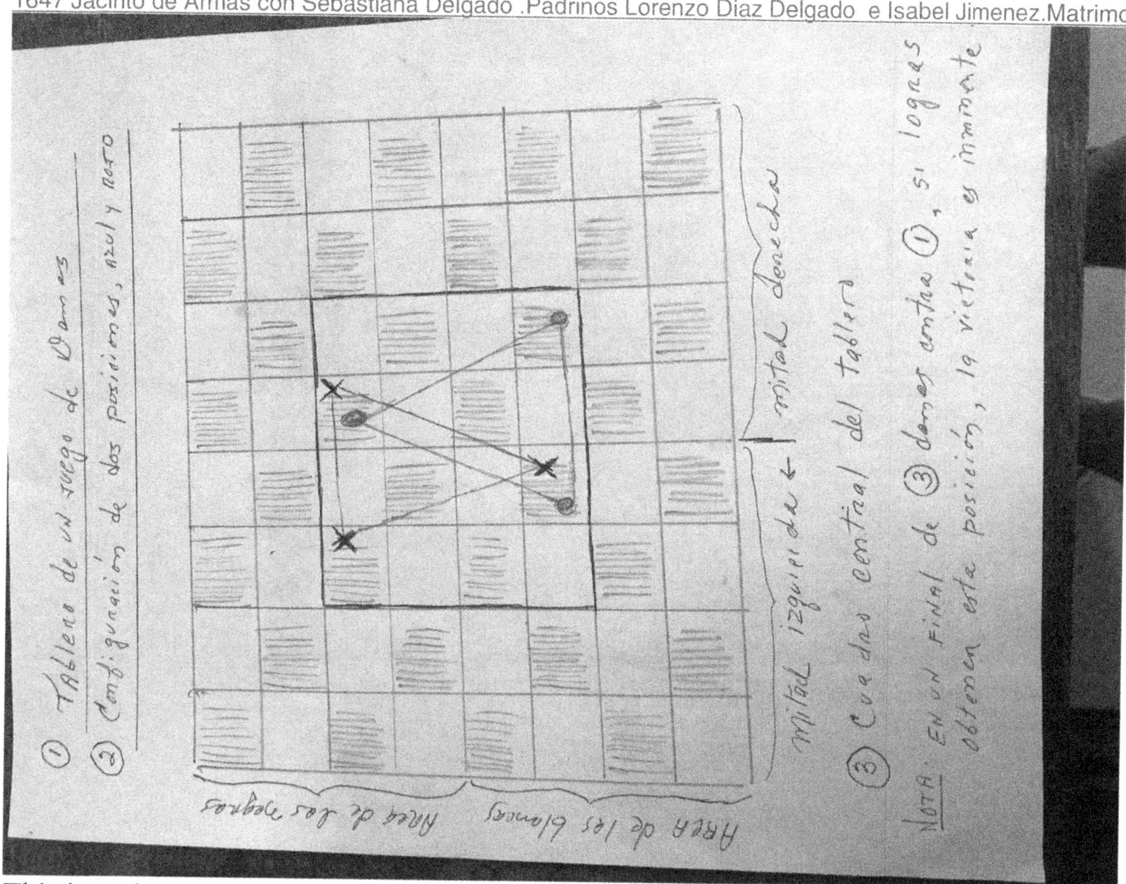

This is a play my dad came up with in chequers. I can attest to the fact that he was out of this world at chequers . He could see so many moves ahead that I just gave up playing him. I could at least give him some competition at chess but not in chequers. Perhaps this play exists already but I know my dad came up with it on his own.
Una jugada de dama que mi padre diseno. No se si existe ya pero si se que mi padre la descubrio por su propia cuenta.

Dibujos de mi padre .Pictures drawn by my dad. I remember him drawing these since I was a young child. My dad always loved the names etc . of our indigenous ancestors in Cuba.

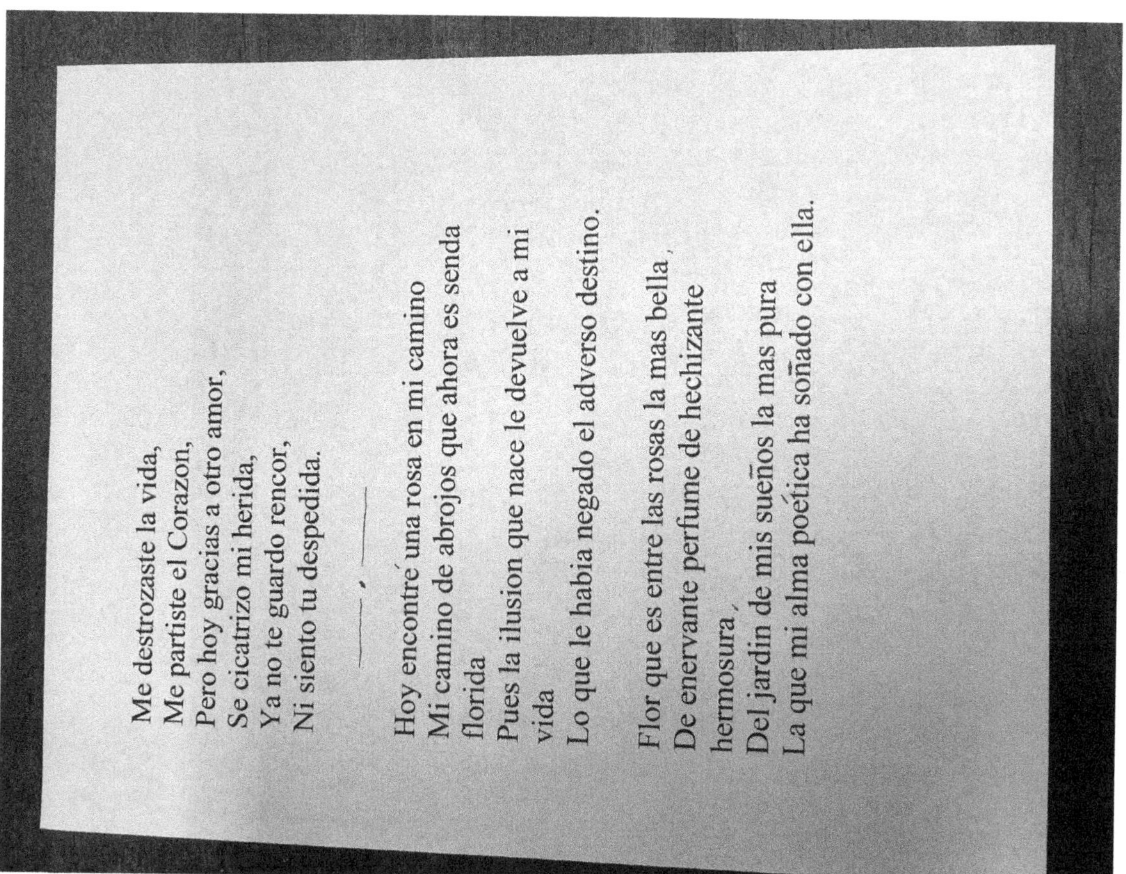

Me destrozaste la vida,
Me partiste el Corazon,
Pero hoy gracias a otro amor,
Se cicatrizo mi herida,
Ya no te guardo rencor,
Ni siento tu despedida.

—— , ——

Hoy encontré una rosa en mi camino
Mi camino de abrojos que ahora es senda florida
Pues la ilusion que nace le devuelve a mi vida
Lo que le habia negado el adverso destino.

Flor que es entre las rosas la mas bella,
De enervante perfume de hechizante hermosura,
Del jardin de mis sueños la mas pura
La que mi alma poética ha soñado con ella.

Another poem from my dad . Poema de mi padre.

Additional information from Volume 1
Informacion adicional del volumen 1
Genealogia de Juana

1647 Jacinto de Armas con Sebastiana Delgado .Padrinos Lorenzo Diaz Delgado e Isabel Jimenez.Matrimonios de adeje.

8 de Mayo de 1667 Adeje-salvador de Torres y potenciana Maria bautizan a un hijo llamado Juan.

Made in the USA
Columbia, SC
23 August 2023